监督概念释论

李小勇　著

厦门大学出版社
XIAMEN UNIVERSITY PRESS

国家一级出版社
全国百佳图书出版单位

图书在版编目（CIP）数据

监督概念释论 / 李小勇著. -- 厦门 ：厦门大学出
版社，2024. 11. -- ISBN 978-7-5615-9531-2

Ⅰ. D630.9

中国国家版本馆 CIP 数据核字第 20243S7N03 号

责任编辑　甘世恒

美术编辑　张雨秋

技术编辑　许克华

出版发行　厦门大孝出版社

社　　址　厦门市软件园二期望海路 39 号

邮政编码　361008

总　　机　0592-2181111　0592-2181406(传真)

营销中心　0592-2184458　0592-2181365

网　　址　http://www.xmupress.com

邮　　箱　xmup@xmupress.com

印　　刷　厦门集大印刷有限公司

开本　720 mm×1 020 mm　1/16

印张　17.5

插页　1

字数　300 千字

版次　2024 年 11 月第 1 版

印次　2024 年 11 月第 1 次印刷

定价　69.00 元

厦门大学出版社
微信二维码

厦门大学出版社
微博二维码

前　言

　　对公权力监督制约的命题,是21世纪我国理论界的热点话题。党的十六大以来的历届党中央都高度重视对公权力监督制约。党的十六大报告第5部分"政治建设与政治体制改革"专节阐述"加强对权力的制约和监督",这是党史上第一次在代表大会报告中阐述这个问题。党的十七大、党的十八大报告在社会主义民主政治建设中论述健全权力监督制约制度体系。党的十九大报告在"坚定不移全面从严治党,不断提高党的执政能力和领导水平"中要求"健全党和国家监督体系",规划了监察体制改革:通过修宪和立法,建立集中统一行使国家监察权的各级监察委员会,通过纪检监察合署办公,实现对所有行使公权力公职人员监察全覆盖,实现了党规与国法的协调贯通,形成了党领导下集中统一、权威高效的新型反腐败体制。党的二十大报告在"坚定不移全面从严治党,深入推进新时代党的建设新的伟大工程"中论述权力监督制约,从党的建设高度来认识权力监督制约,提高了监督制约的话语地位,同时把完善权力监督制约机制作为规范权力运行主要措施,使之成为不敢腐、不能腐、不想腐反腐败治本之策的重要组成部分,足见党中央对权力监督制约问题的高度重视。

　　在监督制度建设上,党和国家持续进行监督制度创新。自党的十六大以来,党先后制定或修订政治生活准则、廉洁自律准则、党内监督条例、党纪处分条例、巡视工作条例等党内法规,使党内监督和反腐败工作实现了有法可依。2006年国家制定《中华人民共和国各级人民代表大会常务委员会监督法》(以下简称《人大常委会监督法》),2018年制定《中华人民共和国监察法》(以下简称《监察法》),修订《中华人民共和国人民检察院组织法》(以下简称《检察院组织法》),国家层面上监督制度逐步健全,至此,党和国家监督制度建设达到了一个新的高度。

党的十八大以来,党中央十分重视反腐败斗争,认为腐败是党面临的生死存亡的重大考验,反腐败是一场输不起的斗争。在党中央的坚强领导下,"打虎""拍蝇""猎狐",风生水起,精彩纷呈,一大批腐败大案、要案、窝案得以查处,一大批腐败分子得到惩罚,反腐败斗争取得压倒性胜利,反腐败成果不断得到巩固。反腐败凝聚了党心、军心、民心,使党获得人民的高度信任和拥护。

正如党的十九大报告指出的那样,"当前,反腐败斗争形势依然严峻复杂,巩固压倒性态势、夺取压倒性胜利的决心必须坚如磐石"①,党的二十大报告要求"坚决打赢反腐败斗争攻坚战持久战",强调"只要存在腐败问题产生的土壤和条件,反腐败斗争就一刻不能停,必须永远吹冲锋号",提出"坚持不敢腐、不能腐、不想腐一体推进,同时发力、同向发力、综合发力","使严厉惩治、规范权力、教育引导紧密结合、协调联动,不断取得更多制度性成果和更大治理效能"②的反腐败治本之策。这表明党认识到仅靠严厉惩治腐败是不够的,需要惩防兼顾,标本兼治,惩治、监督、教育需要一体推进。"三不腐"腐败治理策略的提出,是党对腐败治理规律性认识不断深化的结果。其中"不能腐"主要是指规范权力,减少腐败发生的空间、机会和条件。如何规范权力?一方面要在法治轨道上设定权力,设定权力运行的实体规则、程序规则、制约规则、监督规则、责任规则,另一方面要加大制约监督力度,确保公权力始终在法治轨道上运行而不越轨。因此,加强对权力监督制约制度建设,不断完善权力监督制约机制,就成为腐败治理的基础性工程。

随着权力监督制约机制不断健全,权力运行规范化程度不断提高,预防腐败发生的制度性效果日益昭显,加上持之以恒对党员干部开展理想信念教育,持续不断对腐败保持高压惩治态势,"不敢腐、不能腐、不想腐"腐败治理机制的成效日益彰显。我们在看到反腐败斗争取得重大成果并不断得到巩固,反腐败策略日益取得成效的同时,千万不能低估腐败的顽固性,不能麻痹大意,不能放松警惕,一旦松懈,腐败随时可能发生,遏制腐败增量的努

---

① 习近平:《决胜全面建成小康社会 夺取新时代中国特色社会主义伟大胜利——在中国共产党第十九次全国代表大会上的报告(2017年10月18日)》,《人民日报》2017年10月28日第1版。

② 习近平:《高举中国特色社会主义伟大旗帜 为全面建设社会主义现代化国家而团结奋斗——在中国共产党第二十次全国代表大会上的报告(2022年10月16日)》,《人民日报》2022年10月26日第1版。

力就会付之东流。为此,不断强化对公权力运行的制约监督,尤其是日常监督、专项监督,保持对权力运行的全程监督,是腐败治理必要的经常性工作,忽视这点,反腐败成果可能得而复失。

实践需要是理论研究的动力。实践中要做好对公权力运行的监督工作,需要理论上对监督概念有深刻认识。我国加强对公权力监督的实践产生了大量的素材,急需对监督运行全过程和各种监督现象进行梳理、概括和总结,以形成一系列概念和相应的理论体系,使监督实践建立在坚实的概念基础上,使监督法制建设建立在可靠的理论基础上。对学科基石概念的深入研究,揭示基石概念的科学内涵,是一个学科能够获得持久生命力的基础和条件。本书就尝试研究监督学的基石概念:监督。

本书主要任务是以结构与功能的哲学分析范式,分析了监督行为的展开过程,把监督行为分解为了解知情、过程监控、审查评价、督促纠正、奖励惩戒五个阶段,以此为基础,分析了监督的概念和构成要素,得出监督的五大要素:监督主体与职责、监督对象与客体、监督内容和规范、监督权限与程序、监督奖励与惩戒,以此揭示监督概念的理论内涵。监督概念的五要素内涵的学术观点,可以解释古今中外的监督现象,可以作为观察、分析、认识监督现象的理论工具和分析框架,可以为进一步的理论研究提供理论基础进而深化监督理论研究,也可以为监督制度建设提供理论分析工具。所以,监督概念的五要素内涵,是本书的精华和主要贡献。

笔者虽然在监督理论与法制研究方面发表了一系列论文,但对监督理论问题的基础性、系统性思考,本书是第一次尝试,所以本书无论在观点、材料还是体例安排方面,均存在不足,奉献在读者面前的这本著作,只能是抛砖引玉之作,在此,恳求理论研究同行和实践部门的同志们提出宝贵意见,让笔者有进一步思考和修改的机会!

目 录

第一章

监督概念的内涵

　　无论是监督制度,还是监督行为,基础是监督。只有深刻领会监督概念,才能正确理解监督制度,有效实施监督行为,所以,监督是监督体系的基石性概念。揭示监督的本质、特征、构成要素,实现对监督制度、监督行为等监督实践活动的理性认识和理论把握,是理论研究的重要使命。

第一节　监督的语义分析

　　"监督"一词,《辞源》的解释,是指监察督促之意。《说文解字》解释为:"监,临下也。"自上监下曰监,督有督促的意思。汉语的"监督"一词可见于《后汉书·郑孔荀列传》(荀彧传):"古之遣将,上设监督之重,下建副二之任,所以尊严国命,谋而鲜过者也。"[①]这里的"监督"是指对派出去打仗的军事将领进行监察、督促而设置的官职,目的是保证国命即皇帝的命令得到执行。后来,监督在古汉语中也作名词,指一种官职,有时词性也转化为动词,指监察、督促。近代以后,随着监督活动的广泛开展,监督作为一种官职的含义逐步消失,作为泛指检查、监察、督促、纠偏的活动,用以保证组织目标得以实现的控制行为的含义逐步被确立起来。《现代汉语词典》中,监督指:察看并督促,监:从旁察看、监视,督促:监督催促,督:监督指挥。简单地说,就是监察和督促,防止偏差并纠正错误,进而控制人的行为以实现管理目标。

---

① 范晔:《郑孔荀列传》,《后汉书》卷七十。

"监督"在汉英词典中解释：to supervise；to superintend；to oversee；to direct；to watch over。无论是"superintend"还是"supervise"，都具有上对下进行控制的含义，这些词既指监督，也指指挥、主管、控制。在英美政治层面上，议会主管监督，但这种监督主要是指制衡之意，很少使用上对下监督的含义，人们比较忌讳这种作为上位权力的监督，而习惯于使用"check and balance"①，就是同层级的议会监督行政、司法。to supervise、to superintend、to oversee 等词，通常作为政府管理内涵之一的监管在使用，这种用法更多地体现为上对下的监察、管理和控制。

在我国，"监督"是一个广泛使用的术语，但是关于监督的词义，人们的理解并不完全一致。例如，《中华人民共和国宪法》②（以下简称《宪法》）第77条规定："全国人民代表大会代表受原选举单位的监督。原选举单位有权依照法律规定的程序罢免本单位选出的代表。"《宪法》多个条款规定了各级人民政府、监察委员会、人民法院、人民检察院，由同级人民代表大会选举产生，对其负责，受其监督。这里的全国人大代表受原选举单位的监督，是由下而上的监督，而人大对国家机关的监督却是由上而下的监督。又如，党的十九大报告提出，"把党内监督同国家机关监督、民主监督、司法监督、群众监督、舆论监督贯通起来，增强监督合力"。③ 党的二十大报告重申各种监督要贯通协调。这里的党内监督、国家机关监督、民主监督、司法监督、群众监督、舆论监督，是六种不同类型的监督；各种不同类型监督，"其监督者与被监督者的关系以及监督的效力都是不同的"。④ 这说明不同的监督，含义不同，构成要件不同，法律效力也不同。

作为党内监督的专门条例，2016 年修订《中国共产党党内监督条例》（以下简称《党内监督条例》）在使用"监督"一词时，也存在含义上的差别。比如在监督主体方面，就有上级对下级、下级对上级，以及党委委员之间的平级监督，也有普通党员对党员领导干部和党组织的民主监督，以及党内外对党内事务的舆论监督等等的不同。在监督所指向的标的方面，有对党内决策和执行的监督，有对党内遵纪守法的监督，有对党内监督的再监督。

---

① 张智辉：《法律监督三辨析》，《中国法学》2003 年第 5 期。
② 2018 年 3 月修订。
③ 习近平：《决胜全面建成小康社会　夺取新时代中国特色社会主义伟大胜利——在中国共产党第十九次全国代表大会上的报告》，《人民日报》2017 年 10 月 28 日第 1 版。
④ 张智辉：《法律监督三辨析》，《中国法学》2003 年第 5 期。

在党内监督对象方面,有对党组织的监督,其中有对党的中央组织的监督,也有对地方党组织的监督,还有对党员尤其是党员领导干部监督。此外,监督还存在监督方式等方面的差异,如巡视巡察与舆论监督在监督方式上就有很大的不同。"监督"含义上的不确定性,给学习贯彻落实党和国家制定的各种监督制度带来困难。

从国家法律的规定看,我国主要的监督立法有人大常委会监督法、监察法、审计法、检察院组织法。常委会的监督表现为宏观、整体的监督,方式上较少强制性,监督处置方面除了撤职案的审查外,一般不涉及对相关人员的职务处分,更多起督促作用,督促被监督单位认识问题、改正问题,体现为柔性较强、刚性不足的特点。监察法设立的监督,往往要对发现的问题涉及的相关人员做进一步调查和责任追究,表现为强制性权力的使用,监督手段和处置方面较为严厉,具有很强的刚性。审计法的监督有特定主体和特定领域,涉及财政资金和单位财务的审计,其监督方式与监督处理均体现为强制性,是刚性很强的监督类型。检察院组织法授予检察机关的监督在范围和方式上具有鲜明的特点:检察院的监督范围主要针对人民法院的诉讼与执行活动,以合法性审查为主要监督方式。检察机关的公益行政诉讼针对的是行政行为,也是以行政行为合法性审查为主要方式,比如行政机关不履行法定职责的行为不具有合法性,检察机关可以提起公益行政诉讼。可见,国家法律在使用监督时,不同法律其含义也不完全一致。

综观汉语中"监督"一词的使用方法,主要有"了解""核实""检查""监察""视察""审查""督促""纠正""惩戒"等基本含义,这些基本含义主要是动词的用法,实际上反映了监督行为基本过程和环节,表达的是一种行为,这个行为外在于被监督行为,与被监督行为运行流程不同,有自己独特的启动、介入和处置的方式与程序,正常情况下不会打乱被监督的行为,除非后者出现问题或错误,监督者不得已启动叫停程序。所以,要研究监督的概念,首先要从分析监督行为的基本过程入手,从监督行为的过程或环节中揭示监督的概念与构成要素,以此展示监督概念复杂、多样的内涵。

第二节　监督的内涵

概念是在对具体、感性材料进行概括的基础上形成反映对象本质属性的思维方式，是思维活动借以进行的单元，是形式逻辑的起点。所以概念研究是理论研究的起点。概念分析主要是对概念的内涵、外延、特征、属性等方面的分析，从而全面揭示概念的本质规定性。

一、监督的内涵

由于监督常常在动词的意义上使用，表达的是监督行为，分析常见的监督行为，是研究监督概念的有效路径。从行为的发展过程来看，监督往往有以下几个步骤或阶段：

第一，了解知情。任何监督，均要从了解监督任务、监督对象、监督事项的基本信息入手，经过了解情况、掌握背景、掌握过程、发掘内幕、收集证据，知悉监督对象或监督事项的基本情况，这是任何监督的首要任务，也是监督的首要步骤。为此，巡视、视察、检查、查阅、询问、现场察看、调查等，就成为监督概念中的应有之义。

第二，过程监控。有些监督需要对监督事项同步跟进，临场监督，查验现场和材料，实时纠偏，实施过程监控。典型的过程监控就是重要考试的监试，如高考、公务员招考，考试的全过程需要有人监考、监试。对于公务员考试，过程监控尤其重要，无论是笔试还是面试，监督人员要亲临现场监试。我国台湾地区设定了考试机构，根据台湾地区的"考试法"，台湾地区考试机构举行考试时，必须邀请"监察委员"或监察巡回区的监察使亲临考试现场进行监试，台湾地区监察机构因此取得监试权。从监督实践情况来看，除了考试外，但凡重要监督事项，往往要设置过程监控，当监督者发现被监督者存在违纪违法行为必须立即制止时，可以向监督机关报告，要求被监督者所在单位暂停其职务，以免造成更大问题；如此全过程的跟踪、纠偏，就会取得较好的监督效果。如重大决策监督，应有监督人员列席决策讨论会议，对决策发言、记录、投票进行过程监控，实时纠正偏差，以此提高决策监督效果。

重大项目的招标监督,其中的关键环节开标、评标,需要设置过程监控,防止关键环节舞弊,保证市场竞争公平,避免公职人员腐败。并非所有的监督都要进行过程监控,一般事项只需监督检查任务完成情况就可以,对于重要事项,如果法律、法规要求过程监控,就要进行过程监控。

第三,审查评价。监督者对了解到监督对象、监督事项的各种情况,需要认真审核、审查,审查事实和证据是否客观、完整,是否遗漏重要信息,在收集证据、掌握事实基础上,还需要对相关事实进行定性分析,与预先制定的规定、方案、目标相对照,进行判断、评价,得出合不合规定、要求、目标的结论。审查评价往往需要多轮次进行,先由监督人员审查评价,写出审查评价报告,提出处理建议,再由内部审查机构进行审查评价,最后由监督机关负责人决定,甚至由监督机关集体会议进行评议,作出结论。

第四,督促纠正。监督者在对监督对象进行审查、评价的基础上,若得出否定性结论的,监督者就需要督促被监督者改进工作,以完成任务和目标,对违反制度规定的,要纠正违规行为。

第五,奖励惩戒。对于符合规章制度、符合计划、符合目的的行为,监督者要进行物质和精神方面的奖励,以鼓励人们继续做好工作。对于违纪违法行为,视情节轻重,监督机关自己或提请专门惩戒机关对责任人进行惩戒,以教育本人不要再犯,警示他人避免犯错,营造人人遵纪守法、努力工作实现目标的氛围,实现监督目的。

了解知情、过程监控、审查评价、督促纠正、奖励惩戒五个环节,就是监督行为的内在逻辑展开,也是监督概念内涵的组成部分。有效的监督是监督的各个环节均顺利运行的结果,其中某个环节出现阻滞,或运转不充分,就会影响整个监督进程与效果。当然不同类型的监督对每一个环节的侧重点不同,内容任务不同,监督方式不同,程序机制也不同。比如合宪性审查,侧重于对法案内容是否合宪合法的审查评价,并不注重过程监控、督促纠正和奖励惩戒。

监督除了具备了解知情、过程监控、审查评价、督促纠正以及奖励惩戒等基本内涵,在不同的语境下存在一些细微差别。(1)监督主体方面:上级对下级的监督、平等主体之间的监督、下级对上级的监督、内部同体外部异体监督。(2)监督客体方面:对决策的监督、对执行的监督、对监督的监督。(3)监督对象方面:对组织的监督和对个人的监督、对领导干部的监督和对一般人员的监督、对"一把手"的监督和其他领导干部的监督。(4)监督方式方面:查阅、询问、检查、审核、调查、督导、评议、舆论等等。(5)监督如何展开等程序性规定。

另外,监督的主体不同,监督的目的和功能往往也不同。上级对下级的监督是为了行使管理权,因而具有管理的功能;平等主体之间的监督是为了互相制约,下级对上级的监督则是为了提请上级注意自己的行为,具有提示的功能,同时,作为一种民主权利,具有参与管理的功能。至于人民群众的监督和新闻媒体的监督,则是通过举报、控告和申诉,或者通过披露权力行使过程中出现的问题,以引起有关机关和人员的重视,因而达到帮助公共机关和公职人员改正错误的目的,这是实现民主权利的一种方式。那种认为监督就必须是居高临下、监督者一定要凌驾于被监督者之上的观点,是把监督中的一种含义绝对化的结果。它否定了现实社会政治生活中其他监督形式客观存在的事实,因而在理论上具有片面性。①

根据监督的对象和社会事务范围的不同,有学者将监督分为广义的监督和狭义的监督。广义的监督是指人类社会的一切监督现象,如人与人之间的互相监督、父母对子女的监护、学校对学生的监督、企业对员工的监督、政府部门对管理对象的监督、党内监督,甚至在国际政治活动中也存在各种监督,比如为确保国际公约得以执行而建立的监督机制。广义的监督是人类社会的一种普遍现象,是人类集体生活的需要。集体活动要求一定的规则和秩序,保证规则的执行和秩序的稳定就需要人与人之间、组织与组织之间、组织与人之间的监督。人类社会就是在自身制定规则、自觉维护规则的过程中,实现由野蛮向文明的转变。②

狭义的监督是指对政治权力的监督,是针对公共机关及工作人员的监督。③ 狭义的监督是监督理论研究和制度建设的重点和难点,是本书重点研究的监督类型。

自国家产生以来,监督就是国家的重要职能。世界各国在其历史上都发展出各种各样的监督机构,赋予其多种监督职权,形成丰富多彩的监督制度,进行了广泛的监督实践。各国的监督思想史、制度史、实践史表明,所有国家无一例外地把监督的重点聚焦于对公共权力的监督上。这种聚焦反映

---

① 张智辉:《法律监督三辨析》,《中国法学》2003 年第 5 期。
② 吴丕、袁刚、孙广厦:《政治监督学》,北京大学出版社 2007 年版,第 2 页。
③ 吴丕、袁刚、孙广厦:《政治监督学》,北京大学出版社 2007 年版,第 2 页。

了监督的重要规律,即越是重要问题越要加强监督。在阶级社会,政治问题即国家政权的存在、归宿与运作问题就是这个社会最重要、最核心的问题。将监督重点集中在公共权力的运作上,进而保证公共权力在其法定范围内运行,就是阶级社会国家必须要实现的一项重要职能。这项职能的实现好坏大体上决定了这个国家的兴衰存亡。现代社会监督已成为国家民主政治的重要内容,它的实质是指权力的监控、督导,防止权力出现偏差、滥用和腐败。国家如无必要的监督机制,就很难正常运作和发展。因此,现代国家都把监督制度作为国家运作的基本机制之一。

本书采用狭义的监督含义,即公共权力所有者与行使者相分离的情况下,为保证权力的行使符合权力所有者的利益和意志,对公共权力产生和运行进行的了解、检查、监视、评价、督促、纠偏、奖励、惩戒等各种活动。

监督是种重要的政治活动,这种活动是不同权力主体之间监视、控制和制衡关系,其实质是权力制约权力。这种制约关系是保证权力恪守本分、正常运行重要的整合协调机制,具有十分重要的意义。政治权力若没有充分的监督作保障,人的劣根性借助于权力就会恶性膨胀,不仅仅是自身腐败问题,而且将对人民的生命财产安全、社会和国家的和谐稳定、民族未来甚至这个国家的文化、民族性格产生极为恶劣的影响。从古至今,凡是重视监督、强化吏治的国家,不仅在国内深深获得人民的支持拥护,就是在国际上也有尊严和威望。相反,凡是弱化对公共权力的监督、强化对人民的压制、放松吏治的国家,迟早会陷入内乱和动荡中。

至于政府机关基于市场和社会监管职责对社会进行的安全生产监督、食品卫生监督、竞争秩序监督、税务监督、环保监督、计量监督、渔政监督等等,属于行政权职责内在具有的组成部分,不是外在的、对行政权进行监督的监督权范围,因此都不属于狭义的监督范畴。公共权力体系针对自身进行的监督与社会对公共权力体系进行的监督,是本书所使用的监督的含义。

二、监督与制约的内涵比较

要进一步研究监督这个概念,必然要与其密切联系的制约这个概念进行比较,才能深刻把握监督概念。

监督与制约往往联用。在对公权力的监督与制约这个语境下,形成对公权力的有效约束。从这个语境中,我们可以知道监督与制约紧密相关,其至功能相同,但监督与制约究竟是一个概念还是两个概念?

不可否认,目前我国不少论者并未把监督与制约作为两个概念区分开来,以为两者是一个概念的不同表述,甚至把监督作为制约的一个基本方式。

监督与制约是不是同一概念? 若不是,两者的差别何在? 我个人认为,如果两者是同一概念,党中央自十六大报告出现制约与监督的表述以来,到二十大报告表述为"监督制约",都是并列表述,若两者是同一概念,党中央文件没必要把监督与制约作为并列的两个词来写,可见,监督与制约还是两个概念,两者内涵上存在差别。要把握两者内涵上的差别,先来研究制约的内涵。

要把握制约概念的内涵,需要从概念使用的典型语境出发。最多使用制约一词的是政治学、法学等学科,使用制约一词的典型语境是美国宪法设计的权力制约乃至平衡的三权分立体制。在这个体制中,国家的每一重大职能均被纳入立法、行政、司法以同意权(否决权)为基础的权力运行格局中。比如,国家的立法职能,国会的众议院参议院、行政的总统均参与进来,共同行使立法职能,每一个权力单元均有审核权、同意权(或否决权),权力之间形成制约关系。法院可以通过宪法解释权,宣布国会某一立法违宪,进而形成对立法权的制约。重要人事任免职能,由总统提名,参议院以听证方式行使审核、同意权(否决或批准权),以此为基础形成制约关系。美国宪法上的这些权力结构形成了三权之间的制约关系。从美国宪法权力制约情况来看,虽然立法、行政、司法三权具有不同属性,主要职能也不同,但却可以在共有的职能上形成制约关系。也就是说,形成权力制约关系必须在机关(或机构)分设,共同行使某一职能的情况下,制约方拥有审核权、同意权(否决权或批准权),通过行使这些权力,达到限制其他机关(或机构)权力的目的,以使权力不得超越一定范围,使权力运行在一定规则范围内,使决策尽可能客观理性,少犯错误,即使犯了错误,也能够得到及时纠正。

可见,制约以机关(或机构)分设作为前提,各机关(或机构)共享同一职能,以权力运行的必经流程保证同意权的行使作为制约的方式。这是制约概念内涵的三个要点。

根据前面对制约概念内涵的分析,结合我国宪法以及其他立法,可以认为我国建立了基本的权力制约制度。我国的权力制约机制分为外部制约和内部制约两个方面。外部制约,主要是人大对政府提出财政预算、国民经济和社会发展计划议案的批准或否决,以此形成财政预算和发展计划职能的外部制约关系。我国宪法确立了公安、检察、法院三机关互相配合互相制约关系,以及监察委、检察院、法院三机关互相配合互相制约关系,刑事追诉机关之间的制约也就是外部制约关系。我国行政法创设了人民法院对行政机关申请强制执行行政行为的审查权,人民法院经审查发现被申请执行的行政行为不具有合法性时可以裁定不予执行,以此形成行政与司法外部制约关系。

此外,我们行政法立法中合理借鉴了权力制约思想,在行政机关内部分设岗位,赋予一些内设机构以审查权、审核权、批准权、否决权,在行政机关内设机构之间形成内部制约关系,比如调查机构与审查机构(法制机构)分设、审查机构与批准机构分设,形成后者对前者的审查、审核、否决、批准关系,进而形成行政机关内部权力制约关系。

与制约机关或机构之间行使同一职能不同,监督涉及监督机关与被监督机关两个权力主体,涉及监督权和被监督权两种不同职能,对被监督的权力,监督权不能共享,监督者不能替代被监督者行使权力,这是监督与制约显著的差别。制约关系主体之间是共同行使某一权力,履行同一职能,但监督关系主体之间不是同一职能,监督者只能作为外在的约束力量,而不能作为同一职能内部主体发挥约束权力的作用。

监督与制约在目的方面也存在不同。监督的目的主要体现在"督"字上,监督的指向多种多样,比如政治监督、合宪性监督、合法性监督、合纪性监督、工程进度监督、经营效益监督,监督的指向不同,意味着监督者的问题意识和方法也存在差异。而制约往往目标单一,制约者之间对于同一问题从多个角度考虑,尽可能周全,使决策能够尽可能客观理性,少犯错误,因而制约是错误决策的刹车机制,纠错机制,是正确决策的保障机制。可以说,权力制约并非是为了监督,但权力监督一定是为了更好地制约。

监督与制约在权力具体运行机制上也存在差别。处于制约中的权力,必须行使,若不行使,权力运行流程就受到阻碍,无法运转到下一个环节。比如行政机关内部调查机构将调查报告和执法卷宗移送到审理部门,如果审理部门不行使审理权,执法流程就会被终止,案件无法流转到机关负责人那里,最终无法作出处理。监督权按照监督主体自己的判断和意志进行启动,不受监督对象的影响,监督主体认为必要时可以行使监督权,认为不需要时,可以不行使监督权。比如人大的罢免权,并非是必须行使的权力,自1954年全国人大成立以来,罢免权还未行使过。

综上所述,制约与监督虽然都具有约束权力的作用,但两者在约束的结构上有差别。所以,党中央发布的权威性文件将制约与监督并列使用,说明这两个概念联系密切,但内涵存在差别。本书认为,制约是指多个履行同一职能的机关、机构、岗位或个人之间,经权力运行的流程,以互相或单方依法或依组织章程审查、审核甚至否决他方行为效力的行为;制约意味着行为不能由一个机关、机构、岗位或个人决定,而要由多个机关、机构、岗位或个人共同决定。监督则是指监督者对被监督者的外在的监视、督促,存在监督职能与被监督职能,监督者不能行使被监督者的职能,监督权行使与不行使不受监督对象的影响和左右。制约与监督的效果都是限制权力,促使权力在合法合规轨道上行使,不越轨,这是两者的共同点。但制约与监督在权力结构和运行方式上存在差别:制约是权力流程内部限制,监督是权力流程外部限制;制约是权力流程的必经环节,监督并非权力流程必经的环节;也就是说,制约权的行使不存在要不要制约的选择问题,而监督权有较大自由裁量的余地。

研究权力制约,还需要关注权力制约与法律的关系。不同的权力制约状态,法律规制程度不同。外部权力制约,法律规制程度高,内部权力制约,法律规制程度相对低。具体来说:

外部制约法定。外部制约关系涉及国家基本的权力结构,国家机关组织和职权的赋予,按照《中华人民共和国立法法》①(以下简称《立法法》)第11条关于法律保留的规定,国家机关组织和职权事项只能由法律设定。所以,外部权力制约关系只能依宪法和法律设定。权力制约如何运行,法律的下位法可以作出具体规定。

内部制约关系可以由法律、法规、规章或组织章程设定。执政党内部职能部门之间权力制约关系,可以由党章、党内法规设定;国家机关内设机构除了法律明确设定的以外,机关有设置和调整内设机构的自主权,为了严格管理,堵塞漏洞,机关可以设定内部制约关系;群团组织可以章程的方式设定内部制约关系;企事业单位为了堵塞漏洞,强化流程控制,可以以内部组织文件的方式设定内部制约关系。内部制约关系还可以利用现代信息技术,将每一道权力制约通过信息技术进行流程化、程序化控制。

---

① 2023 年 3 月修订。

第三节　监督的特征、功能

把握一个概念,不仅要把握概念的内涵,还要把握概念的基本特征和功能,才能建立起概念性认识。

一、监督的特征

从监督的内涵出发,结合历史上和现实中的各国监督实践,一切科学有效的监督均具有以下特征:

(1)权力(利)性。监督要想能够实现,必须要有一个能够监控被监督权力的权力(利)。监督的实质是以权制权,即以权力监督权力,以权利监督权力。这点古今中外概莫例外。但在权力约束权力的情况下,监督者可能出现被收买或者怠于监督的情况,致使监督难以为继。这种情况在古代中国表现为御史分肥制,在王朝末期极为普遍。王朝建立之初就建立了较为健全的御史监察体系,能够对王权以下的各种权力实行有效的监控,形成一定程度上的政治社会安定局面,但王朝末期,御史往往被部门和地方行政官员拉拢腐蚀,成为权力腐败链条的一环,公权力就失去了有效的监督和约束,普遍的腐败在所难免,这也成为改朝换代的原因之一。现代社会为避免监督失效,在政治理念、国家体制和法律制度上确认了公民在国家的主体地位,确认了公民对各种权力进行监督的权利,公民的此种监督权利,能够避免出现作为公共权力的监督权被收买或怠于监督的情况,从而保证监督的经常性和有效性,保证公共权力持续性的常态运行。以监督权力(利)作为基础是在公共权力所有者与行使者相分离的情况下,为保证权力的行使符合权力所有者的利益和意志,权力所有者自身或其授权的组织和个人对权力行使的全过程进行的监察和控制的必备条件。

(2)监督者与被监督者的异体性。监督主体的异体性就是监督者与被监督者的分离。无论何种监督,包含外部监督与内部监督,两者总存在一定程度的分离。监督者与被监督者若合二为一,如自律,那就不是监督了。监督的异体性要求监督者对被监督者要保持一定的分离性、独立性,这种独立性是决定监督效果好坏的一个重要因素。监督者在被监督者面前独立性越少，监督者就越不敢监督被监督者，监督效果就要大打折扣，因而监督者的监督意志是实施监督的必要前提。要保持监督者与被监督者之间的相对独立性，就要保持不同性质权力之间必要的分离，如决策权、执行权、监督权的适当分离。作为专门从事监督的机关，除了其职权方面的特殊性外，其相对独立性主要表现在人、财、物等方面由制度保障的相对独立。汉密尔顿在《联邦党人文集》第七十九篇写道："就人类天性之一般情况而言，对某人的生活有控制权，等于对其意志有控制权。"因而汉密尔顿在论及法官的任职时主张"合众国任命的一切法官只要行为正当即应继续任职"，在论及法官薪金时主张"合众国法官'于规定期间领受酬金，该项酬金于继续任期之内不得减少'"。可见，监督者的相对独立性是保障监督意志的必要条件。

（3）监督手段直接或间接的强制性。从人的本性上来说，人更愿意追求自由自在的行为，而不愿意受到约束和束缚，不愿意受到外在的监督，因而人基于本能会抵制、阻扰监督。监督是有困难、有阻碍的。要使监督顺利进行，实现监督目的，必须要确立一定的强制性手段和措施，并由法律和制度来规定这种强制性的手段和措施。这些手段和措施有些是由国家法律所规定，有些是由党内监督制度所规定，他们均具有规范性、权威性和强制性，被监督者必须服从。如监督者所采取的参与会议、检查、询问、查阅文书档案、限制人身自由的措施等措施，被监督者只能配合，不得拒绝。监督者提出的改进工作建议以及对被监督者所作的处理决定，是公权力运用的结果，也是法律和制度运行的结果，具有效力，被监督者要无条件接受。监督手段和结果的强制性，不以被监督者的意志为转移，是监督权运行内在规律所要求，是监督顺利进行的必要保障。

（4）监督方式的多样性。监督是监督主体针对监督对象的不同行为采取的监察、监控、督促甚至制裁等各种活动。面对不同的监督对象，监督方式有差别，如针对一把手的监督，就有别于针对其他领导干部的监督方式。同时，监督对象的行为也是多种多样的。监督对象的行为不同，其特点和规律不同，相应的监督策略和方式也不同。监督方式虽然多种多样，但要有针对性，要能够达到监督的目的，这就需要加强调查研究，发现最佳的监督方式，并将其上升到制度的高度，发挥其最佳效用。

（5）监督的主动性、连续性与经常性。有效的监督具有积极能动性，表现为主动性、连续性与经常性。监督的主动性是指除法院的司法监督外,监督权要主动行使,积极有效地介入到被监督者的公权力行为中。作为特殊,法院的司法监督是坐堂问案,被动接受案件来进行司法审查达到监督的目的,法院不能主动出击。监督的主动性要求各监督主体必须尽职尽责地履行监督职能和使命,监督懈怠是违背监督规律,违反职责的失职行为。监督的连续性是指公权力行为到哪里,监督就必须跟进到哪里,不能留下监督的死角。若监督不到位,则公权力就会出现暗箱操作和腐败。哪里有监督的断层,哪里就有腐败的危险。监督的连续性要求我们设计严密的监督制度,并保持监督权连续运作。监督的经常性是指监督不仅仅要针对公权力运行的重大问题施行监督,对公权力运行的各个环节和日常问题也要保持监督,以确保公权力的廉洁、清明、有效、有序,不至于异化。

二、监督的功能

监督者通过公开制度,在知情的基础上,采用多种约束性、控制性措施,进行全方位、多维度的监督,能够避免和遏制公共权力成为脱离社会的力量和牟取私利的工具。监督对于保障公共权力的健康运行具有重大意义。概括起来,监督具有多方面的功能。

(1)参与功能。监督是一种积极参与行为,监督者(广泛意义上的监督者,包括权力监督和权利监督)通过行使监督权(各种监督权力和监督权利)广泛介入政治生活,表达自己的利益和愿望,通过一定手段和措施控制公共权力滥用,从而维护社会公共利益和个体合法权利。

(2)纠正功能。经常性、广泛性的监督,可以帮助和督促公共权力行使者及时纠正不法、不当行为,进行必要的调整,使之与各种既定规则相一致,与公共利益相一致。

(3)督导功能。监督者通过各种约束和控制手段,奖优罚劣,督促公共权力者正确、合法、有效行使权力,树立并弘扬正气。

(4)预防功能。监督者通过事前事中的监督,及时发现问题,提出纠正意见,防止公共权力者犯错误,减少决策失误,防患于未然,提升社会整体运行的效率。事前事中监督的预防功能尤其显著。

(5)教育功能。各种监督主体广泛参与公共事务的监督,既能够教育公共权力者正确行使权力的重要性和必要性,也能够教育监督者自己遵纪守法的重要性。监督的广泛开展,必将弘扬法治和正义,从而为社会主义政治文明、精神文明提供强大的社会基础。

第四节　监督权的内涵与特征

监督是一种行为,这种行为的发生以监督权作为依据,是监督权的行使与运用。没有监督权,就没有监督行为。研究监督的内涵,还必须进一步研究监督权的内涵。

监督权是国家法律或者团体章程赋予监督者对被监督者进行监视、察看、审查评价、督促纠正及奖励惩戒的权力(权利)。监督权是国家法律和团体章程正常有序运行的必要保障,是一个国家或团体必不可少的权力(权利)。监督权是组织或个人成为监督主体的资格,是监督行为的根据和后盾,监督行为则是监督权的实际运用。

从监督的内涵分析可以知道,监督这一行为分解起来主要有五种行为,即了解知情、过程监控、审查评议、督促纠正和奖励惩戒,相应地就有五种权能作为基础,即了解知情权、过程监控权、审查评议权、督促纠正权、奖励惩戒权五大权能。这五大权能是监督权内在的、逻辑严密的构成要素。其中,了解知情权是监督主体了解监督对象和监督客体的基本情况的权能。任何监督也始于知情,任何类型的监督均是以知情作为前提和条件,不知情监督就无法有效开展,知情是监督的基础环节。监督权中的知情权包括监察、检查、了解情况、现场察看、巡视等分项权能。过程监控权是对重大事项在其关键环节由监督人员临场监督、监视、现场处置的权能。审查评价权是就被监督者的行为是否合法合规、是否符合预定的计划任务目标进行对照,以形成对被监督者行为基本看法的权力(权利)。督促纠正权是监督者督促被监督者认真履行职责、严格遵守规则、努力完成任务,并纠正错误行为的权力(权利),实际上包含督促权和纠正权。监督者发现被监督者的行为不妥当,若不督促其改正错误,那就失去了监督的意义了,因而督促权是管理过程中的重要控制性权力(权利),反映了监督的基本功能。奖励惩戒权是在对合法合规行为的肯定性评价基础上对监督对象给予的精神鼓励和物质奖励,以及在对违法违规者的否定性评价的基础上,对违法违规者的处分、处罚,目的是制裁、教育被监督者,使之遵纪守法、认真履行职责、努力完成任务。奖励惩戒权是监督权必不可少的权能之一,缺少了惩处权,监督权就缺乏真正的权威,监督就难以真正开展起来。

监督权是一个庞大门类和体系的权力(权利)系统,是个十分复杂的权力(权利)现象。监督权根据其是否依法具有强制性,划分为监督权力和监督权利。监督权力是依法可以强制行使,不受监督对象影响,具有公权属性的监督权。监督权利是依法请求有关公权力实施监督的权利,不具有强制性,属于参与权的一种。基于监督权力开展的监督叫权力监管。基于监督权利进行的监督,叫权利监督。

一、监督权力及其特征

监督权力是监督主体依法对监督对象和事项进行强制性介入、监控、纠正的公权力,是各种具体监督职权的抽象。某组织被法律、法规(含党内法规)授予监督职权,而使该组织具备从事权力型监督的主体资格。换言之,如果没有监督职权,一个组织就不能成为权力型监督主体。各种各样的监督主体依法享有的各种各样的监督职权,是特定主体对特定对象和事项采取法定措施,强制性介入和监控监督事项的权力依据。监督职权是监督行为发动的依据,也是监督行为合法有效的依据之一。

监督权力可以按照不同标准进行分类。

(1)按照监督权力来源不同,分为国家机关的监督权与执政党的监督权。监督权力来源于宪法、法律的授权,是特定国家机关对特定对象进行单方强制性介入、监控、纠正的权力,是国家机关的监督权。特定国家机关获得法律授予的监督权,是国家公权力的一种,这种监督权力不能转让,也不能放弃。在我国,共产党作为执政党,由《中国共产党章程》(以下简称为"党章")和其他党内法规设定的党内监督权,其中上级监督、巡视监督、纪检监督也具有公权力特征,党组织、党员以及国家机关,均必须接受,不得拒绝。

(2)按照授权实施监督的国家机关不同,分为权力机关监督权、监察监督权、行政监督权、司法监督权。监督权与相应的主体密切相关,不同的监督主体,其监督权来源与依据不同,因而享有不同的监督权。比如人大监督权来源于宪法、人大及其常委会组织法、人大常委会监督法,人大及其常委会依法实施的监督,这就是权力机关的监督,其监督具有很高的民意性和权威性。行政机关基于层级管理的权限,有层级监督权与复议监督权,以及法律特别授权的审计监督权。司法机关依据宪法和法律授予的司法监督权。司法监督具有被动性,其监督权的启动有赖于公民、法人和其他组织的请求。司法监督以合法性审查为主要内容。

监督权力,是法律、法规(含党内法规)设定,是国家意志或执政党意志的反映,具有以下特征。

1.监督权力的优越性

学者周佑勇认为,"监督的本质不是分权,而是权力博弈,要想保障监督的实效性,就必须保证监督权在权力博弈中占据主动和优势,以确保对公权力形成实质约束"。[①] 监督权的优越性是由权力博弈的本质决定,这是监督权得以展开的必要条件。我国监察体制改革,将原来属于检察院的反贪反渎职调查职能、隶属政府的行政监察职能与预防腐败职能集中起来,建立了集中统一、权威高效的国家监察机关,摆脱监督权分散弱小的局面,形成了强势的监察权,使反腐败斗争具备了强势的体制基础。监察机关按照监察法规定,依法独立行使监察权,不受行政机关、社会团体和个人的干涉,相对于行政机关、司法机关,其监察权具有优越性和行为的主动性,这是我国反腐败取得历史性成就的权力基础。我国古代御史监察,虽然御史官阶低,但御史独立于宰相统领的行政系统,且不依行政系统的意志主动采取监察行为,这是御史监察得以实现的重要条件。西方承担监督职责的是议会,独立于行政与司法,依法自主行使监督权,采取相应的监督行为。所以,权力型监督的优越性,是监督本质的内在要求。

2.监督权力的强制性

监督是权力运行的一种法律秩序,这种秩序必然体现为一定的强制性。凯尔森说:"如果强制要素从现有的被称作法的社会秩序中消失了,那么这些社会秩序就将完全改变其性质。它们将丧失其法的性质。"[②] 监督权的强制性主要是指权力型监督主体适用的监督权限不受监督对象的影响。从这种角度来分析监督权属性,监督权主要表现为强制性的了解权、监控权、评

---

① 周佑勇:《监察权结构的再平衡——进一步深化国家监察体制改革的法治逻辑》,《东方法学》2022 年第 4 期。

② [奥]汉斯·凯尔森:《纯粹法学说》,雷磊译,法律出版社 2021 年版,第 69 页。

价权、纠正权，监督对象不得拒绝，而且要主动配合，否则就面临制裁。监督权的强制性，是监督主体能够行使监督权必然要求。如果监督权不具有迫使他人接受监督的属性，那么监督者就不可能介入被监督者的行为，渗透权力运行的全过程，更无法改变被监督者的行为，进而无法实现监督的目的。监督权的强制性表现为以下方面：

（1）强制性知情。监督者必须要了解监督对象相关信息，监督者取得监督对象的相关信息是不需要对方同意的。这就是强制性知情的权力。典型表现就是巡视巡察、检查、查询。监督者行使巡视巡察权、检查权、查询权，强制性了解、收集、复制、提取、掌握检查事项相关信息，发现监督对象存在的问题；被监督者不得拒绝，只能配合。

（2）强制性介入。监督主体决定要进行监督时，无论监督对象接受与否，都不得拒绝监督者的合理要求，而且有配合义务。

（3）强制性审查。监督者掌握监督信息后，有依法依规自主进行审查和评价的权力，任何人不得干涉和抵制。

（4）强制性纠正。对于监督对象不合法不合规行为，监督者有强制性纠正的权力，监督对象不得拒绝。纠正权具有强制性，如整改要求、监察建议，必须要履行。

（5）强制性制裁。监督主体发现监督对象存在违纪违法行为，必须予以启动调查程序，收集相关证据，经过惩戒程序，对违纪违法行为人予以制裁。这种受惩戒程序管辖、受惩戒决定制裁，监督对象是无法逃避的。

因为监督权具有强制性，使其在与监督对象的博弈中占据优势地位，容易实现监督意图。但也因监督权的强制性而使监督权成为指挥棒，对监督对象具有极大的影响，这根指挥棒运用得好，会促进工作，运用得不好，就会对正常工作形成障碍。

由此提出了一个监督权再监督问题。任何权力都要被监督，监督权也不例外。如何有效规制监督权的行使，保证监督权在客观、理性轨道上运行，就成为理论研究和立法的一项重大课题。

3.监督权力的法定性

因权力型监督权的强制性，要求监督权必须在法定轨道上运行。否则监督权也会成为脱缰野马，破坏正常社会秩序。理解权力型监督权的法定性，具有重要实践意义。

（1）监督权力要依法设定。监督权力因为有强制性，伴随监督权运行的结果往往是给监督对象以制裁,所以监督权不能随便由某种权力设定,必须突出需要一定层级的权力才能设定监督权。

宪法是设定监督权的根本依据。我国的人大监督权、监察监督权、司法监督权、法律监督权、审计监督权,均是宪法设定。宪法确立了党长期执政地位,也赋予了党行使执政权必备的监督权。所以,宪法是监督权力的根本依据。

法律可以设定监督权力。法律是由全国人大及其常委会制定,对宪法设定的监督权予以具体化,使宪法规范得到落实。比如《全国人民代表大会组织法》《地方各级人大与地方各级人民政府组织法》,对人大及其常委会的监督权予以具体化,使之具备可操作性。《人大常委会监督法》对人大常委会的监督权行使方式予以具体化,使常委会监督权具备可操作性。2018 年3 月通过的《监察法》,对宪法设定的各级监察委的监督权行使方式进行了专门性立法,使监察权具备可操作性。

法规可以设定监督权力。国务院、地方人大及其常委会、中央军委、国家监察委可以法规方式设定职权范围内的监督权力。因为上述立法主体设定某一社会事务管理权的同时必然包含一定的监督权。

党内法规可以设定监督权力。党作为长期执政党享有对国家和社会全方面的领导权,领导权必然包含监督权,因而党可以党内法规的方式设定监督权力,实现对党组织和党员的监督管理。

规章可以设定监督权力,但监督制裁条款必须服从法律保留原则[①],且不超越上位法授权。规章因为要具体规定社会事务的管理,也因此具备职权范围内的监督权力,可以设定监督检查的权限,但规章只有警告、一定数额罚款的制裁权,因而规章只有有限的监督权力设定权。

规范性文件不能设定监督权力。这是公权法定的法治原则必然要求。各种规范性文件均不属于法的范畴,不能在法外增设权力,当然也不能在法外增设监督权力。规范性文件虽然不能设定监督权,但可以援引已有法律、法规、规章规定对某项社会事务如何监督管理作出说明。比如,基层纪委为加强对党员领导干部红白喜事的管理,可以专门发文,援引《中国共产党纪

---

① 凡是宪法、法律规定只能由法律规定的事项,除非有法律明确授权,否则行政机关、地方立法机关不能代为规定。2023 年3 月修订的《中华人民共和国立法法》第 11 条明确规定了法律保留的范围。

律处分条例》(以下简称《党纪处分条例》)相关条款,申明违反规定应受到的惩戒。

(2)监督权力行使法定。监督法定既包括监督权设定法定,也包括监督权行使法定。监督权力在法治轨道上运行,既是法治原则的要求,也是监督本质要求。监督权脱离法治轨道,同样可能被滥用,以致严重阻碍甚至取代被监督权,导致社会失序;监督权力也可能被用来牟取私利,走向腐败。这些都不是正常社会秩序所要求的。监督权力行使法定包括以下内容:

监督主体与对象法定。一个监督主体可以监督哪些对象(机关、单位或个人),必须遵循法定原则来确定。监督主体不得随意扩大或缩小监督对象范围。

监督客体与内容法定。监督主体能够监督的行为范围以及行为的特定内容,也是法定的,超越监督客体与内容要求,构成越权。这一方面是由监督本身具有很强的业务性、专业性特点,另一方面是由职权法定原则所要求。

监督权限与程序法定。监督主体能够使用哪些手段、措施来实施监督,由法律规定,超越法律授权的手段、措施,就构成越权。监督主体行使某一权限要遵守法定程序,否则构成程序违法。

监督职责和责任法定。对于某个特定监督主体,其监督的对象范围、事务范围,是法定的,法定职责必须为,不履行法定职责,造成严重后果的,要依法承担监督失职的责任。

按监督权行使的法定性要求,监督主体应清楚意识到自己监督什么人,监督什么事,以及如何监督,监督失职要承担什么责任。其他社会主体(机关、单位、个人)也要意识到自己受谁监督,哪些行为被监督,从而增强接受监督、配合监督的意识。社会各主体在监督与被监督的良性互动中实现让国家与社会有效运行的目的与秩序。

4.监督权力的裁量性

监督权力主体在对象、事项、方式、时机、处理等方面,在遵循法定原则基础上,存在一定自由裁量的余地和幅度,使监督权表现为一定的裁量性。比如从数量上来说,监督对象的数量一般情况下远多于监督主体,按照法定原则,他们在法律上都有被监督的可能性,但如果每一个监督对象都要安排一个监督者进行监控,客观上既无必要,也无可能。这就存在一个对监督对象的选择裁量问题。党的二十大报告第15部分"坚定不移全面从严治党,深入推进新时代党的建设新的伟大工程"中要求在重点对象、重点领域、重点问题方面加大监督力度,"抓住'关键少数'以上率下,持续深化纠治'四风',重点纠治形式主义、官僚主义,坚决破除特权思想和特权行为。把握作风建设地区性、行业性、阶段性特点,抓住普遍发生、反复出现的问题深化整治,推进作风建设常态化长效化"。在反腐败领域,也要突出重点,"深化整治权力集中、资金密集、资源富集领域的腐败,坚决惩治群众身边的'蝇贪',严肃查处领导干部配偶、子女及其配偶等亲属和身边工作人员利用影响力谋私贪腐问题,坚持受贿行贿一起查,惩治新型腐败和隐性腐败"。[①] 党的二十大报告突出正风肃纪和反腐败的重点论,实际反映了监督权的裁量性。

监督主体可以对监督事项进行裁量,选择最需要监督的事项予以立项监督。比如人大的执法检查,有太多的法律执行可以纳入人大的年度执法检查范围,但人大执法检查不可能安排太多,只能选择几件法律执行作为年度执法监督的范围,这就需要慎选、精选监督事项了。选择得好,政治效果、法律效果、社会效果就产生了,选择不好,浪费了监督资源,达不到促进执法的效果。

监督权的裁量性要求监督主体要发挥主观能动性,选准监督对象、事项,采取恰当的方式和时机,介入监督客体,作出令人信服的监督处理,实现最优监督效果。为此,监督主体要不断提高自身的政治素质与业务能力,才能运用好监督权,把有限的监督资源发挥出最佳效益。

二、监督权利及其特征

监督行为的依据是宪法、法律、党法党规规定的公民、党员或组织进行批评、建议、检举、揭发、控告、投诉等权利,行使监督权利,表达意见,维护自身合法权益,这就是监督权利。其主要有:党员对党组织和党员领导干部的监督权、人民群众的监督权、人民政协民主监督权、媒体(网络)监督权、舆论监督权等。我国宪法规定,"中华人民共和国的一切权力属于人民","人民依照法律法规,通过各种途径和形式,管理国家事务,管理经济和文化事业,

---

[①] 习近平:《高举中国特色社会主义伟大旗帜 为全面建设社会主义现代化国家而团结奋斗——在中国共产党第二十次全国代表大会上的报告(2022年10月16日)》,《人民日报》2022年10月26日第1版。

管理社会事务"，公民或社会组织依据宪法和其他法律规定，对于国家机关及其工作人员的监督，是我国社会主义民主监督的一种重要形式，充分体现了人民当家作主的原则。党章第4条明确规定了党员享有多项监督权利，可以在多种场合以多种方式，有根有据地提出批评意见，参与党内事务。目前，国家法律和党内法规规定的行使权利监督的主要方式有：信访、举报、媒体报道、社会调查、向巡视组反映问题、批评、建议等。

公民、党员对于自己的监督权利可以行使，也可以放弃。行使监督权利，并不必然带来监督效果，但它往往作为启动监督权力的依据之一，典型的如舆论监督，它给监督权力的启动与行使提供了外在舆论压力。市场经济体制下，由于公民和社会组织具有自身的利益要求，为维护自身利益和公共利益，公民和组织对监督权利重视程度较之古代社会要高，作出的监督行为越来越多，尤其是舆论监督权在西方甚至被称为立法、行政、司法以外的第四权。监督权利虽然不具有强制性，但并非不重要，它是保障国家正常运行的重要力量。

监督权利具有以下特征：

（1）自发性。监督权利主体实施监督权，不是取决于职位要求，而是从自身的立场和利益出发，站位不高，掌握的信息有限，对问题的了解有限，认识也不深，因而权利型监督不可避免带有片面性、局限性。监督权利有理性行使的可能，也有受情绪等非理性因素支配的可能，所以其监督活动可能符合国家宪法、法律及法规要求，也可能与法律法规冲突，甚至存在闹事等违反公共秩序或安全的方式，带有个人非理性色彩和自发的特点。

（2）非强制性。相对于党内监督、监察监督、行政监督和法律监督，监督权利不具有公权力的强制性，不可能直接给监督对象以党纪国法的制裁，缺乏权威性和强制性。

（3）广泛性。监督权利主体是广大人民群众，数量多，分布广，监督覆盖面很广泛，如果权利型监督能够有效发挥作用，官员就处于人民群众监督的汪洋大海中。监督权利具有点多面广、数量大的特征。

（4）监督权利对整个监督体系具有启动性。"民不举官不究"的古训，说明监督权利是启动监督权力的条件之一。对被监督对象而言，从被揭发到被处理，是一个程序性过程，需要依靠一系列法律、法规、制度、渠道来实现，需要一系列权力来运行，才能证实问题，处理官员。虽然监督权利本身无法直接实现对官员的惩治、惩罚，但监督权利一定程度上能够揭露问题，给监督权力的运行起到了推动和促进作用。

（5）监督权利具有源源不绝的监督动力。由于监督权利多是针对社会负面事实，如官员的腐化堕落，以及对负面事实的解决，有助于每一个社会成员对美好社会的追求。基于对公共利益的关心，监督权利的动力是持续的。监督权利的行使往往是出于自身利益被损害，要维护自身合法权益，因而监督权利具有源源不绝的动力。监督权利的这种特征，使监督权利成为监督权力有效运行的重要条件和基础。

第二章

监督的要素与分类

　　研究概念不仅需要把握其内涵,还需要把握其构成要素以及要素之间的联系方式。深入研究监督概念,就要深入分析监督究竟由哪些要素组成,这些要素有哪些组合方式,其基本逻辑是什么。对这些问题的深刻阐发,就是监督概念研究的必要内容。

第一节　监督的构成要素

一、监督构成要素的概念

　　人类历史上出现了各种各样的监督,如民主监督、国家监督、社会监督、立法监督、行政监督、检察监督、法纪监督、司法监督、经济监督、审计监督、财务监督、人事监督、事前监督、事中监督、事后监督、内部监督、外部监督、群众监督、舆论监督等。不同类型的监督,说明各种监督存在特殊性,但既然是监督,不同类型的监督也必然存在共性,我们把存在于各种类型监督中的共性抽象出来,称之为监督要素。[①] 所谓监督要素,是指各种类型监督所共同具备的、必不可少的构成要件。缺乏这些构成要件,监督就不能成其为监督。研究监督的构成要件,我们可以构成要件为标准对监督进行分类研究,也可从各个要件不同特点出发,具体研究某种类型监督的规律性,因而

---

　　① 吴丕、袁刚、孙广厦:《政治监督学》,北京大学出版社 2007 年版,第 19 页。

监督要素研究是监督理论研究的基础,理论和实践价值很大。

目前研究监督要素的文献还比较少,理论界讨论得还不充分。就现有文献来看,主要有两种观点:

一是"三要素"说。陈新发表的《监督要素论》一文,提出了监督的"三要素"观点:监督价值、监督形式、监督程序。[①] 在"监督价值"中,作者认为监督有"秩序""效益""公正"价值。在"监督形式"中,作者提出了"监督主体""监督对象""监督内容""监督方式""监督标准""监督目的""监督权力来源"等七个要件。在"监督程序"中,作者提出了"监督的发动"、"监督的审查"、"监督的处理"和"监督的反馈"四个程序要件。

二是"五要素"说。吴丕、袁刚、孙广厦在他们所著的《政治监督学》一书中,将监督要素分为"主体""客体""内容""标准""方式"五个要素。该书将监督"客体"界定为:"监督谁? 监督与监察的客体就是被监督者、被监察者。"将监督"内容"界定为:"监督什么行为? 监督与监察的内容就是被监督监察者的具体行为。"[②]

"三要素"说与"五要素"说的分歧是很明显的。"五要素"说相当于"三要素"说中的"监督形式"部分,但两者并不完全相同。

如何分析评价上述两种观点呢? 我们认为陈新对"监督要素"的分析确有新意,但将"监督价值"作为监督的要素不妥。首先,监督的"秩序""效益""公正"价值不是所有的监督都具备的。历史上很多监督并不具备"秩序""效益""公正"目的,甚至很多监督是挟私报复、损公肥私,但这些监督依旧具备起码的外在形式。可见,监督价值并不是监督的构成要素。其次,我们研究监督要素是为了从监督要素的不同特点出发,对监督进行分类,来研究各种类型监督的特殊性,而将监督价值作为监督要素无法实现这一研究功能。最后,我们研究监督要素主要是从外在形式上来把握监督具有何种构成要件,不涉及监督内在的价值追求。陈新的文章将"监督程序"作为与"监督形式"相并列的构成要素,这里存在问题。监督程序其实是监督形式的一个方面,两者在逻辑上是包含关系,把监督程序作为与监督形式并列的概念来研究,逻辑上并不妥当。

"五要素"说从形式上来研究监督的构成要件,这是正确的。但对五要

---

① 陈新:《监督要素论》,《中南民族大学学报(人文社会科学版)》2002 年第 5 期。

② 吴丕、袁刚、孙广厦:《政治监督学》,北京大学出版社 2007 年版,第 19 页。

素的概括还是有待进一步研究。

首先,监督客体与监督对象不同,不能将监督客体混同于监督对象。监督对象含义很明确,就是监督指向的人或组织,也就是被监督者。我们提出"一把手"监督问题,就是从监督对象这个角度来谈对其监督的特殊性。监督对象的不同身份、地位,决定了监督主体、监督方式等的不同。而监督客体是监督指向的标的,包括人的行为、物及精神产品,显然物和精神产品不是人,如我们常说专项资金的监督,实际上专项资金在这就是监督客体,显然不同于监督对象。监督客体中的"人的行为",是监督对象的行为,也不能将其视为监督对象。因为人与人的行为概念不同,且人有各种各样的行为,其中需要监督的一部分,就是监督客体。也就是说,监督客体指的是监督对象所作出的属于监督范围内的行为,尤其是监督对象的职务行为,以及违反法法律、纪律和社会公德的行为。并不是监督对象的所有行为都是监督的范围,监督对象纯属个人事务行为,则不属于监督的范围,不是监督客体。由此可见,监督对象与监督客体不同。以党内监督为例,党内监督的对象就是各级党组织、党员领导干部和党员。党内监督的客体则是各级党组织及党员领导干部的决策、执行、监督行为,以及党员遵守党纪行为。显然党内监督对象与监督客体是不一样的。从学科间的交流与对话的角度看,也不应该把监督客体视为监督对象。刑事诉讼监督的客体是犯罪嫌疑人的犯罪行为而不是嫌疑人本身,民事诉讼监督的客体是当事人的民事行为而不是当事人本身,行政诉讼和行政复议监督的客体是行政机关的行政行为而不是行政机关本身(行政机关有很多行为并未被纳入诉讼和复议监督的范围),违宪审查监督的客体是国家机关及领导人的违宪行为而不是国家机关及领导人本身,纪律监督的客体是遵守纪律行为而不是守纪者本身。上述论述充分说明了监督客体不同于监督对象,两者是不同的概念。

其次,监督客体不同于监督内容。"五要素"说认为监督内容是被监督者的具体行为。这实际上把监督内容等同于监督客体了。其实监督内容有其自身特定的内涵。只要考察现实存在的各种监督现象,不难发现监督内容只是监督客体一个方面的要求。行政诉讼监督的客体是行政行为,行政诉讼监督的内容是行政行为的合法性与合理性,这里行政行为与行政行为的合法性、合理性是不一样的。就行政行为的监督内容来说,可从科学性、合法性、合理性、效益性、效能性、廉洁性等方面进行监督,监督内容主要是指监督的侧重点、关注点,或者说是监督的问题意识所在。监督内容不同,监督所要关注的侧重点也不同,监督的方法、程序就存在区别。就党内监督来说,党内监督的客体主要是党组织、党员领导干部和党员的决策、执行、监督、个人纪律行为,党内监督的内容主要是党组织、党员领导干部和党员行为是否合乎党纪国法、是否符合党的路线方针政策、是否具有廉洁性、效率性、公正性等等。从上面的分析中,足见监督客体与监督内容是不一样的。

再次,监督方式与监督程序问题。监督方式就是回答怎么进行监督的问题,就是监督所采用的措施、手段、方式和方法。监督者如何介入监督客体,掌握监督客体的信息,并根据不同情况,作出不同的监督处理。监督措施、监督处理,经过法律、法规的规定,就成为监督权限。无疑,监督方式(措施)是监督要素必不可少的组成部分。同时,监督也要在一定的时空范围内来展开,监督程序是监督行为必不可少的组成部分。不同的监督方式要有符合自身要求的程序,两者密切相关,而且监督程序有独立存在之价值。有些程序不仅仅是阶段、过程,更是必须要遵守的制度。现代法治文明的一个特征就是高扬程序价值,视程序与实体并重,并将程序视为必须遵守的重要制度,违反程序被认为直接影响行为的合法性评价。故监督程序应该成为监督的重要因素。

最后,监督奖励和惩戒问题。奖励和惩戒涉及监督成果的运用以及将监督中发现的问题线索的移送给惩戒机关进行处理。无论何种类型的监督,只要按照既定的规范客观、理性地展开,总会形成监督成果或监督结论,这些成果有正面评价结论,也有否定的负面评价结论,这些监督成果发挥作用,就是对监督对象进行奖励和惩戒。在监督过程中,也会发现很多问题或问题线索,对于工作敷衍塞责、弄虚作假、贪污腐败的监督对象的各种问题及问题线索,一定要交付专门机关严肃处理,这就是惩戒。没有奖励和惩戒,监督概念无法形成一个逻辑上的闭环,无法体现和反映监督的本质。

二、监督五要素说

通过比较和分析,本书认为,监督要素主要是从形式上分析监督行为的构成要件,是监督行为展现出来的必要组成部分,基本的逻辑构成,分为:监督主体与职责、监督对象与客体、监督内容与规范、监督权限与程序、监督奖励与惩戒五个要素。这五个要素主要是从权力监督行为提炼而来,但可以解释古今中外各种监督现象,具有高度的理论解释力。

1.监督主体与职责

监督主体指的是依法被赋予监督权,能够独立承担监督行为的后果的组织或个人。监督主体回答的是谁来监督的问题。监督主体的本质规定性就是监督权,只有享有监督权的组织和个人,才能进行监督。这个监督权既指作为公权力的监督权,也指作为公民权利的监督权。监督主体因为有监督权,因而居于监督的主动地位,对监督起主导作用,是监督行为的发动者。但是监督并不是经常进行,也非都能取得实效,这与监督主体存在很大关系,即监督主体的意志、意愿、能力,决定是否发动监督行为,是否能够取得监督效果。也就是说,监督主体有自身的规定性,不满足一些规律和要求,监督就难以真正深入开展,如监督主体监督权真正来源是什么? 监督主体为什么有权监督其他主体? 监督主体何以能够实施监督? 其有何措施和手段? 监督主体有没有监督意志、有没有监督能力、有没有实现有效监督的外部条件? 这些对于监督行为有没有实效起关键性作用?

职责,就是法律法规设定的人、财、物、事的管理与监督义务,也有法律法规表述为任务、使命。职责是一个公共组织存在的依据。把握公共组织的职责,是履职的前提。一个公共组织,要真正履行好职责,完成法律赋予的神圣使命,必须要准确理解和把握职责范围,否则就可能失职或越权。

所谓监督职责,就是法律法规授予某组织对一定范围内人和事进行监督的义务、任务、使命。监督职责也是一个组织是否成为监督主体的依据。一个组织能否成为监督主体,要看这个组织是否被法律法规(含党内法规)授予监督的义务、任务和使命。没有被赋予监督的义务、任务或使命,这个组织就无权对其他主体展开权力性监督行为。正是监督职责的存在才决定了一个组织是否是公权性监督主体。同时,监督职责是监督行为合法的条件之一。没有监督职责,或者超越监督职责,其作出的监督行为就不具有合法性。

监督职责主要包含两个方面内容:对象和事务及其空间与层级上的分布。前者是监督主管,后者是监督管辖。也就是说,职责包含主管与管辖两个方面;管辖包括地域管辖和层级管辖。职责问题特别重要,因为笼统表述监督职责,不深入研究监督对象和事务的特点、规律,就无法进行有针对性的监督。故本书把监督对象和监督事务(主要的监督客体)单列出来,作为监督要素的一个方面单独论述,职责问题则重点讨论监督管辖。

监督主体法定原则。权力性监督组织只能依据宪法、法律、法规(含党内法规)的规定产生,才能被赋予监督权力。特定公权机关、公职人员、公权行为,该由谁监督,只能按照宪法、法律、法规(党内法规)的规定,由法定授权的监督组织进行监督。法定机关被授予监督职责,按照这个授权监督的范围进行监督,才是合法的监督。

研究监督主体时,必须同时明确其监督职责。比如,纪律检查委员会,其监督职责是对党员和党组织进行监督,非党员和非党组织就不在其监督职责范围。人大的监督范围是一府一委两院(政府、监察委、法院和检察院),其他组织比如一个企业是否合法经营,并非人大的监督职责,企业是否合法经营,由法律法规授权的行业监管组织进行监督。

这里特别探讨一下《监察法》关于监察委监察职责对象范围规定的理解及相关规定的合理性问题。我国设立的各级监察委员会,其职责规定既包含对象范围,也包含事务范围,较为复杂,理解起来难度大。首先要明确,监察委监察的对象是所有行使公权力的公职人员,针对的是人,组织不在监察委的职责范围内。这点与《中华人民共和国行政监察法》①(以下简称《行政监察法》)规定的职责范围包括行政机关及其工作人员明显不同。认识到这个问题很重要,人们须明白监察委的职责边界,即组织行为不是监察委的监察范围。如行政行为、法院检察院的司法行为,虽是由公职人员作出,但这些行为经过机关内部审查程序、机关讨论决定程序,是机关行为,而不是公职人员的个人行为,其合法性和合理性由特定主体而非监察委进行监督,因而监察委对公职人员依法履职秉公用权的监督不能替代司法机关和复议机关对行政机关、司法机关行为合法性和合理性的监督。其次,监察委对滥用职权、玩忽职守公职人员的责任追究,并不能替代对行政机关、司法机关的违法、失职行为的责任追究。前者是公职人员个人承担党纪政纪等纪律责任,后者往往要由机关承担对社会主体的赔偿责任。行政机关、司法机关滥用职权、失职渎职,造成相对人人身和合法财产损失的,该责任由行政机关或司法机关,以及人民赔偿委员会依法定程序确定,并非由监察机关来确定国家赔偿责任。也就是说追究公职人员的党纪政纪甚至刑事责任,不能替代公职人员所在机关应承担的法律责任。最后,关于监察对象的众多规定之间存在不一致、不协调现象。《宪法》和《监察法》规定的监察对象是公职人员,但《刑法》、《刑事诉讼法》和相关司法解释确定监察委员会有权对单位

---

① 《行政监察法》于 1997 年 5 月修订,2018 年 3 月废止。

涉嫌行贿受贿犯罪进行管辖,将单位作为职务违法犯罪的主体纳入监察委的监察职责内,这就出现了监察委监察对象范围矛盾规定。另外,根据《监察法》第 45 条第 5 款的规定,监察机关可以向监察对象所在单位的履职或廉政建设提出监察建议,这里出现了监察建议的对象与监察对象不一致的规定。对于这些立法上的不协调之处,笔者在此呼吁立法机关在调查研究基础上修订相关规定。

2.监督对象与客体

监督对象指的是被监督者,回答的是监督谁,即被监督的组织和个人。其中,组织包含国家机关、党组织、社会组织,并没有严格的法律要求,如我国 2018 年修订的《中华人民共和国公务员法》(以下简称《公务员法》)第 51 条第 2 款规定:"公务员集体的奖励适用于按照编制序列设置的机构或者为完成专项任务组成的工作集体",这个"工作集体"是一个临时的工作组织,并不需要登记注册,取得组织代码。个人作为监督对象,直接的法律依据是2018 年 3 月通过的《监察法》第 1 条规定的监察对象:"所有行使公权力的公职人员。"党员作为个人,也是《党内监督条例》明确规定的监督对象。在具体的监督工作中,究竟哪个组织或个人是监督对象,需要根据具体法律、法规的规定来确定。

监督对象分两部分:一部分是掌握公权力的组织和个人,即各级国家机关、公务团体及公务人员;一部分是没有公权力的组织或个人,这部分主要是市场主体(包括法人、非法人组织、个体工商户和农村承包经营户)、社会团体和个人。本书主要研究的监督对象是掌握公权力的组织和个人,其有履行公共职责的权力,同时承担被监督的义务。掌握公权力的监督对象不同于一般社会组织和公民,具有自身鲜明的特点,就是有公权力做后盾,自身实力强大,有与监督者博弈的实力,这是普通的社会组织或个人所不具备的。

不同的监督对象,掌握不同类型的权力,有不同的权力运行特点,对其监督就有不同的要求。比如对"一把手"的监督就与对非领导人员的监督不同,更与普通党员和公职人员的监督不同;对"一把手"的监督就有很多难点和特点,是监督制度设计、监督理论研究和监督实践所要重视并解决的重大监督课题。

首先,监督对象必须具备可监督性,监督才能有效进行。若权力组织体系中的监督对象(包括机关和公职人员)的权力与监督者互相制约,则可监督性大为增强。2014 年 10 月十八届四中全会通过的《中共中央关于全面推进依法治国若干重大问题的决定》的第三部分"深入推进依法行政,加快建设法治政府",关于强化对行政权力的制约和监督,提出"加强对政府内部权力的制约,是强化对行政权力制约的重点。对财政资金分配使用、国有资产监管、政府投资、政府采购、公共资源转让、公共工程建设等权力集中的部门和岗位实行分事行权、分岗设权、分级授权,定期轮岗,强化内部流程控制,防止权力滥用"①。这里的"分事行权、分岗设权",是构造内部权力制约的主要机制。其次,监督对象行使权力的相关信息是否公开,也是有效监督的条件之一。党和政府加快推进党务公开、政务公开、审判公开、检务公开、村务公开,对于搞好权力监督意义重大。最后,权力运行存在流程控制,方便监督,可以提高监督效率。现代信息管理系统与权力运行流程控制相结合,会极大方便监督工作有效开展。

监督客体指的是监督指向的标的,回答的是监督的是什么。监督客体实际上是监督主体和监督对象之间监督权力(权利)义务指向的标的。在一般的权利义务关系中,权利义务指向的标的主要有行为、物和知识产权。在监督(狭义的监督,指权力监督)权利义务关系中,权力监督与被监督义务也指向行为、物、知识产权。这里的行为主要指公共权力运行的各种行为;物是指具有公共属性、处于公共权力管理和控制中各种有价值的有体物和无体物;知识产权在这里是指公有的知识产权,由国家或其他公有部门如国有企业所有、管理和控制的工业产权、商誉等。公有知识产权是全社会的宝贵财富,有关部门和企业理应善加监管和利用。本书将监督客体界定为行为、物和知识产权,既是对监督实践的抽象化,也是为了与其他学科如法学能够进行话语交流,建构共同的话语体系。从学科范围来说,监督学其实也是法学和政治学的一个交叉学科,是法学的一个分支学科,采用法学通用的话语,是学科内在统一性的要求。

在上述三种监督客体中,最主要的客体是行为,即公权力运行表现出来的各种行为。物或知识产权作为监督客体的范围远不及行为作为监督客体广泛。物和知识产权作为监督的客体主要是政府监管指向的客体。为什么监督客体主要是公权行为呢?因为监督的目的实际上是维护一定的社会关

---

① 《中共中央关于全面推进依法治国若干重大问题的决定》,《人民日报》2014 年 10 月 29 日第 1 版。

系或社会秩序,而公权行为是导致社会关系或社会秩序形成或改变的主要原因,把握主要矛盾,就能够更好指导监督工作分清主次,法学上就存在一个基本命题,就是导致法律关系发生、变更和消灭的根本原因是行为和事件。由于事件的发生往往处于人的控制之外,故对事件本身的监督是没有意义的。因而只有针对人的行为来进行监督,才能维持正常的社会关系和公权运行秩序,行为便成了监督最重要的客体。在对公权力的监督中,监督客体主要是指公共权力机关及公职人员作出的各种行为。不同的公共领域,就有不同的行为。为了使对公权行为的监督能够顺利进行,我们就要对作为监督客体的行为进行类型化、规范化处理。其基本方式是通过权威性的制度,对公权行为进行分类,并对这些行为的构成要件作出明确规定,使公权行为成为人们可以识别和控制的行为。现在人们的认识是将公权行为划分为决策、执行和监督三种。这三种公权行为就是最重要的监督客体。

3.监督内容与规范

监督内容指的是监督主体的监督行为指向监督客体的哪些方面要求,如科学、合法、适当、效率、廉洁、道德。监督内容决定监督行为的方向,也决定了监督据以作出评价的规范。构成监督客体的主要是公权行为,其中有积极的作为与消极的不作为。行为有各种各样的内容和要求,有些是作出决定行为,有些是执行行为,有些是监督行为;有些是立法行为,有些是执法行为,有些是司法行为;有些是追求效益的投资交易等经济行为,有些是社会管理行为,有些是宏观调控或微观监管行为。总之,有些公权行为追求社会稳定,有些追求效率、效益,有些追求合法、公正、清廉,这就产生了监督的锋芒和侧重点的不同,于是就出现了监督内容方面的差异,产生了如政治监督、合宪性监督、合法性监督、合理性监督、合纪性监督、合道德性监督、效能监督、效益监督、廉政监督、审计监督等不同的监督内容。

除了公权力运行的这些要求外,社会生活中尤其是政府监管中还有很多不同的监督内容,如对电梯的安全性和适用性监督、产品和服务质量合格监督、计量器具的准确性检定监督、出入境动植物检验检疫监督、工程质量达标性监督和工程安全性监督、机动车安全性适行性监督、会计资料真实性监督、空气质量监督、环境质量监督等,几乎涵盖社会生活的方方面面,这些监督主要是从监督内容的不同来进行区分。不同的监督内容,其侧重点不同,相应的据以评价监督客体的规范也不同,方式方法和监督程序也存在差异。因而监督内容也是监督要素的必要组成部分。

那么,监督内容能不能不作为监督的一个要素,而由监督的其他要素如监督客体来吸收?笔者认为,监督内容作为监督要素有其独立存在的必要性。首先,作为监督客体的公权行为有不同的内容和要求,如对于监督客体的决策行为,既要求决策符合科学,也要求决策符合民意,还要求决策合法。对于决策是否符合科学性、可行性的监督内容,显然与决策是否具有民主性、合法性的监督内容是不同的。再如,领导干部选拔任用,既要求被选拔任用之人具备任职的实体条件,也要求符合提拔任用程序,所以既要进行实体性监督,看看被提拔任用的人是否具备德能勤绩廉的实体标准和相应的任职经历,也要进行程序性监督,看看是否有经过酝酿和动议、民主推荐、组织考核、廉政回复、任前公示等程序,实体与程序不能偏废,不能仅仅监督是否符合干部提拔任用程序,就判定领导干部选拔任用合法。其次,对于公权行为进行不同内容的监督,已经被立法所确立。如 1997 年的《行政监察法》,规定了从三个方面来监督行政机关的行政行为,即合法性监督(即执行法律、法规、上级政府决定和命令方面的监督)、廉政监督(即在履行职责、作出行政行为过程中是否廉洁)、效能监督(即行政行为是否符合效率和效益方面的要求)。这三种监督内容,各自的规范依据是不同的,监督的侧重点也不同,不能混同。2018 年颁行的《监察法》规定对公职人员行使公权力要从依法履职、秉公用权、廉洁从政从业以及道德操守情况进行监督。

要对监督客体进行审查评价,涉及审查评价的依据、规范或标准,这就是监督规范。监督规范就是监督主体对监督内容是否合乎既定标准的权威性评价规范依据,也有叫监督标准。[①] 首先,国家法律是最重要的监督规范。只要涉及对公权行为合宪合法性评价的,就需要以宪法、法律作为监督规范。如判断行政复议机关或人民法院监督行政处罚是否合法时,就需要以行政处罚法作为监督规范。再如,新加坡《防止贪污法》就是据以评价公职人员或私人事务代理人是否廉洁、是否构成贪污贿赂的权威性依据和标准,就是贪污调查局的监督规范。其次,在我国,党章、党内法规是党内监督的重要依据。再次,党和国家的公共政策,社会的公共道德,也可以成为监督规范。最后,各种计划、效益指标、技术标准、安全标准、技术图纸等,也可以成为监督依据。

不同的监督内容,监督方式程序不同,监督规范也不同。对于监督者来

---

① 徐能毅:《无产阶级政党党内监督问题研究》,党建读物出版社 2000 年版,第 36 页。

说,不仅需要熟知监督制度,也要熟知评价监督内容的各种规范,根据不同的监督内容,选择正确的监督规范,进行审查评价,作出准确的结论,以此作为监督处理的基础和前提。熟悉监督规范,是一个监督者业务素质的基本要求。

4.监督权限与程序

权限是履行职责的手段和措施。设定职责,不授予权限,职责就会流于虚置,所以,法律、法规(含党内法规)在设定职责时都会授予履行职责必要的权限。职责和权限,统称为职权。职权是由法律法规设定,具有法定性,这就是职权法定。

监督权限是法律法规授予监督主体履行监督职责的措施和手段。也就是说,监督职责需要监督权限来保证履行,否则,监督职责就会虚化。

有些论者使用监督的实现形式[①]来表述监督权限。本书认为监督权限其实与监督的实现形式是同一个概念,指的是监督主体为履行监督职责采取的措施、手段、方式,以介入监督客体,实现监督目的,回答的是如何进行监督的问题。

监督权限,作为介入监督对象、监督客体的方法,需要由权威性法律、法规予以规定,成为法定措施。这是任何设定监督的法律、法规(含党内法规)所必不可少的重要监督制度。比如,新加坡贪污调查局根据《防止贪污法》有权在没有逮捕证的情况下,逮捕嫌疑人;有权没收贪污罪犯的全部赃款赃物;有权检查和冻结嫌疑人的银行账户,甚至可以查询其家人账目;有权入屋搜查,扣押认为可以作为证据的物品。再如,要求财产申报或公开就是监督公务人员是否清廉的一个有效措施,是反腐败法律规定的重要制度。

常见的监督权限,如谈话、询问、函询、查询、复制、检查、巡视巡察、罢免、撤职、弹劾、纠正、批评、责令检查、责令整改、列席会议、质询、移送等等,也是常见的监督方式。我国古代御史上奏和弹劾,是御史履行监察职责的主要措施和方式。现今各国法律对监督主体具体监督权限的规定不完全一致。有些国家和地区的法律对监督权限的授权充分,比如美国对公职人员财务监督的授权,我国香港地区《廉政公署条例》授予廉政公署、廉署专员、廉署警员的监督权限有技术调查权、卧底调查权、诱惑调查权等,都保证了廉署对公职人员廉政的监控能力。

---

① 　徐能毅:《无产阶级政党党内监督问题研究》,党建读物出版社 2000 年版,第 37 页。

根据监督目的的不同,监督权限有不同分类。监督权限首先是为了实现了解知情的目的,法律、法规(含党内法规)就有巡视巡察、检查、查询、询问、调查核实、列席会议等;为了作出监督处理,法律、法规(含党内法规)授予责令停止违纪违法行为、责令改正、责令书面检讨、建议暂停职务、提出批评、提出监督建议等一系列监督处理权限。

监督权限的行使需要符合法定的条件,并遵循法定程序。监督权限、条件、程序,往往分别规定,防止监督权限被滥用。《党内监督条例》规定了监督执纪"四种形态":对于苗头性问题,使用谈话方式;对于轻微问题使用党纪轻处分;对于较为严重问题,进行党纪重处分;对于严重问题,移送司法机关处理。"四种形态"的规定,就反映了监督权限的使用条件,不可对于较轻的问题使用严厉的手段,也不可对严重问题使用较轻的手段,这里体现了比例原则①。监察法及其实施条例,规定了 15 种监察权限及其使用条件和应遵循的程序,目的是规范监督权限的使用,维护监督对象的合法权益。

监督权限和相应的程序多种多样,是监督制度的重要内容,所以监督权限、方式和程序具有法定性。法定监督权限和方式,必须要反映监督对象和客体的本质和规律,否则起不到监督作用,这是监督科学性的内在要求。同时,监督是人参与的一项社会活动,人是有主观能动性的,因而监督与自然规律不同,监督也要讲究艺术性。监督的艺术性,表现在监督者根据监督的具体情况、特点,在制度规定和监督规律的基础上,有针对性地选择最适合、最有效的监督权限、方式方法,以实现监督效益的最大化。因而监督权限的选择体现了制度规定与酌情裁量的统一。

监督程序是指监督主体针对监督对象和客体的具体情况,为了实现监督目的,采取有针对性的了解、检查、审查、评价、督促、纠正、惩戒等行为方式所遵循的步骤、顺序、时限等制度。监督权限与监督程序联系密切,可以说有什么样的监督权限,就有什么样的监督程序。监督程序是监督权限的时空存在方式,是不同权限之间的逻辑顺序,比如先要了解后评价、先评价后督促、惩戒,先调查后决定。这些步骤的先后次序与人的认识先后次序存在逻辑关联性。若这些顺序被颠倒,就违反了法定监督程序。

根据监督要实现的功能的不同,监督程序有不同的分类。如为了解、掌握监督客体基本情况,监督程序就有检查程序、现场检查程序、巡视巡察程

---

① 比例原则,是行政法上的原则,是指行政行为必须遵循必要、适当、适度的要求。

序等；为了事后追惩违法违纪行为，监督程序分为移送程序、受理程序、初核程序、立案调查程序、告知听取程序、审理程序、决定程序、执行程序等。

5.监督奖励与惩戒

任何监督都会有一定的成果，会发现问题。对于监督成果不能弃之不顾，而要善加利用。监督成果表明监督对象工作成绩突出的，需要奖励。监督过程中发现了问题，或者监督成果表明存在问题，对于发现的问题或者问题线索，需要追究责任的，就要启动责任追究程序进行追责，这就是惩戒。古今中外，追究责任有两种方式：直接惩戒与间接惩戒。直接惩戒由监督主体进行惩戒，间接惩戒是由监督主体以外的专门惩戒机关进行惩戒。

监督奖励与惩戒是监督具有权威性的保障。古代中国御史虽然官阶低，但权威性很高；官阶很高的宰相也害怕御史，就是因为御史有弹劾权，可以将监察对象存在的问题诉请皇帝处理，这对宰相领导的行政系统形成强大的压力，以此彰显御史监察的权威。虽然御史没有对行政官员直接惩戒的权力，但御史的弹劾权构成间接惩戒权。当今世界监督制度的立法，均少不了奖励和惩戒的规定，这首先是监督的本质所要求，监督必须要有奖励与惩戒这个要素，否则监督概念逻辑不周延、不严密，监督在实践中也难以运行，监督的权威性也难以树立。

第二节　监督的分类

分类研究是概念研究的基本方法之一，就是从外延上研究概念。对监督进行分类研究，可以把握不同监督类型的特点，从而制定有针对性的监督制度，增强制度实施的实效性。

要对监督进行分类研究，必须要确立分类的方法。分类的方法就是按照不同的标准对监督进行分类，分类的标准很多，理论研究和制度建设实践基本上按照监督要素为标准进行分类。本书也是采用此种方法对监督进行分类研究。

一、按主体分类

不同的监督主体,其监督权力(权利)性质不同,监督职责和任务不同,监督内容不同,监督方式和程序也就不同,相应的监督规则也就相异。由于监督权具有主动性,监督主体的监督意愿意志、方式方法、监督能力很大程度上决定了监督效果,因而从主体的角度来研究监督,也就是从监督的主导方面、矛盾的主要方面、博弈的主动方面来研究监督,是正确把握监督概念和规律的很好路径。

(1)按照监督主体监督权的专属性来划分,可以分为一般监督和专属监督。一般监督是指任何组织和个人依法对公共权力运行的监督权利和监督活动。一般监督广泛存在于社会生活的各个领域,享有监督权利的主体非常广泛,既包括公民,也包括法人和其他组织。监督的内容也很丰富,只要有公共权力存在,就有一般监督的权利和活动。专属监督是指由专门的监督机关和监督人员对公共权力运行进行的监督,如合法性、廉洁性、效益效能方面进行的监督。专属监督一般只涉及某一类特定的监督对象、监督客体或监督内容,如专门监督财政资金使用的是审计监督,专门监督公职人员依法履职的是监察监督,在党内专门监督党组织和党员是否遵守党纪的是纪律监督。一般监督和专属监督均是一个健全的监督体系所不可或缺的,一般监督以专属监督作为后盾,专属监督也要依靠一般监督,只有两者紧密联系起来,才能形成密不透风的监督网络。

(2)按照监督权是否具有强制性,可以分为权力性监督和权利性监督。权力性监督是指基于具有公共权力属性的监督权而进行的监督,监督主体有权依照法定依据和程序实施强制性监督,监督对象不可拒绝。有监督权的国家机关以及党的纪律检查委员会,依照相关法律和党内法规有权对有关组织或个人实施权力性监督。权利性监督是社会组织和个人依据宪法、法律或法规对其他组织或个人实施的监督。中共党员依据党章和党员权利保障条例对各级党组织和党员领导干部实施的监督,也是权利性监督。权利性监督属于非强制性监督,如公民监督、社会监督、媒体监督、舆论监督,对于权力性监督的运行起推动和促进作用。无所不在的社会组织和个人承受公权力运行带来的结果,他们的投诉、举报,是暴露公权力弊端的重要线索,他们为维护自身利益采取的诉讼、复议、上访、投诉、检举、举报,本身是启动权力性监督的条件。群众的眼睛是雪亮的,可以明辨是非,为了自身利益与社会公正,人民群众有足够积极性行使监督权利,为党和国家监督体系提供源源不断的监督线索,推动监督体系有效运行,所以权利性监督是整个监督体系的基础,是监督动力永不衰竭的源泉,对于搞好监督工作极为重要。正是看到了人民群众的历史决定地位,看到了人民监督对于政治清明的巨大作用,1945 年 7 月,毛泽东在延安其居住的窑洞里回答民主人士黄炎培关于历史周期率问题时,提出了跳出历史周期率的第一个答案,即人民监督政府,政府才不敢松懈,这就是著名的"窑洞对"。时年 68 岁的黄炎培直言相问:"我生六十余年,耳闻的不说,所亲眼见到的,真所谓'其兴也勃焉,其亡也忽焉'。一人,一家,一团体,一地方,乃至一国,不少单位都没有能跳出这周期率的支配力。大凡初时聚精会神,没有一事不用心,没有一人不卖力,也许那时艰难困苦,只有从万死中觅取一生。既而环境渐渐好转了,精神也就渐渐放下了。有的因为历时长久,自然地惰性发作,由少数演为多数,到风气养成,虽有大力,无法扭转,并且无法补救。也有为了区域一步步扩大了,它的扩大,有的出于自然发展,有的为功业欲所驱使,强于发展,到干部人才渐见竭蹶,艰于应付的时候,环境倒越加复杂起来了,控制力不免趋于薄弱了。一部历史,'政怠宦成'的也有,'人亡政息'的也有,'求荣取辱'的也有,总之没有能跳出这周期率。"[1]毛泽东对答,说道:"我们已经找到了新路,我们能跳出这周期率。这条新路,就是民主。只有让人民起来监督政府,政府才不敢松懈。只有人人起来负责,才不会人亡政息。"[2]毛泽东此话深刻揭示了人民群众监督政府的重要意义,也告诉我们对于权利性监督,需要从法律制度上保障,以拓宽人民监督渠道,发挥人民监督的功能。

(3)按照权力性监督机关的类型分为:立法监督、监察监督、司法监督、行政监督、审计监督、党内监督。从公权力监督主体的角度分析,立法监督是立法机关对行政机关、监察机关、司法机关的工作及其选举和任命的人员的监督,着眼于"权"的运行情况;监察监督是监督机关对所有行使公权力的公职人员的监督,着眼于"人"的监督;司法监督,即司法机关基于行政诉讼管辖权而对行政机关监督,以及人民检察院给予国家法律监督权而对特定范围内的行为进行监督。行政监督是指行政机关基于层级管辖权而对下级

---

① 黄炎培:《八十年来——黄炎培自述》,文汇出版社 2000 年版,第 204～205 页。
② 逄先知:《毛泽东年谱(1893—1949)》(中卷),中央文献出版社 2002 年版,第610 页。

行政机关监督。审计监督是对财政资金的使用以及资金使用效益进行监督。在我国,中国共产党掌握执政权,领导着各国家机关,党内监督是保持党的团结统一,保证党机体的纯洁性、廉洁性必不可少的监督,党对国家机关的政治监督,是保证党的集中统一领导,促进国家机关有效行使职责的重要保障。

从主体的角度,还可以对上述各种监督作进一步的分类。以党内监督为例,党内监督分为党组织的监督、班子成员内部监督、党员的民主监督。党组织监督又细分为:党的中央组织的监督、党委(党组)的主体监督、党的纪律检查委员会的专责监督、党职能部门的监督、党支部对党员的日常监督。领导班子成员之间互相知情,对重大决策直接参与,具有很好的监督条件;赋予班子成员互相监督的职责,有利于班子搞好工作,维护党章党规党纪的权威性。普通党员按照党章的规定有权对各级组织及其领导干部进行监督,这种监督就是党内民主监督。可见,依党章、党内监督条例、党员权利保障条例等规定,多元党内监督主体构成了复杂的党内监督体系。从主体的角度来研究党内监督体系,能够把握党内监督体制的主要架构,明确不同主体的监督职责,从而规范有序地运转党内监督体系。

二、按对象分类

不同的监督对象有不同的特征,决定了对其进行监督的内容、规范、方式方法、程序有所差别,研究监督对象的特点和运行规律,对于有针对性地搞好监督工作,提高监督实效,意义重大。

按照监督对象的不同标准,监督可有多种分类。按照监督对象是组织还是个人,分为对组织的监督和对个人的监督。按照其所处机关性质的不同,可以分为对立法机关及人民代表的监督、对行政机关及其公务员的监督、对监察机关及监察官的监督、对司法机关及其公务员的监督、对党群部门及其公务员的监督;不同的机关,职能不同,行使职能的方式和程序不同,监督也就有所不同。按照监督对象是否具有领导权,可以分为对领导干部的监督和对普通公职人员的监督,前者是监督的重点和难点。

不同的监督对象因其所处地位不同、职能不同,而具有不同的特点和规定性,决定了监督主体、内容、规范、方式、程序也有所不同。

立法机关是由人民选举代表组成,代表人民进行民主决策的国家机关,掌握立法权、重大问题决定权、任免权、监督权。立法机关以审议议案为工作内容,通过分组审议、集体会议、投票等方式进行工作。立法机关的职能特点和运转方式,决定了对立法机关的监督主要由宪法监督机关以合宪性审查或违宪审查的方式监督立法机关的立法行为是否合宪合法,以及人民以选举或罢免代表的方式进行监督。

行政机关是执行机关,执行国家法律、上级机关的决定、同级代表机关的决定,具有直接、主动、连续管理国家和社会公共事务的特点,这就决定了对行政机关的监督具有特殊性。第一,监督主体具有广泛性。有政党监督(我国是执政党对政府的监督,国外是在野党对政府的监督)、立法机关的监督、监察机关的监督、司法机关的监督、上级行政机关的监督、审计监督,更为重要的是有直接承受行政行为后果、数量庞大的人民群众的民主监督。监督主体的广泛性是由行政事务的多样性决定的。第二,对行政机关监督的效率性。行政要追求效率,对行政机关的监督也要有效率,久拖不决的监督会影响行政效率。所以,法律规定,监督时不停止行政行为的执行。第三,对行政机关的监督以个案为主。行政机关承担国家政策、法律落实的法定职责,虽然有权制定抽象性的实施细则,但主要的还是将抽象性、普遍性的政策和法律落实到具体人和事中,对具体人和事进行处理,涉及个案处理是否合法合理,由司法机关通过行使行政审判权进行个案监督。第四,对行政机关的监督具有专业性。由于社会公共事务是分类管理,不同类别的行政事务具有不同业务特点,比如食品药品质量安全监管完全不同于环境保护监管,所以对行政机关的监督要突出专业性,故而行政复议这种具有专业特点的监督方式就成为对行政机关监督的重要方式。第五,行政权力的集中性,决定了立法对行政的监督至关重要。行政机关是公共资源配置最主要机关,对人民的生命、财产施加直接影响,要监督具有强大权力的行政机关,立法机关承担最主要的责任,立法机关通过政策辩论权、预算监督权、不信任投票权、特定问题调查权,对行政机关负责人进行倒阁、弹劾、罢免,以此监督行政机关。

司法机关掌握的是国家的判断权,代表国家辨别是非、裁决纠纷,维护正义。司法权实行"不告不理"的受案原则,因而司法权具有被动性、中立性、专业性特点。按照《联邦党人文集》第七十八篇的观点:"司法部门既无军权,又无财权,不能支配社会的力量与财富,不能采取任何主动的行动。""故可正确断言:司法部门既无强制,又无意志,而只有判断;而且为实施其判断亦需借助于行政部门的力量。"支持、保障司法机关独立行使司法权,防止监督损害司法独立,是监督制度设计和制度实施必须要考虑到的。因而司法机关的监督有自己的特色,这就是主要由相对独立的上级司法机关进行,实行层级监督。除此之外,立法机关对法官有权弹劾,我国人民代表大会有权罢免司法机关负责人。

对个人的监督分为对一般公职人员的监督和对领导干部的监督,特别是对"一把手"的监督。这种分类在我国有意义,是因为有个很重要的问题,即如何搞好对"一把手"的监督。在我国,"一把手"与普通公职人员甚至其他领导干部不同,具备自身鲜明的特色,这就是:"一把手"权力集中、充实,人财物事都由"一把手"最终拍板,同级其他领导干部客观上难以有效监督"一把手",下级基于信息不对称,并受"一把手"控制,更难以监督"一把手",上级基于信息不对称,也难以监督"一把手"。一些地方、一些部门、一些单位"一把手"政治素质不高,自觉接受监督的意愿不高,客观上造就了对"一把手"的监督难题,出现"上级监督太远、同级监督太软、下级监督太难"的监督难局面。

对公职人员的个人监督内容是很广泛的,既有工作监督,也有个人纪律方面的监督,所谓"8小时"内的监督与"8小时"外的监督。只有这样,才能将公职人员置于人民群众的广泛监督下。现代法治社会,公职人员为了方便公众监督,要主动申报或公开大量个人事务信息,公众只要不捏造事实,不进行诬告、诽谤,对公职人员进行的包括举报、控告、投诉、媒体报道、网络发帖等监督,都是合法的监督方式,应予以肯定和保护。同时,信息技术拓宽了公众监督的渠道,激发了人民群众参政议政和监督的积极性,为国家和社会治理现代化奠定了技术基础。

三、按客体分类

监督客体主要有公权行为、公有物、公有精神产品,公权行为是主要的监督客体。公权行为目前理论上可以分为决策、执行、监督三个方面。决策、执行、监督在我国又可以分为国家层面上的决策、执行、监督,执政党层面上的决策、执行、监督。国家层面上对公权行为的监督包括对立法的监督、对行政的监督、对司法的监督、对监察的监督。执政党层面上对公权行为的监督包括对党内决策、执行、监督的监督,其中党委(党组)的决策监督是一个很重要的内容,必须重点关注和思考。

在国家层面上的决策有多种多样、多个环节。首先是人大作出的决策,包括抽象性决策和具体性决策。抽象性决策包含立法决策和非立法性规范性文件决策,这些都由上级人大常委会以备案审查方式进行监督。人大作出重大问题的具体性决策,主要是五年发展规划和年度发展计划,以及年度财政预算决算决策。对于人大作出的重大问题具体性决策,严格来说,上级人大常委会也可以通过改变和撤销下级人大及其常委会作出的不适当决定的方式进行监督。但这种监督目前实践不多,理论研究也关注不多,比如这种改变或撤销监督由哪个机关启动,公民能不能提起改变或撤销的申请,等等,均语焉不详。所以,这种监督还需要在以后的实践中进行理论创新和制度创新。

其次是行政决策的监督。行政机关在我国宪法定位为执行机关,但行政机关实际承担大量决策任务,要作出大量执行性决策。例如,行政机关承担发展经济重任,因而需要经常作出项目决策。行政决策受上级行政机关的层级监督和同级人大及其常委会的监督,但目前这种监督实践较少,理论研究素材不够。行政决策与人大的重大问题决策有个分界和衔接问题。由于这个问题很复杂,也与本书主题关系不大,在此不做讨论。我国由计划经济体制向市场经济体制转变的具体国情决定了行政权力集中、强大,虽然强调市场对资源配置的决定性作用,但行政权力依旧承担资源配置的重任,依旧是资源配置的主要方面。行政权力配置资源存在公正、效率与腐败的问题,这些问题引起了人们的重视,理应得到重点监督,实践中应纳入常态性监督范围,但目前的各种监督与此情况并不适应,尤其是人大监督远远不到位。

最后是司法决策的监督。司法机关地位中立、定分止争、维护正义,行使国家判断权,以裁判方式作出是非评判决策。司法是否正义,关系到社会的安全稳定,因而对司法决策的监督就成为政治文明建设必要内容。各国对司法裁判的监督实行上级法院监督下级法院的审级监督制度,有些国家实行三级监督制,有些国家实行两级监督制,我国实行二审终审制度。审级监督体现对司法裁判专业性、独立性的尊重。

执政党层面上的决策、执行、监督的监督也有自己的特点。在我国,共产党发挥执政党内部自我革命的制度体系效能,强化执政党内部权力制约与监督,对于保证立党为公、执政为民极为重要。自我革命的制度体系中党内监督和纪律处分是重要的、必不可少的制度,以铁的纪律和刚性监督制度,推进党的自我革命,是新时代党的建设的重要方面,所以,党内监督意义重大。从客体的角度来看,党内监督,主要是党的各级组织决策、执行和监督的监督,其中包括党的中央组织和地方组织的监督。从决策的角度看,党的中央组织承担理论、方针、政策、制度、重大事项等重大问题决策。由党的本质和性质决定,党的中央组织重大决策正确率高、理性度强,对党的中央组织决策的监督本书不做重点讨论。由于党的地方组织点多、面广、决策范围大,与地方发展与人民群众的关系更密切、更直接,地方党委决策如果发生失误,就会影响党中央大政方针、重大决策部署在地方的贯彻落实,也会影响地方政治、经济、社会全面发展,所以本书重点研究地方党委决策监督。

党内执行的监督,主要是对党委(党组)、党的职能部门、基层组织、党员学习党的理论、执行党的路线方针政策、实施党的制度、贯彻落实党中央重大决策部署和上级党组织的决定(决议)的监督。党内监督条例主要是针对这方面的监督作出的制度安排,所以,党内巡视巡察、纪律检查、督导等级成为党内监督的重要方式。

对党内监督的监督主要是对承担主体监督责任的党委(党组)、专责监督的纪委的再监督。党内监督是一项重要的公权力,也需要纳入制度的笼子里,也需要再监督;发挥党内层级监督的优势,落实主体责任和监督专责,是做好党内监督的再监督的主要渠道。

四、按内容分类

按照监督内容的不同,监督可以分为:政治监督、履职监督、法制监督(合宪性监督、合法性监督、法律监督)、纪律监督、廉政监督、审计监督、效能监督、道德监督、安全监督、质量监督、目标监督等。安全监督、质量监督、目标监督,是政府监管的重要方面,是一项政府行为,不是本书要讨论的问题。

政治监督在我国主要是指对各地方、各部门贯彻落实党的政治理论、方针政策、重要制度、重大决策部署的情况进行的监督,目的是督促党中央的理论路线方针政策制度和决策部署得到实现。在西方国家,政治监督主要是指选民在选举中以投票的方式对政党提出的政策进行选择,选举在野党意味着对执政党政策的否定。

法制监督是对维护国家法制统一、国家尊严进行的监督,包含合宪性监督、合法性监督、人民检察院的法律监督三个方面。合宪性监督是指对法律是否合宪进行的监督。西方国家建立起违宪审查监督体系，并在实践中有效运作。我国也建立了全国人大宪法和法律委员会、全国人大常委会对人大立法事前、事中的合宪性审查机制，以及全国人大常委会对自己立法合宪性的监督机制①。合法性监督是指对行政行为、司法行为是否合法合理进行的监督。对行政机关委任立法（我国叫行政立法）、对行政裁决（我国叫具体行政行为）的合法性、合理性进行审查监督，是行政行为合法性监督。对公、检、法、安、司等刑事司法机关刑事案件立案、侦查、公诉、审判、执行是否合法的监督，对民事行政案件审判是否合法的监督，是检察机关实施的法律监督。法律监督是人民检察院对法律实施情况，尤其是刑法实施情况的监督。

纪律监督是指执政党对其组织和成员、国家机关对其工作人员、国有企事业单位对职工是否遵守党纪政纪、单位纪律进行的监督。纪律是维系政党存在和运行重要条件，欧洲许多政党都有对成员进行纪律约束和制裁的制度，以此维系政党内部的团结、协调和稳定。鲜明的组织和纪律性是共产党的重要特征，维护纪律的权威自然是共产党保持本质、初心、使命和生命力所必然必需的。在我国，党对内部组织和成员的纪律约束和执纪监督，是保持党的先进性、纯洁性，保证政令畅通的必要条件。

廉政监督，是指对公职人员是否廉洁从政从业进行的监督。廉政监督的内容主要涉及公职人员财产收入是否合法、个人利益与职务冲突的认定和处理、公务人员财产申报和公开、贪污贿赂行为监控和侦办、提供公共服务的同时接受当事人吃请玩乐和其他好处等方面的监督。

道德监督是指对公职人员的道德情操，主要是职业道德、社会公德、家庭美德、个人修养等进行的监督。古代中国奉行"学而优则仕"的理念，学习是体察道德、精进道德的主要渠道，学习好意味着道德优，道德优秀是成为官员的必要条件。现代社会公职人员理应做社会道德的楷模，若公职人员道德出问题则会对社会道德造成很大的伤害。在美国，道德监督与廉政监督几乎一致。美国率先制定并实施政府道德法，在各级各类国家机关中成立了道德署或道德委员会，负责受理、审查、公开公务人员的财产申报，审查

---

① 全国人大常委会内设机构宪法室具体承担对全国人大常委会立法的合宪性审查职能，向全国人大常委会提出合宪性审查报告，交全国人大常委会审议、决定。

公务人员个人行为与职务是否存在利益冲突,若两者存在冲突,则由道德审查机关进行处理。

效能监督主要是指对以执行为主要任务的行政机关在审批效率方面的监督。中国政府为改革审批制度,在不降低审批质量的前提下,在法律法规规定的时间范围内尽量缩短审批周期,提高办事效率,优化营商环境。效能监督在改善投资环境方面是很有意义的。当然,如果将效能监督从投资审批领域扩展到政府管理的所有领域,这对于善治良治价值更大。

目标监督是指监督的重心围绕被监督者是否按质按量按期完成工作任务,实现工作目标。在不涉及合法性、廉政、道德等方面监督的情况下,监督、考核被监督者是否按时按质按量完成工作任务,当然是监督的一项重要内容。目标任务监督在企业管理、工程管理、经济和社会发展方面有较多运用。

五、其他分类

(1)按照监督内容侧重点的不同,监督可以分为政治监督与业务监督。这种分类主要在我国有意义。当监督重点指向贯彻落实党中央理论路线方针政策和重大决策部署,突出监督的政治属性时,这种监督叫政治监督。当监督指向机关、行业或企事业单位的主业主务时,叫业务监督。比如对军队的监督,如果监督指向是否对党忠诚、听党指挥,这是政治监督,如果指向部队的训练、作战和保障时,此时的监督叫业务监督。如何处理好两者的关系,使政治监督促进主责主业主务的履行,而不是冲淡主责主业主务,这是监督者需要重视的一个问题。

(2)按照监督者与被监督者是否属于同一系统,分为内部监督与外部监督、同体监督与异体监督。一般而言,外部监督与异体监督独立性高,监督效果较好;内部监督与同体监督独立性不高,但专业性较高,如果有较好的制度设计使得监督者有相对独立性,那么这种监督也是有价值的。

(3)按照监督者与被监督者的地位不同,分为上级监督、同级监督与下级监督。一般而言,上级监督因监督者的权威性而使得监督的效果好;同级监督的好处是监督者了解情况,若两者之间存在相对独立性,那么监督效果较好,若缺乏独立性,且没有明确的责任机制,同级监督有可能蜕化为同级同谋,官官相护,很难保证效果;下级监督上级由于缺乏监督者的独立性,监督效果往往不好。

（4）按照监督介入监督客体的时间、过程和阶段分为：事前监督、事中监督、事后监督。这个"事"指各种公权行为，即决策、执行、监督三个方面。一般说来，监督要不留死角、漏洞，就需要对决策、执行、监督的全过程进行监督，而全过程监督就包含事前、事中和事后监督。事后监督主要对行为结果进行监督，反馈情况，比如我们常说的巡视"回头看"、整改情况的检查、将违纪违法行为人移送惩戒。随着我们对监督概念越来越深的理解，事前、事中、事后监督逐渐被我们了解和熟悉，相关制度建设也注意到要对三个环节都作出规定，事前知情、事中跟踪、事后查验，越轨惩戒，不留死角和空白，使监督成为逻辑完整、过程严密、结果可控、纪法伸张的行为范式。

（5）按照监督是否有持续性，分为日常监督和专项监督。日常监督，就是对监督对象思想政治、道德情操、履行职责、行使权力情况进行经常性、连续性、实时性跟踪了解，掌握被监督对象的思想、工作、作风、生活情况，发现苗头性、倾向性问题或者轻微违纪问题，及时约谈提醒、批评教育、责令检查、诫勉谈话，督促监督对象保持党员或公职人员初心和本色，依法履职、为民服务。由于被监督者众，日常监督范围广、环节多，监督资源有限，必须要强调重点论，所以，并非要对监督对象事无巨细进行监督，而是要提高针对性，针对重点对象和关键环节进行监督，紧盯重点事、重点人，针对倾向性问题，针对办事阻滞的环节进行监督，以此提高日常监督实效。在"重点人"方面，要对主要负责人和关键岗位人员进行监督。在"重点事"方面，日常监督要盯紧权力集中、资金密集、资源富集的地方和岗位，以及公权力运行关键环节、公权力运行不畅的环节，及时发现问题、纠正偏差，抓住关键人、管到关键处、管住关键事、管在关键时。倾向性问题不是个别问题，而是具有风向性、潮流性、普遍性的问题，比如慵懒怠政不作为问题，针对这样的问题，监督者就要对监督对象日常履职进行实时了解，及时发现是否存在不作为问题，有问题要及时督促纠正。

专项监督，也叫专题监督、专项监督检查，是指监督主体针对某个特定问题所进行的专门性监督。典型的专项监督就是中共中央提出的落实中央八项规定和反"四风"监督活动，要求该项监督要持续推进，久久为功。此外，医疗机构红包专项整治，企业节能减排专项整治，环境督察整治，重点项目落实情况专项监督检查，教育乱收费专项整治，扶贫资金使用专项检查，行风建设专项治理，均属于专项监督。专项监督一方面与党中央的决策部署密切相关,另一方面也与人民群众反映强烈的现实问题相关。专项监督事项选择得当,往往会取得很好的监督效果,获得人民群众的认可。

(6)按照监督手段和处理是否产生强制力,监督分为柔性监督和刚性监督。有些监督手段,如听取汇报、评议专项报告、询问、视察、建议等,不产生强制性效果,这是柔性监督。有些监督手段会产生强制性效果,如巡视巡察、检查、特定问题调查、暂停职务,这是刚性监督。刚性监督手段往往监督效果较好。有些监督在监督处理上强制性不同,也存在柔性监督与刚性监督的差别。如《党内监督条例》第 7 条规定:"党内监督必须把纪律挺在前面,运用监督执纪'四种形态',经常开展批评和自我批评、约谈函询,让'红红脸、出出汗'成为常态;党纪轻处分、组织调整成为违纪处理的大多数;党纪重处分、重大职务调整的成为少数;严重违纪涉嫌违法立案审查的成为极少数。"这里的"红红脸、出出汗"、批评与自我批评、约谈函询,提出意见和建议,是柔性监督。有些监督处理,如责令改正、巡视整改、移送问题线索、纪律惩戒,是刚性监督。即使是刚性监督,也存在强制力上的差别,如党内监督"四种形态",第一种形态主要是柔性监督,后几种形态偏向刚性监督;如果监督对象的行为在事实、性质、情节方面问题严重,必须依纪依法进行严肃处理,甚至追究刑事责任,刚性监督色彩强烈。所以,党内监督"四种形态"融合了柔性监督与刚性监督,体现了党内监督的裁量性、适应性。柔性监督,是党内监督主要形态,有利于监督对象主动认识问题,自觉主动改正问题,保持党员干部履职积极性。除《党内监督条例》外,我国《监察法》规定的监察建议、《检察院组织法》规定的检察建议、2022 年 4 月党中央国务院发布的《信访工作条例》规定信访建议、《中华人民共和国人民法院组织法》规定的司法建议,都偏向柔性监督。刚性监督,如对党员干部进行党纪国法处理之类的规定,相对于柔性监督虽然适用较少,但对于维护监督权威性必不可少。

(7)按照监督主体行为状态,监督可以分为主动监督与被动监督。主动监督是指监督主体主动预估、预判存在问题的事项、环节、人物,主动介入被监督权力,监控关键环节,寻找和发现问题,及时督促纠正,把问题解决在萌芽状态,维持正常权力运行秩序。被动监督是党中央、党委(党组)提出指示和要求、其他部门移送问题线索、人民群众举报、新闻媒体报道,监督主体才立项或立案进行监督或调查。在监督职责交叉重复的情况下,主动监督可以避免监督缺位,避免小问题发展成大问题、老问题,避免监督不作为,避免监督资源浪费。所以,研究监督权是启动是研究监督权运行的关键问题。

第三节　监督分类之事前、事中、事后监督

在监督实践中,事前、事中、事后监督都不能少,不能仅仅认为对造成重大后果的责任人予以追责,才是监督。在实际的监督工作中经常存在一个问题,就是不重视甚至忽视事前知情、事中跟踪、查验监控、实时纠偏,往往把监督简单理解为事后出问题进行查处,把监督简单等同于追责惩戒,即由纪检监察机关办理违法失职渎职腐败案件,把监督丰富的内涵简化为办案。

事后监督主要表现为事后追究违纪违法甚至犯罪等越轨行为的责任。当事前事中过程监控阙如,监督对象因无人监管而出现滥用职权、失职渎职、贪污贿赂等严重问题,给人民生命、财产造成损失,损害了党和国家的形象和威信,人民群众意见强烈的时候,监督机关启动追责程序进行惩戒。可见,事后监督主要是发生问题后的追责惩戒,是缺乏事前事中监督,或监督无效致使出现违纪违法犯罪后果,才启动的程序。事后监督还被理解为事前监督结束后发现存在问题才启动的监督,即事前监督结束了进行检查验收,发现问题了要求整改并查验整改情况,甚至整改"回头看"等不涉及责任追究的监督事项。

监督与追责虽密切联系,逻辑上前后相继,但两者内涵不同,不能混为一谈。惩戒是监督权威性的保证,监督发现的问题要转化为追责惩戒,但是监督与惩戒是两个过程。很多国家和一些地区的立法将监督与追责惩戒的主体作了区分,实行监惩分离,而且事后追责惩戒需要启动追责的调查程序,使追责惩戒建立在客观事实基础上,这一调查与监督过程中了解情况的调查在程序上、证明标准上存在差别。2018年3月全国人大通过的《宪法修正案》,赋予各级监察委员会以监督、调查、处置三个职责,在宪法层面上将监督与调查职责作了区分。这三个职责中,调查服务于追责惩戒,是为了查清职务违法犯罪的基本事实,收集证据,所以,三个职责的排序符合逻辑,监督在前,调查在后,调查清楚后分情况进行处置。可见,2018年3月通过的《监察法》,从法律层面上授予各级监察委员会监督、调查、处置职责,其使

用的监督概念与《宪法》使用的监督概念是完全一样的,主要是指事前事中的监督,是事前知情、同步监督、过程监控、查验纠偏、督促纠正的统一。这种监督覆盖到所有公职人员的公权行为全过程,所以称之为监督监察全覆盖。有了对监督的这一理解,我们就可以深入阐述事前事中事后监督的概念了。

一、事前事中事后监督的内涵

事前知情、事中跟踪、现场查验、过程监控、实时纠偏、奖励惩戒,这是事前事中事后监督的基本内涵。我们平常更多关注事后追责惩戒反腐,但对事前事中监督重视不够,致使一些领域问题积重难返,腐败现象愈演愈烈。

为了能够直观、感性地了解和认识事前事中事后监督内涵,在此摘取一个现实生活中案例进行分析。这个案例发表在 2011 年 6 月 8 日《人民日报》上,标题为《陕西省人大对政府部门预算实施全程监督 盯住行政部门怎么花钱》。① 案例具体情况如下:(1)成立专门进行监督的预算工委。监督组织的存在是监督的前提。预算工委成立之前,省级政府部门预算是由陕西省人大财经委员会进行全程监督,由于财经委监管的范围比较宽,很难对政府部门预算全程监督做到细化管理。省委领导经过深思熟虑后,认为成立一个专门负责监督政府部门预算的机构是人大常委会依法履行监督职责的重要体现,也是强化预算审查监督的重要环节。2010 年 1 月成立的预算工委,使人大对政府部门预算全程监督在机构、人员、权威性方面提供了有力保障,为后来的全程监督工作顺利开展奠定了基础。(2)由事后监督变事前监督。在对省级政府部门预算进行全程监督过程中,预算工委一改往日"马后炮"式的事后监督,将监督关口前移,在预算草案编制时即开始监督。2010 年预算工委在对陕西省交通运输厅等三个部门预算的全程监督中,对监督内容提出了明确的要求:预算编制是否符合综合预算的各项要求,本部门的预算是否完整,安排上是否坚持了量入为出、收支平衡的原则;部门预算是否已经细化到各个项目,应当列入政府采购项目是否列入了政府采购预算;预算收支依据是否科学、可靠,对可能造成当年预算收支增减

---

① 杜峻晓:《陕西省人大对政府部门预算实施全程监督 盯住行政部门怎么花钱》,《人民日报》2011 年 6 月 8 日第 17 版。

的各种因素是否给与了充分考虑;等等。全程监督关口前移后,预算工委一直在摸索如何尽量堵住相关环节的漏洞和不足。2011 年当全程监督范围扩大到 10 个厅局后,事前监督又有了进一步的深化和细化。同时结合全程监督部门的实际情况,对预算编制当加则加,该减则减,保证财政资金的合理使用。全程监督关口的前移减少了盲目性,增强了主动性。(3)由程序性监督变为实质性监督。不少人认为人大对政府的监督只是形式和程序上的,到底能够监督到什么程度,值得怀疑。记者了解到,预算工委对政府部门预算的全程监督是实打实的,从预算草案的编制到预算的执行,再到预算执行的结果进行全程跟踪检查。他们运用会(两会)前、会中审查、会后监督执行和决算审查相结合的方式有效将预算管理的各个环节衔接起来。预算工委为了监督部门预算执行情况和重点项目资金落实情况,不定期组织人大代表、财政厅、审计厅相关人员、部分专家进行专题调研和检查,通过听取汇报、查阅账目、现场查看、集中会审等方式,深入了解监督单位的预算执行情况,及时掌握部门预算运行状况,使部门预算监督的实效性得到增强。在全程监督中,预算工委每季度都要根据被监督部门预算执行提出审议意见,做得好的给予肯定,做得不好的毫不留情予以批评。从一年多的预算全程监督实践看,成绩不小,收效很好,促进了相关部门完善内部管理制度、科学编制预算、严格执行预算,把每一分钱都花在刀刃上。①

　　财政预算的编制和执行是国家政治生活中的重大问题,必须要监督到位。如何才能监督到位呢? 陕西省人大的实践无疑是一个有益的探索。这就是对财政预算实行全过程监督。

　　这个成功案例的理论价值就是蕴含了事前事中监督的理论内涵。所谓事前事中监督的"事",就是监督客体,在这个案例中就是政府部门预算的编制;从更广阔的理论视野来看,"事"就是公权力运行的各种行为,主要是决策、执行和监督,其中决策行为是最主要的监督客体。所谓事前事中监督,就是监督主体对监督客体的开始、发展过程和结果所进行实时性、同步性、动态性的跟踪、查验、监控、评价、纠偏行为。事前事中监督因为与监督客体的发展、变化进程一致,因而也可以称作同步监督。

　　一个完整的监督,不能只是在事后出问题才进行监督,而是要全程监

---

①　杜峻晓:《陕西省人大对政府部门预算实施全程监督　盯住行政部门怎么花钱》,《人民日报》2011 年 6 月 8 日第 17 版。

督,应该包含事前监督、事中监督和事后监督,特别要突出监督的过程性、动态性、实时性、同步性,可见,事前事中监督构成了监督逻辑链条的重点与主体。

事前监督,就是监督客体立项前、运行前要向监督主体报告,监督客体正式立项或运行时监督者就介入,监督一开始,监督者就要了解监督客体的背景、目的、主要程序、关键环节、关键人物、监督客体的业务特点,同时知悉监督的目的、任务和重点,做好监督前的各项准备工作。监督者事前对监督客体越熟悉、越内行,越能把握关键,发现问题,监督效率越高。所以,监督组成员应尽可能是懂业务的内行人。

事中监督,就是监督者监控监督客体的发展过程,实时掌握监督客体的进度,动态跟踪、及时查验相关场所、核实相关资料,及时分析评估存在的问题,实时督促纠正偏差。

事后监督,是指监督者在监督客体完成后再介入监督,总结经验教训,发现存在的问题,提出整改要求,由监督主体移送问题线索给专门惩戒机关追究责任人责任。很多事后监督往往是因为问题暴露,损害后果造成,人民意见强烈,监督主体才介入,了解情况,回溯问题原因,厘清责任人责任,再由监督主体自己或移送案件给惩戒机关进行惩戒。

正是监督全过程施行的本质和运行规律,决定了监督主要是事前事中监督。所以,我们要更多了解事前事中监督的特点和规律。事前事中监督具有监督共同本质基础上,也有自身的特殊规定性,这就是监督主体介入监督客体的及时性、过程性、持续性。

监督成效取决于监督主体是否掌握监督客体的基本情况,是否充分了解监督客体的运行过程和主要环节,是否知悉问题发生的规律,是否采取有针对性的措施,这是事前事中监督的基础。了解和知情是事前事中监督最重要的任务。事前事中监督因其强调对监督客体发展过程的监控,故也可以称为过程监督、同步监督、动态监督。

事前事中监督虽然是对监督客体进行过程性监督,但也不是对监督客体事无巨细、不分轻重地完全把握和监控,而是强调对公权力运行的主要方面和关键环节实行不间断的连续、动态跟踪和监视,以节省人力物力财力,提高监督效率,实现监督目的。这是有限的监督主体要面对比自己多得多的监督对象和监督客体时所采取的明智之举。

公权力行为一般而言是有个发展过程的,一蹴而就的行为很少见。

这个过程一般可以划分为三个阶段：事前的酝酿和准备、事中的推进和事情完成后的查验、评估、反馈。不同的公权力行为，在各个阶段的行为内容及特点是不同的。合理划分行为的阶段、正确把握各阶段行为的内容和特点，是研究监督客体活动及规律的基本方面，也是研究监督规律的重要方面。

虽然事前事中事后监督本质上是过程监督，但不能将过程监督仅仅理解为对公权力行为的程序进行监督。过程监督与程序监督含义不同。过程监督既包含对公权力行为的程序进行监督，也包含对公权力行为的实体进行监督，而且对实体的监督更重要。实践中，有些公权力运行从表面上看起来各种程序都走到了，但实际上监督对象想以程序合法掩盖实体非法，以合法的程序和形式掩盖非法的实体内容和行为目的。为防止此种情况的出现，全面把握事前事中监督的内涵是必要的。

二、事前事中事后监督的分类

事前、事中、事后监督的分类主要以监督介入公权力运行的阶段为标准。公权力的运行可以分为三类：决策、执行、监督。因而事前事中事后监督可以分为对决策的事前事中事后监督、对执行的事前事中事后监督、对监督的事前事中事后再监督三类。

监督介入公权力决策行为，叫决策监督。在决策阶段，公权力的运行也可以进一步细分为决策酝酿、立项、决策过程、决策结果。对决策的监督分为决策背景和立项的事前监督、决策过程的事中监督、决策效果评估反馈追责的事后监督。至于错误决策责任追究属于惩戒程序，涉及调查权和惩戒权的运用，本书不做研究。

监督介入执行阶段，叫执行监督。在执行阶段，公权力运行可以进一步分为执行方案制定阶段、执行过程、执行结果，相应的监督也可以进一步细分为执行方案制定的事前监督，执行过程中的事中监督和执行结果核验、反馈、评估、错误执行追责的事后监督。

监督介入监督，叫对监督的再监督，即监督监督者。监督也可以进一步细分为监督立项（计划）、监督过程和监督结果，也就是了解监督者进行监督的实际情况，督促监督者及时进行监督，纠正监督者存在的错误或偏差。因而对监督的再监督进一步细分为监督立项的事前监督、监督过程的事中监督、监督效果核验及错误监督追责的事后监督。对监督者进行监督是防止监督不作为、乱作为的必然要求。

三、事前事中事后监督的特征

从过程监督的视角来研究对公共权力运行的监督，显然是个很有价值的研究视角，也使得事前事中事后监督呈现出一些有意义的特征。

第一，连续性。着眼于公权力决策、执行、监督的各个阶段以及整个过程，着眼于决策、执行、监督每个阶段中的主要环节、关键事项和主要人物，不间断跟踪、监视和控制公权力，以保证公权力正常运行。若这个不间断的连续过程中断，就会导致监督有漏洞和死角，影响监督的实效。这种不间断的跟踪、监视和控制，是事前事中事后监督连续性的重要表现。忽视或不重视这种连续性，就不可能搞好监督工作。

第二，实时性。事前事中事后监督其实就是对公权力运行过程进行实时跟踪和监控，及时掌握情况，采取措施，确保公权力正常运行。如果不是实时监控，而是等到事情结束，出了问题，甚至积重难返的时候，那就失去了监督的价值，监督也就成为摆设。

第三，动态性。与实时性相联系，事前事中事后监督表现为动态监督。即对公权力运行的即时情况和动态进行监视、控制。不对监督客体进行动态监视、控制，就没办法做好事前事中监督工作。动态性是事前事中事后监督本质的外在表现，其要求监督者事前要了解公权力运行的程序、关键环节和相关的实体内容，针对每个程序、环节，掾出监督方案。

第四，预防性。事前事中事后监督的过程监督本质，表明事前事中事后监督有不同的监督重点、不同的监督方法，这就要求监督触角和重点应由事后查处向前移，注重对公权力行为的过程监督，将不规范行为遏制在萌芽状态，因而这种监督体现了监督的预防性。预防性监督的概念和视角将改写反腐败的基本策略，即主要由事后对腐败行为查处转变到事前事中监控来遏制腐败行为的发生，体现事前事中监督的预防性。

四、事前事中事后监督的意义

对公共权力运行的过程进行监督，对于监督理论、制度建设与反腐败实践意义重大。这种意义我们可以从事前事中监督与事后对越轨行为[1]的查处比较中得到认识。与越轨行为的调查处置相比较,事前事中监督意义更为重大。

首先,事前事中监督是建构完整系统的监督理论不可忽略的重要概念。长期以来,我国的监督理论存在一个认识误区,认为监督主要是事后查处,而忽略了监督的全过程性质,将监督主要理解为对违法违纪行为的事后查处和惩戒,[2]2018 年 3 月通过的《监察法》仍有这种印迹。监督与惩戒是不同的两个概念。监督着眼于对所有公权力运行的全过程的监视与控制,这个公权力包括合法合规合纪行为,也包括越轨行为,而事后查处仅仅针对越轨行为。将监督理解为事前事中监督、事后奖惩,监督的内涵就完整了。建立在这种理解基础上的监督理论,其科学性自然就有了可靠的概念基础。《监察法》明确地把监督与调查、处置区分开来,表明该法意识到了监督与事后追责惩戒不同,但该法依旧没有对监督作出单独规定,而是将监察程序规定为线索处置、事后调查、职务违法犯罪的处置程序。

其次,认识并重视事前事中监督可以在实践上弥补监管缺位的问题。公权力运行出问题的一个重要原因就是监管不到位。"不容忽视的是,现实中,一些领导干部手中掌握的权力过大,且往往容易失去有效的监督和制约,导致了腐败的滋生蔓延。山东泰安市委原书记胡建学在落马后坦承,'官做到我们这一级,也就没有人管了'。言下之意,在过去相当长一段时间内,由于种种原因,许多关键岗位的领导干部并没有受到有效的监督。在这种情况下,当官是'容易'了,想怎么样就能怎么样;可一旦利令智昏、堕入腐败深渊,也就无人敢去提醒、警告。从这个角度看,当官'太容易',不但坑了治下的百姓,也害了领导干部自己。"[3]江西原副省长的落马警示人们,监管不到位,对于公权力如"牛栏关猫"。"'牛栏里关猫,进出自由'。这是胡长清在剖析自己犯罪根源时说的一句话。胡长清走上毁灭之路是各种因素综

---

①　本书所说的越轨行为是社会学概念,是指违纪违法犯罪行为,也包括违反社会组织自律性规范的行为。

②　将监督主要理解为对违纪违法行为的追责惩戒,一个立法例子是 2017 年 1 月中纪委制定的《中国共产党纪律检查机关监督执纪工作规则(试行)》,该试行规则主要规定了纪委办案规则,直到 2019 年 1 月中共中央办公厅印发《中国共产党纪律检查机关监督执纪工作规则》才改变这种状况,专章规定了监督,并置于办案规则之前。

③　姜洁:《红船观澜:让"为官不易"成为常态》,《人民日报》2015 年 9 月 15 日第 17 版。

合作用的必然结果,其中,思想霉变是内因,也是主因,而对领导干部监督不到位、软弱乏力则是重要的外因。胡长清案再次告诉我们,越是改革开放,发展社会主义市场经济,越要坚持从严治党的方针和党要管党的原则,越要切实加强对党员领导干部特别是高、中级干部的管理监督。"①笔者之所以引述这两个案例,主要是"官做到我们这一级,也就没有人管了""牛栏里关猫,进出自由"这两句话,深刻反映了实践中存在的监督缺位问题。我国语境中的"监管缺位",实际上主要是缺乏有效的事前事中监督。有了事前事中监督,能够弥补监管不到位的漏洞,真正约束、规范权力。

再次,事前事中事后监督可以很大程度上避免决策、执行、监督失误。由于在决策的主要环节和关键人物上设置了跟踪监督机制,决策的漏洞被有效堵塞,决策科学性、民主性、合法性将大为提高,决策失误将减少,因为决策失误而交纳的学费、造成的社会资源损失和浪费也将大为减少。

而且,事前事中监督还可以降低监督成本,提高监督效益。与事后查处违法行为相比,事前事中监督主要工作是动态跟踪、掌握情况、实时提醒,这比起事前事中不了解情况,等到事后发现问题严重,再来动用大量人力物力调查取证,回溯事实,花费的成本要低得多,所取得的监督效果也好得多。如果把监督理解为查处,着眼于出问题后通过追责来实现对公权力运行的控制,就会因为被查处者众而使得监督机关疲于奔命,加上调查取证要做到事实清楚、证据确凿很不容易,致使大量职务违法犯罪行为人逃脱制裁,进而使一些公职人员贪腐时产生侥幸心理。

最后,事前事中事后监督能够增强公职人员被监督意识,提高全社会的监督观念。监督的顺利开展有赖于人们敢于监督的意识和官员自觉接受监督的思想和行为习惯。官员自觉接受监督的思想,并不能凭空产生,而是来源于广泛的监督实践。事前事中事后监督的广泛深入开展,必将促进监督和被监督意识深入人心,进而营造全社会重视监督的氛围,为进一步做好监督工作奠定思想文化基础。

---

① 李祖轩:《切实加强对党员领导干部的监督——江西省原副省长胡长清严重违纪违法案警示之五》,《人民日报》2000 年 4 月 28 日第 3 版。

第四节　我国的监督分类

党的十九大报告在"健全党和国家监督体系"时指出："构建党统一指挥、全面覆盖、权威高效的监督体系,把党内监督同国家机关监督、民主监督、司法监督、群众监督、舆论监督贯通起来,增强监督合力。"[①]党的二十大报告提出："健全党统一领导、全面覆盖、权威高效的监督体系,完善权力监督制约机制,以党内监督为主导,促进各类监督贯通协调,让权力在阳光下运行。"[②]这里以监督主体为标准把我国的监督体系进行了权威性分类:党内监督、人大监督、监察监督、司法监督、审计监督、民主监督、群众监督、舆论监督等八类监督。其中党内监督居于核心,统帅中国特色社会主义监督体系的运行。党的十九大和党的二十大报告提出的形成"监督合力""贯通协调",就是理论研究和实践操作中需要认真突破的监督难题。

一、党内监督

党内监督是指党的各级组织和党员依据党的章程和其他党内法规,监察、督促、保障党组织合法有效行使职权,完成自身职能和任务,党员履行义务、行使权利,党员领导干部积极履行职责、正确行使人民赋予的权力的活动。

与国外政党竞争执政格局不同,中国共产党处于长期执政地位,因而我国执政党党内监督与外国政党的监督具有很大的不同。"从组织结构方面看,大部分的西方政党组织体系不严密,没有非常严格的组织层级和组织职能划分;从党员的构成看,一方面没有非常严格的党员标准,另一方面党员进出的自由度大,其成员比较杂;从政党内部的约束性看,西方政党虽然也

---

① 习近平:《决胜全面建成小康社会　夺取新时代中国特色社会主义伟大胜利——在党第十九次全国代表大会上的报告》,《人民日报》2017年10月28日第1版。

② 习近平:《高举中国特色社会主义伟大旗帜　为全面建设社会主义现代化国家而团结奋斗——在中国共产党第二十次全国代表大会上的报告(2022年10月16日)》,《人民日报》2022年10月26日第1版。

有些党内纪律规定,但对于绝大多数的党员来说,约束是软性的,党员的依附性不强",故西方政党的党内监督呈现出"总体呈多样性、松散性、单一性、嬗变性、高层性"①的特点,对党员违纪行为的惩处,主要是不推荐成为选区议员候选人。而中国共产党的党内监督不仅地位和作用很重要,而且党内监督有严密的组织体系和职能分工,有党内法规保障,对各级党组织和全体党员均有严格的纪律约束,监督行为的特点"则更多体现着集中性、整体性、统一性"②,而且往往会附带启动违纪制裁。除了上述区别外,中国共产党的党内监督是一种公权属性的监督,而国外政党的监督是政党作为社团的一种权利。中国共产党的党内监督公权性质,从党的长期执政地位,全面掌握立法、行政、司法、军事等国家机关这一事实中得到说明。国外政党无论是对其他政党的监督还是自身的内部监督,均只是行使社团所享有的法定权利,不具有公共权力的性质。这是社会主义国家与资本主义国家政党监督的最大不同。

中国共产党党内监督的公权性质,决定了履行党内监督职责的组织和党员领导干部开展监督活动是其职责要求。这种公权属性的监督权不可转让、不可放弃,并非可以行使可以不行使的私权利,若不履行监督职责,就会产生失职懈怠的法律后果,严重的就是渎职犯罪。2016年修订的《党内监督条例》确认了党委(党组)在党内监督的主体地位、纪委在党内监督的专责地位,2016年颁行的《中国共产党问责条例》(以下简称《问责条例》)规定了承担党内监督主体责任和专责责任的组织和领导人不履行监督职责的需要被问责,这告诫全党,党内监督职责必须要履行。

党内监督与人大监督、司法监督、审计监督、民主监督、群众监督、舆论监督一起,构成了中国特色的社会主义监督体系。在这个体系中,党内监督居于核心地位,统帅其他类型监督,发挥至关重要的作用。因而大力加强党内监督体系与能力建设,带动和协调其他类型监督,使各种监督类型协同有效地运作,构建起严密的监督网络,确保社会主义政治的清正廉明,是社会主义政治文明建设极为重要的一环。

党内监督从局部来看具有异体监督的特征,但从总体上看却是同体监督。从党内监督的某个局部来看,监督主体具有多元性:有来自上级党组织

---

① 张建明:《党内监督机制研究》,光明日报出版社2008年版,第46页。
② 张建明:《党内监督机制研究》,光明日报出版社2008年版,第47页。

的监督,有来自下级党组织的监督,也有同级党组织的监督;有党员领导干部对其他领导干部的监督,有普通党员对各级党组织及党员领导干部的监督,还有党外群众和新闻媒体对党组织、党员领导干部及普通党员的监督;更重要的是,还有各级纪律检查委员会这个专门从事党内监督的机关。党内监督主体的广泛性,表明作为党内各级组织、党员领导干部和普通党员等局部来说,其受到的监督是异体监督。但就整个党来说,党内监督又有同体性的一面,即党内监督是党的自我约束、自我完善。[①] 正是由于党内监督存在同体监督的局限性,党内监督要与国家机关监督、人民政协的民主监督、群众监督、舆论监督等结合起来,以营造持续不断的监督动力,保持党内监督的生机与活力。

党内监督主要依据党法党规,同时也要依据国家法律。党内监督各主体主要依据党章、党内监督条例、党纪处分条例以及其他党法党规开展监督工作。由于党要在宪法、法律范围内活动,党内监督也要在宪法和法律范围内进行,以宪法、法律作为行为准则和监督依据,尤其是执行党内纪律时,要视党员领导干部违法行为的轻重给予相应的党纪处分,使党纪与国法协调贯通。

二、人大监督

人大监督是指各级人大及其常委会机关依据宪法、法律的授权对"一府一委两院"的工作及其选举和任免的人员的履职进行监督。具体来说,人大及其常委会依据宪法、人大常委会监督法、监察法的规定,对由其产生的人民政府、监察委员会、人民法院、人民检察院的工作及其组成人员履职情况进行监督,包括工作监督、法律监督、人事监督三个方面,享有备案审查、听取审议工作报告、执法检查、询问、质询、组织对特定问题的调查、罢免、撤职等监督权限。

我国宪法规定,国家一切权力属于人民,人民通过各级人民代表大会及其常务委员会行使国家权力,国家机关由人大产生,对人大负责,受人大监督。因而人大的监督是由宪法授权而来的监督,以确保国家权力受到人民的掌控。

[①] 张建明:《党内监督机制研究》,光明日报出版社 2008 年版,第 47 页。

　　人大的监督是权力机关的监督,具有最高性和最终性。其监督包含工作监督、法律监督和人事监督三类。工作监督主要是听取、审议、通过工作报告或专项报告,对于监察委员会的工作,监察法仅仅授予人大常委会听取审议监察委的专项报告,不需要通过。法律监督是进行执法检查、常委会进行备案审查,主要是类案监督、宏观监督、整体监督、抽象性监督,一般不进行个案监督。人大及其常委会能不能监督个案?这个是理论上有争议,实践上需要回答的问题。个案处理权被法律授予了行政机关、司法机关和监察机关,司法机关对个案具有终局的处理权,人大及其常委会并没有个案处理权,这是没有疑议的,但人大具有监督权与司法机关的终局处理权并不矛盾。如果当事人以信访的方式将案件提交到人大常委会,人大常委会委托内设机构进行审查,发现案件处理确有问题,此时常委会可以书面发函要求司法机关重新处理,并可以要求将处理情况书面答复人大常委会。人大常委会经过审查,发现个案处理确有问题,要求司法机关重新审查、处理个案,这正体现了监督权的本质。监督权与被监督权是两个职能不同的权力,监督权不能替代被监督权,但可以启动被监督权,个案的最终处理还是由被监督权作出。人大及其常委会的对人监督权主要是人大对其选举产生的国家机关组成成员的罢免权,常委会对其任用的国家机关工作人员的撤职权。人事监督权是人大及其常委会监督权威性的保障,以确保国家机关主要领导人尽职尽责、确保人民对国家权力保持基本控制的法律机制。

　　人大及其常委会的监督虽然是最高、最终的监督,但具有不同于其他监督的特点。除了宏观、整体的特点外,人大及其常委会的监督表现为柔性较多、刚性监督不足的特点。人大及其常委会进行工作监督时,对于"一府一委两院"的专项报告,有权听取审议或评议,可以提出建议性意见,强制性色彩不足。人大及其常委会进行法律监督时,往往使用听取汇报、视察等柔性方式,在备案审查时发现规范性文件违法或不当时,可以改变或撤销,没有责任追究的手段。人大代表或常委会组成人员对于不理解、不熟悉的事情,可以提出询问,询问显然缺乏强制性。虽然质询依法必须答复,但质询的强制性色彩也不足。人大及其常委会有强制性的监督措施是对特定问题调查、罢免、撤职,但人大及其常委会很少使用这些监督措施。种种制度规定和实践上的不足,使得人大及其常委会的监督表现为柔性较强、刚性不足的特点,影响了权力监督的权威性和实效。

三、监察监督

依据监察法成立的各级监察委员会,是法律授权专门行使国家监察权的机关,履行对所有行使公权力的公职人员监督、调查、处置的监察职责,享有一系列为履行职责而授予的广泛监察权限,如谈话权、检查权、调查权、处置权,专门对腐败行为进行调查,是国家反腐败的专门机关,在我国的监督体系中地位重要、职能强大,是主要的专门监督机关。

国家之所以要设立专门的监督机关,主要考虑是必须设立一个强势的反腐败专门机关,取代以前分散、弱小的反腐败机关和机构,以应对公权力日益腐败的局面。监察体制改革以前,国家的监督权(含反腐败调查权)设置极为分散,由检察机关的反贪部门、反渎部门,以及政府的监察局、预防腐败局构成。这些分散的反腐败机关、机构,权力位阶低,受掣肘多,很难形成强有力的反腐败意志,面对日益腐败的形势,心有余而力不足,致使腐败蔓延。党中央为从根本上遏制腐败,提出并推动监察体制改革,合并检察机关的反贪反渎部门、行政监察部门、预防腐败部门,成立集中统一、权威高效强势的监察委员会,专门、统一行使反腐败调查权,确立新型反腐败体制,以此有效打击腐败,遏制腐败的蔓延。

监察委员会是国家反腐败的专门机关,但其职责不限于反腐败调查,而是集监督、调查于一身,是履职监督、廉政监督、道德监督、行风监督综合性监督机关,与党的纪律检查委员会合署办公,成为国家的专责监督机关。监察委员会在我国权力体系中位阶高,法律授权充分,其监督职能越来越重要。

四、司法监督

司法监督是指司法机关依法行使司法监督权,监督国家权力依法行使,监督公民守法,以维护国家法律的统一与尊严的监督类型。

在美国,司法监督又叫司法审查,联邦法院享有宪法解释权,可以解释宪法,监督议会立法是否违宪,监督行政机关的行为是否合法,通过解释宪法和司法审查,制衡立法权与行政权。

在我国,司法监督主要是指人民法院的行政诉讼监督、刑事审判和人民检察院的法律监督。人民法院无权解释宪法,无权监督权力机关的立法,人民法院的司法监督主要是以行政诉讼的方式监督行政机关的行政行为、以职务犯罪审判的方式监督公职人员依法履职、监督监察机关依法调查案件。人民检察院是国家法律监督机关,以提起公诉的方式监督公职人员与普通公民遵守刑法,以行政公益诉讼的方式,监督行政机关依法履职,以抗诉方式监督人民法院的诉讼行为;检察机关还可以监督法院与司法行政的案件执行。

实践中,一个比较令人困惑的问题是,同样具有法律实施方面的监督权,人民法院、人民检察院、监察机关、人大及其常委会的监督权分界在哪里? 如何理解人民检察院的法律监督权?

人大及其常委会的法律方面的监督权主要包括宪法监督、执法检查和备案审查,范围清晰,特点是宏观、整体、抽象性监督,一般情况下不涉及具体案件的处理,与人民法院、人民检察院的监督权不会发生职权上的重复和交叉。人民法院与人民检察院的司法监督权分界也清晰,各自按照权力运行的流程,互相配合,互相制约。人民法院与监察机关的监督权分界也清晰,法院以被动受理案件、审判的方式行使司法监督权,监察机关以主动行使调查权的方式行使监督权,两者权力边界清晰。疑难的是人民检察院与监察委员会的监督权范围不容易把握。

首先来看人民检察院的法律监督权的职责范围(权力边界)。人民检察院是宪法和检察院组织法确定的国家法律监督机关,专门行使国家法律监督权。检察院的法律监督权范围是什么? 哪些法律行为由检察机关监督? 学者门中敬研究了这个问题,认为:“法律监督是与政治监督相对应的、以法律责任追究为本质内涵的监督方式。”[①]按照这个观点,只要是涉及责任追究的监督权就属于国家法律监督权,应该说,这个观点涵盖了检察机关的刑事公诉、对人民法院审判的监督、对司法工作人员刑讯逼供枉法裁判等职务犯罪的监督,但对刑事、民事、行政裁判执行的监督并不完全属于责任追究性质,检察机关驻所监督、驻监监督同样如此。因此,检察机关的监督权边界很难用一个定义来涵盖,笔者倾向于认为检察机关的法律监督权主要是国家法律实施监督权,包括国家机关实施法律和自然人刑事民事守法方面的监督权,这种监督权一般不涉及抽象性规则的监督,只有在行政诉讼检察

---

① 门中敬:《法律监督的责任内涵与概念重塑》,《法学评论》2022 年第 6 期。

监督、行政公益诉讼中才会涉及规章以下规定的合法性审查。

监察法颁行后，检察机关法律实施监督权的一部分让渡给了监察委员会，监察委员会获得监督公职人员依法履职、秉公用权、廉洁从政从业的监督权，即对特定人、特定范围内的法律实施监督权。作为组织出现的行政、司法行为，监督权在谁手上？根据前面分析，理论上，这类监督权依旧在人民法院和检察机关手里。2018 年 10 月 26 日第十三届全国人民代表大会常务委员会第六次会议修订的《检察院组织法》第 20 条，授予检察机关"依照法律规定提起公益诉讼"，这里的公益诉讼包含行政公益诉讼，检察机关依据行政公益诉讼的监督权，可以对行政机关一定范围内不作为、乱作为的行为进行监督。行政机关不作为、乱作为如果指向公民或社会组织，就需要公民、社会组织以行政复议、行政诉讼的方式进行监督。

至此，我们可以分清楚检察机关与监察委员会在法律实施方面的监督权界限。凡属于实施法律的公职人员的监督属于监察委员会，凡属于国家机关实施法律的行为由检察机关行政公益诉讼方式、对司法工作人员职务犯罪检察机关以自侦等方式进行监督。

综上，司法监督主要包括：人民法院以行政诉讼方式监督行政行为的合法性合理性、以审级监督的方式监督下级法院的司法行为，人民检察院以公益诉讼方式监督部分行政行为、以审判监督的方式监督人民法院的诉讼活动和执行活动、对监狱和看守所的执法活动实行监督。

五、审计监督

审计监督是指在国家行政系统设立专门机关依法审核检查国家行政机关及企事业单位的财政财务收支活动、经济效益和遵守财经纪律情况，以保证国家财政资金的安全与效益的一项专项监督。审计监督主要内容是审查监督各级政府机关的经济计划、预决算的编制和执行情况及财务收支状况，检查财经工作中的违法违纪行为，是对国家权力运行有关财经、财务方面的专项监督。

理论上所有使用财政资金和有公共性资金收支的机关和企事业单位，如各政党、各人民团体，都应纳入审计监督范围。由于我国的审计机关隶属于行政机关，审计机关行使审计监督权受到体制上的障碍，2018 年 3 月，中共中央印发了《深化党和国家机构改革方案》，其中有：为加强党中央对审计工作的领导,构建集中统一、全面覆盖、权威高效的审计监督体系,更好发挥审计监督作用,组建中央审计委员会,作为党中央决策议事协调机构。审计管理体制改革,使审计监督超越了行政系统,实现对各政党和国家机关审计监督的全面覆盖,做到应审尽审、凡审必严、严肃问责,更好发挥审计在党和国家监督体系中的重要作用。

六、民主监督

民主监督主要是指人民政协的民主监督。人民政协有政治协商、民主监督、参政议政三大职能,民主监督主要是通过提出批评、建议、意见,协助党和国家机关改进工作,提高工作效率,克服官僚主义。党的十九大报告在谈到"发挥社会主义协商民主重要作用"时指出:"协商民主是实现党的领导的重要方式,是我国社会主义民主政治的特有形式和独特优势",要求"加强人民政协民主监督,重点监督党和国家重大方针政策和重要决策部署的贯彻落实"①。党的二十大报告强调:"发挥人民政协作为专门协商机构作用,加强制度化、规范化、程序化等功能建设,提高深度协商互动、意见充分表达、广泛凝聚共识水平,完善人民政协民主监督和委员联系界别群众制度机制。"②人民政协依据中国人民政治协商会议章程开展的民主监督,不具有法律约束力和纪律强制性,属于非权力性监督,本质上是党派监督,是多党合作的一项内容。新中国成立以来,党提出了与民主党派"长期共存、互相监督、肝胆相照、荣辱与共"的"十六字"方针,把民主党派的监督作为多党合作的一项重要内容。

在多党合作中,共产党与民主党派实行互相监督。由于共产党处在执政地位,更加需要自觉接受民主党派的监督。发挥民主党派的民主监督作用,是中国共产党领导的多党合作和政治协商制度的必然要求,是我国独特的政治优势,是广开言路、群策群力、少犯错误的制度保障,对于顺利推进民族复兴大业,具有重要意义。

---

① 习近平:《决胜全面建成小康社会 夺取新时代中国特色社会主义伟大胜利——在党第十九次全国代表大会上的报告》,《人民日报》2017 年 10 月 28 日第 1 版。

② 习近平:《高举中国特色社会主义伟大旗帜,为全面建设社会主义现代化国家而团结奋斗——在中国共产党第二十次全国代表大会上的报告》,《党的二十大报告学习辅导百问》,党建读物出版社、学习出版社 2022 年版,第 29 页。

七、群众监督

群众监督是人民群众和社会组织对国家机关及其工作人员的工作所进行的监督。社会组织是指工会、共青团、妇联以及其他人民团体、企业事业单位对国家行为所进行的监督。群众监督以宪法为依据,以批评、建议、检举、控告和申诉为基本方式,是人民主权原则、基本人权原则和法治原则的体现。

我国《宪法》第2条规定:"中华人民共和国的一切权力属于人民。""人民依照法律法规,通过各种途径和形式,管理国家事务,管理经济和文化事业,管理社会事务。"群众监督有充分的法律依据,所以党的十六大、党的十七大、党的十八大、党的十九大、党的二十大报告都重申和强调人民群众享有"知情权""参与权""监督权"。人民群众和社会组织直接承受国家行为的后果,对监督公职人员意愿强烈。群众监督是权力监督的启动者之一,是监督体系能够形成合力必不可少的组成部分。群众监督对于推动社会主义建设事业,推进国家治理体系和治理能力现代化有巨大作用。

八、舆论监督

舆论监督,是指报纸、刊物、广播、电视、网络等大众传媒对各种违纪违法、渎职腐败行为所进行的揭露、报道、评论或抨击,引起大众关注、评论,引发舆论压力,促使有权监督机关采取措施,纠正违法违纪行为,惩治渎职腐败责任人。媒体具有信息传播速度快、范围广、影响大的特点。在各种媒体监督中,现代网络媒体具有开放性和传播速度快的特点,容易聚焦热点,形成放大效应,能迅速形成舆论压力,起到舆论监督的效果,但网络媒体也容易出现鱼龙混杂、诬蔑诽谤的一面,所以需要客观、理性对待网络舆论的监督。

舆论监督从本质上来说,是人民群众与社会团体利用媒体影响大、关注高的优势开展的监督,是群众监督的延伸,是人民群众行使民主权利的一个方式,具有民主监督特点。

第 三 章

监督主体与职责

　　监督主体与职责是监督关系、监督权力结构的核心环节,是监督行为的发动者。监督是一项主动行为,与行为者的预先存在以及行为者启动监督存在直接关系,故任何监督必须要先确定监督主体,如果没有这样一个主体,监督行为就不会发生,不会形成监督关系。故研究监督行为或监督关系,必须先确定监督主体。

　　监督是一项业务性、专业性极强的工作,不同内容的监督必须要由内行的人来进行,外行无法搞好监督工作。所以,监督主体也就有着特定的业务范围,比如合宪性监督,这项工作业务性强,由专门机构从事这项工作,可以保证质量,提高监督效率。监督的这个特征,决定了不同监督主体的不同监督职责,如要对与财政资金和公共资金的使用有关事项进行监督,必须要由熟悉财务会计业务、熟知财经制度的专业人士来进行,由专业人士组成的审计机关才能够胜任这项专业性极强的工作,审计机关就是从事审计监督的恰当主体,审计就是审计机关的职责,超过这个职责范围的监督事项,审计机关也不能胜任。

第一节　监督主体概述

　　监督主体回答的是谁来监督,谁对监督行为承担任的问题。这个问题在决定监督行为合法性、落实监督职责并追究监督失职责任时,具有重要意义。监督主体是监督行为的发起者、启动者,是监督权的承载者和实施者,处于监督关系中主导、优势地位,决定监督行为、监督程序的展开,任何监督都有赖于监督主体的存在及行为。所以,监督主体是研究监督关系与监督行为的逻辑起点。

就笔者查阅到的论文与著作来看,目前国内虽有不少研究监督主体的文献,但这些文献多局限于某一类监督主体的研究,比如法律监督主体、权力监督主体、党内监督主体,一般性研究监督主体的论著还不多见。本书尽可能从一般性角度研究监督主体,尽可能揭示监督主体的本质、特征和属性。

一、主体概念

要研究监督主体,首先要研究什么是主体。法学特别注意主体概念的研究,因为法律讲究利害关系,而利害关系是要由特定主体来承担的,法律确定的权利义务也要落实到主体身上,缺乏了主体概念,法律的利导机制、行为规范就无从建立。但法学研究主体多是从部门法的角度进行研究,如民事主体、犯罪主体、行政主体,真正从概括性、一般性的角度来研究法学的主体概念不多见。就笔者接触到的文献来看,我国学者薛刚凌在研究行政主体概念时,从法学的视角,对主体做了一般性、理论性研究,其成果很有价值。[①] 本书采纳薛教授的观点。

主体首先是个哲学概念,是客体的对称,主体相对于客体,具有主体性。"在哲学上,主体是指有意识的人。从法律上说,主体是指有独立意志,可以独立行动并独立承担责任的人。""人的主体性,简单地说,就是人作为人具有的自我意识,个人特殊性,独立人格和意志自由。"[②]

人的主体性内涵逐步从哲学领域,发展到社会生活领域。"人的主体性体现在民事活动和政治活动两个方面,因而在民主的国家,自然人都具有双重身份,即民事主体和政治上的独立主体。为适应日益发展的社会的需要,民事主体从自然人发展到法人,政治上的独立主体也从自然人发展到行政主体。法人是民事活动中自然人的延伸,行政主体则是政治活动中自然人的组合体,是自然人选择的管理组织形式。"[③]

---

① 薛刚凌:《行政主体之再思考》,《中国法学》2001年第2期。
② 薛刚凌:《行政主体之再思考》,《中国法学》2001年第2期。
③ 薛刚凌:《行政主体之再思考》,《中国法学》2001年第2期。

法学上最开始确立主体概念的是民事领域。"主体概念最早与民事主体相联。在古罗马时代,随着罗马帝国对世界的征服,在法律上出现了市民法与万民法并存的局面。只有罗马市民才具有完全的民事权利主体资格。在这一时期,主体理论建立在自然人的基础上。民事主体扩展到法人是在18世纪以后。""法人作为制定法上的概念,首先在1794年普鲁士邦普通法典中出现,当被1896年德国民法典采用时,其影响即扩大到全世界。法人要件的基本点,就是保障团体达到相当高的组织程度,能够如同自然人一样参与生活,介入市场。"无论是自然人还是法人,作为民事主体,其"本质特征是其具有相应的民事能力。民事能力包含了权利能力、行为能力和责任能力"①。

近代民主社会确立后,法学上主体从民事领域逐步扩展到政治领域。"主体的范围扩展到政治领域是近现代社会发展的结果。""行政主体作为一项行政法律制度普遍出现于西方社会,无论在大陆法系的法国、德国或日本,或在普通法系的英国、美国,都无一例外地采用了行政主体制度。"②

作为政治领域行政管理的行政主体,具有与民事主体类似的特征和构成要件。"与民事主体相类似,行政主体的本质特征也在于其具有行政权利能力,即行政主体能够独立地组织公务,享有行政权利,负担行政义务。此外,行政主体也具有行为能力和责任能力。行政主体能够意思自治,通过其设立的组织独立对内对外活动并承担其行为产生的法律后果。"③从主体的内涵考虑,作为一个行政主体,应具备以下条件:

第一,必须是两人以上的组织体,而不能为自然人个人。组织是两人以上,有分工,具有稳定合作关系的集合体。因存在组织体内部分工与协调,组织的能力大于个人简单相加,适合从事复杂的社会活动。

第二,有自身独立利益。独立利益是任何组织形成的必要条件,缺乏利益,组织也就缺乏权利能力。作为主体的组织,其利益不仅表现为人格方面和财产性利益,还表现为自我组织、自我管理和自我发展的权利。

第三,独立的权利义务。独立的权利义务是由行政主体的利益派生而来的,是其利益的法律化。行政主体的权利义务与民事主体存在差别,更多

---

① 薛刚凌:《行政主体之再思考》,《中国法学》2001年第2期。
② 薛刚凌:《行政主体之再思考》,《中国法学》2001年第2期。
③ 薛刚凌:《行政主体之再思考》,《中国法学》2001年第2期。

表现为管理上的优越地位,对特定社会关系的管理权和职责,具有不可放弃性。

第四,具有自主意志。可以独立进行意思表示,依据预先设定的规则,自主进行判断,自主作出处理,自由地决定自己的行为,不受他人干预。若行政主体必须听命他人,则其独立性丧失。

第五,独立承担责任。任何主体都必须对自己的行为负责,这是法治的基本要求。行政主体如果不能独立承担责任,要由别的组织来承受后果,那就失去其独立性,进而失去主体资格。

薛教授对法学上主体概念尤其是行政主体内涵的深刻揭示,可以成为分析监督主体的理论框架。

二、监督主体

什么是监督主体?行政主体的理论分析结论,可以适用到监督主体的内涵分析上来。监督主体就是依法享有监督权,以自己名义从事监督活动并独立承担监督行为责任的组织或个人。从意思表示的角度看,监督是对他人意志施加影响,对他人行为施加额外干预,要求其按照自己意志作为或不作为的行为。监督主体凭什么来影响他人意志干预他人行为?只能凭权威性的社会规范。所以,监督主体来源于权威性规范的设定,其产生具有法定性。法定的监督主体共有两类,一类是权利监督主体,一类是权力监督主体。对于权利监督主体,依据宪法规定,组织和个人均属监督主体。本书重点研究权力监督主体,权力监督主体具有自身独特的规定性。

第一,权力监督主体是依法设定的组织。监督主体是依法律或依规(含党内法规)设立的组织,这就排除了自然人作为权力监督主体的资格。自然人依据宪法或党章虽然也是监督主体,享有监督权利,但本书的重点是讨论享有公权的监督主体。作为公权的监督主体,是自然人监督权利的延伸,其存在的目的正是实现一般个人无法单独完成的监督事业,保障社会有机体正常活动,确保公权力机关有序行为,进而为社会公众提供服务,谋求社会成员共同利益,因此,作为公权性质的监督主体,其担当者必须是由社会成员组成的团体。真正强大、有效的监督来自组织化、系统化的公权性质的监督体系。

第二,权力监督主体享有自身的利益。利益是任何一个主体所不能缺少的组成部分,无论是民事主体还是监督主体。缺少了利益,主体也就虚有其名。但民事主体所享有的利益与公权主体享有的利益不同。民事主体享有的利益主要是人身权益和财产利益,而权力监督主体享有的利益则要广泛得多。除了民事权益外,还有自我组织、自我管理和自我发展的权利。作为公权性质的监督主体,有权在全国范围建立组织体系,这些体系自成系统,在空间上有相对独立性。

第三,公权监督主体有独立的权利义务。独立的权利义务是由监督主体的利益派生而来的,是其利益的法律化。监督主体的权利义务是法律拟制的结果,体现为被依法赋予监督职责以及为履行职责而被授予监督权限。不同的法律、法规,设定不同的监督主体,其依法取得的监督职责和权限也不同。监督主体也是由自然人依法组成的实体,依法具有自我组织、自我管理的能力,其目的是保障公民对监督权的直接参与并保障公权有序运行,同时维护自身权威和合法权益。

第四,公权监督主体具有独立的意志。监督主体必须有自主意志,有相对独立的意思形成与表达能力,可以自主决定自己的行为,可以自主决定监督谁,监督什么事,如何监督。当然这种自主性并非任性,而是除了受法律、法规约束外,不受其他团体和个人的干预。独立意志是监督主体敢于监督,积极主动履行职责的内在要求。

第五,能够独立承担责任。任何主体都必须对自己的行为负责,这是法治社会对主体的基本要求。责任是对主体的最大约束,任何主体如不独立承担行为的后果,其主体资格将不存在。监督主体同样需要对自己的行为负责。现代社会国家赔偿制度的普遍建立,正是公权主体承担责任的一种具体表现。2018年3月通过的《监察法》第67条规定:"监察机关及其工作人员行使职权,侵犯公民、法人和其他组织的合法权益造成损害的,依法给予国家赔偿。"这个规定表明国家监察委能够独立承担法律责任,所以,我国各级监察委员会就是独立承担责任的监督主体。

监督主体不同于监督者。本书多处使用监督者这个概念,意思是指实际实施监督行为的组织或个人,而不是独立承担责任的监督主体。比如承担党内主体监督职责的党委(党组)派出巡视组,对巡视事项进行巡视监督,这个巡视组就是实际实施监督行为的组织,巡视组对派出它的党委(党组)负责,不能独立承担巡视行为的后果。再如,监督主体经内部会议决定,开展专项检查,为实施专项检查,必须要成立一个检查组,这个检查组受监督主体的委托,进驻监督单位,实施监督检查行为,对派出它的监督主体请示报告工作,由派出它的监督主体承担相应的责任。

三、公权监督主体相对于监督对象地位优越性

公权监督主体的这种优越性是指公权性质的监督主体的属性。作为公权性质的监督主体,要履行监督职责,不必征得监督对象的同意,按照监督的需要,自主决定采取一定的方式介入到监督对象的行为中来,全面了解监督对象的所作所为,并可以督促监督对象为或不为某一行为,发现监督对象行为存在偏差,要及时纠正,以保证监督对象完成任务,在法定轨道上履行职务,由此衍生出公权监督主体相对于监督对象地位的优越性,甚至一定程度上成为监督对象行为的"指挥棒"。公权监督主体的这种"指挥棒"是有限度的,以不干涉监督对象合法履行职责为前提,不能替代监督对象履行职责,否则就构成监督主体包办替代的越权行为。监督主体行使监督权是为了维护和实现法律的权威性,但因包办替代,反而破坏了法律的权威性,这就失去了监督的正当性。

公权监督主体的优越性还表现在监督对象有协助配合的义务。公权监督主体要顺利开展监督,需要知情,需要掌握各种信息和材料。为了满足监督主体对信息和材料的需求,法律、法规(含党内法规)都会明确赋予监督主体以询问权、查询权、复制权、谈话权等,为了满足监督主体的这些权力,必须确定监督对象协助、配合与诚实的义务。违反这些义务,监督对象就构成拒绝接受监督的违法违纪行为,就会被施以制裁。

公权监督主体地位的优越性还要求监督对象自觉接受监督,不能规避、对抗。《党内监督条例》和《党纪处分条例》,都对此做了规定。自觉接受监督、不得对抗组织审查,是党组织和党员的义务和纪律,违反这个纪律,要受纪律制裁。

四、监督主体分类

按照不同监督主体的权力来源不同,可以对监督主体进行分类。通过分类研究,把握不同种类监督的特点和规律,这既是科学制定监督法律法规的要求,也是正确、有效开展监督的要求。比如,审计监督就对技术有特别

高的要求,不懂得会计核算原理和方法的人,几乎无从下手。

先看国外的监督主体。国外的监督主体有公权监督主体和权利监督主体。权利监督主体是公民和法人特别是媒体依宪法规定成为监督国家机关和社会公共组织的主体,其中的媒体舆论监督本质上也属于权利监督主体。所谓公权监督主体是指政治权力监督主体以及政府对社会的业务监管主体,后者主要是政府管理行为,是行政法调整的对象。所谓政治权力监督主体主要是议会、审计机关和道德审查机关。议会是最重要的政治权力监督主体,所谓议会管监督,政府管执行。两党制和议会制(尤其是反对党占多数的议会)政体,使得国会有监督政府的强烈愿望和能力,只有把执政党打下去,在野党才有机会上台执政。审计监督主体是指承担对所有公共组织财政资金使用情况进行监督的法定组织,审计机关往往隶属于国会。道德监督主体是指承担对公职人员利益冲突审查和财产申报公示的组织。此外还有专设监督主体,如北欧国家议会行政监察专员。这里值得特别指出的是法律专设的反腐败调查机关,如新加坡贪污调查局,美国联邦调查局等,他们对有证据证明涉嫌贪污受贿、叛国等违法犯罪公职人员进行立案调查。反腐败调查机关以事后监督的方式,以诉诸责任的威慑,告诫公职人员廉洁、勤谨奉公。

我国的监督主体数量很多,可以分为权力监督主体和权利监督主体。后者是依党章和宪法规定,有权进行监督的下级党组织、党员、公民、法人和其他组织。权利监督主体可以借助于媒体和舆论进行监督,以形成声势,扩大监督效果,所以媒体监督、舆论监督属于权利监督。权力监督主体包括:执政党监督主体、权力机关、监察机关、政府层级监督、司法机关、审计机关,执政党监督是权力监督主体的核心,领导和统帅其他权力监督主体。所以,研究我国的权力监督主体,最重要的是研究执政党党内监督主体。

理论上有探讨必要的是人民政协民主监督的属性。人民政协是依据《中国人民政治协商会议共同纲领》(以下简称"政协共同纲领")成立的履行政治协商、参政议政和民主监督职能的统一战线组织,由于宪法、政协共同纲领和政协章程,均未明确规定政协三大职能的法律效力,由此可见,政协民主监督不具有强制性效力,并非权力性监督,而是各民主党派、无党派人士、各界别依据政协共同纲领所享有的权利性监督,虽然宪法对政协的民主监督做了确认。

五、监督主体相对独立性

监督主体不仅要有监督权力（权利），更要有行为能力。监督的行为能力首先表现在监督主体要有监督意志。监督意志主要是监督主体愿不愿意监督、敢不敢监督的问题。监督主体的行为能力并非由自主意志决定，而是监督体制决定，由体制提供、决定监督行为的可能性。这是监督的体制可能性。决定监督可能性的主要因素是监督主体是否具有相对独立地位。监督主体不一定要比被监督者地位高，下级也可以监督上级，但监督主体一定要具备相对独立的政治和法律地位，这种地位需要在宪法中加以规定，如我国宪法①规定了监察委员会、人民法院、人民检察院依法独立行使监察权、审判权、检察权，不受行政机关、社会团体和个人的干预。监督体制如果不能保障监督主体相对独立地位，监督主体的行为能力有限。

监督主体的相对独立性是指监督主体在行使监督权时只服从预先公布的规则约束，不受其他机关、社会团体和个人非法干预、控制和约束的状态。当然监督主体也受其他主体的再监督，但这种再监督只能依法进行。被监督者掌握着国家生活和社会生活某一方面的权力，如决策、执行和监督的权力，拥有人、财、物的控制和分配权，可以通过权力控制他人（包括监督主体），他们往往不喜欢被监督，那些试图以权谋私的人更是仇视、逃避监督。而监督主体没有被监督者这样的实体权力，既不掌握钱包，也无法支配武力，更不支配社会资源。期望没有多少权力资源和手段的监督主体去有效监督拥有完整权力资源和手段的被监督者，没有监督主体的相对独立，监督主体必然顾虑重重，存在畏难情绪，上怕得罪领导，下怕得罪群众，监督意志难以真正形成，监督有效性难以真正保证。美国政治家汉密尔顿在《联邦党人文集》第七十九篇说："就人类天性之一般情况而言，对某人的生活有控制权，等于对其意志有控制权。"这可以理解为监督主体的人、财、物、奖惩升迁等受控制，等于其意志被控制。

我国监督主体的相对独立性问题，值得探讨的是，党内监督主体的相对独立性。根据宪法，我国人大、监察委、法院、检察院相对于政府，具有相对

---

① 2018年3月十三届全国人大常委会第一次会议修改的《中华人民共和国宪法》第127条。

独立性,可以有效监督政府。党还建立了专管监督的纪律检查委员会,各级纪律检查委员会实行双重领导体制。1977 年 8 月党的十一大上提出恢复中央纪律检查委员会,中央纪律检查委员会在十一届三中全会上正式成立,随后地方各级纪律检查委员会也相继成立。在如何处理党的各级委员会和各级纪律检查委员会的关系问题上,党章确立了纪委会受同级党的委员会和上级纪委双重领导的体制。同级党委管理纪委的人财物和主要工作,上级纪委起业务指导作用。这种体制安排在不断调整,基本思路是既考虑纪委以监督的方式贯彻落实党委重大决策部署的体制便利,又考虑到了纪委执纪方面的相对独立性,但这种体制存在一定的局限性,即党委主要依靠上级党委和上级纪委监督,同级纪委只能监督同级党委委员,很难监督同级党委。这种体制安排使得同级纪委没有监督同级党委的行为能力。

第二节 监督体制与机制

监督主体并非单个存在,而是处于监督主体形成的组织系统中,这个系统与外面各个组织系统处于复杂的制约关系中,这就是监督体制。所以,研究监督主体,不能不研究监督体制。我国存在多种监督体制,如人大对其产生的国家机关的监督体制、党内监督体制、监察监督体制、法律监督体制。在我国多种监督体制中,党内监督体制处于核心地位,引领、制约其他监督体制的运作,故需要重点探讨党内监督体制。

监督体制是个监督主体之间的组织和职权架构。监督主体要行使监督权,与监督对象发生联系,使监督权能够运行起来,这就是监督机制。监督体制是宏观组织体系,监督机制是微观权力运行系统,两者共同构成了监督制度。

一、监督体制概念

监督体制就是监督主体之间及其与监督对象之间的联结方式,形成的纵向层级监督关系与横向平行监督关系。

西方国家的监督体制相对简单,就是国会平行单向监督政府,在地方就是地方议会(参议会)平行单向监督地方政府。国会通过审查政府提出的预算法案以及对政府的不信任投票,来监督政府的政策和财政支出。国会因反对党的存在,而有监督政府的强大意志和积极性。司法实行纵向层级单向监督(一般实行三审终审制),即上级法院监督下级法院。

我国在国家体制上,国家纵向分为五级:中央、省级、地市级、县级、乡镇级。每一级的国家机关均由同级人大产生,对其负责,受其监督。在国家监督体制上实行人大同级单向监督"一府""一委""两院"的体制,以听取和审议工作报告和专项报告、执法检查、备案审查、罢免、质询等为主要方式。

在人大监督之外,宪法特意创设监察委员会,专门行使对所有行使公权力的公职人员的监察监督权。监察监督着重于对"人"的监督,是人大对"权"的监督的补充,以刚性的调查和追责弥补人大柔性监督为主的不足,在国家层面上建立起了对"人"、对"权"监督的完美衔接,柔性监督与刚性监督互相补充的监督体制。此外,我国还建立了审计监督、司法监督等刚性监督体制。审计监督与司法监督,按照法律的授权,监督职责范围内的事项。

我国不仅建立了人大监督、监察监督、司法监督、审计监督体制,还在执政党内建立了复杂的党内监督体制。党内监督体制主要包括党委上下级之间的监督与纪委专责监督。纪委与监察委合署办公,形成纪检监察专责监督体制,这个体制与各级党委存在复杂的关系,这就是纪检双重领导体制。

在执政党与国家机关构建的复杂的监督体制中,党内监督体制居于核心,引领其他各类监督体制的运作,这是把握我国监督体制必须要把握的核心问题。党内监督居于核心,如何协调、统帅其他监督体制?需要在实践中探索。根据现有实践经验,党内监督往往承担出题者的角色。根据不同历史发展阶段和全党工作大局,按照监督工作服从、服务于党中央重大决策部署这个逻辑起点,党内监督尤其是党内主体监督,提出监督选题,指明监督方向,按照监督任务合理组织和搭配监督力量,在每一个需要监督的问题上实现各类监督协调沟通,形成监督合力。也就是说,党内监督是出题者,其他监督是答题者,共同服务于全党工作中心与大局。

由于党内监督在我国的监督体制中居于核心,是矛盾的主要方面,故需要对党内监督体制作重点研究。党内监督体制是一个复杂的监督系统,分为纵向党委垂直监督体制和纪委双重领导监督体制。前者体现为党委(党组)主体监督,这构成了党内监督主要体制。党委(党组)是党内执行机关兼最主要监督机关,党委承担党内监督的主体责任,形成垂直型党内监督体制和监督关系。后者纪委是党内监督的专责机关,协助党委搞好党内监督工作。党内监督这个体制自从党成立,就开始实行,一直延续到现在。2003年制定《中国共产党党内监督条例(试行)》和2016年修订条例时,党内监督体制才以党内法规的形式,以主要责任、主体责任的名称确认下来。

党内承担主体监督责任的党委(党组)在监督工作上实际发挥政治领导、指明方向、明确重点、确定监督选题的作用,实际监督工作由其委派的巡视巡察组承担,或者协调统筹纪委或其他国家监督机关参与。巡视巡察组接受党委(党组)的指派,主要从事政治监督工作,日常监督、纪律监督主要由纪委负责,纪委实际承担大量党内监督具体工作。纪委的监督职能能否充分发挥,直接决定党内监督成效。纪委处于同级党委横向与上级纪委纵向的双重领导下,这个横向与纵向领导相结合的体制在党内监督中发挥专责作用,其领导体制与运行机制是否合理,直接决定党内监督的效果。下面重点研究党内监督双重领导体制的历史发展与现实改革情况。

二、纪检监督双重领导体制的历史变迁

(一)民主革命时期党内监督体制机制多方探索

党自成立之初就重视党内监督体制机制建设,以维护党的机体健康,民主革命时期,就开始党内监督体制机制的多方探索。

党的一大纲领第10条明确规定:派到其他地区工作的党员,"一定要受到地方执行委员会的最严格的监督",第12条规定"地方委员会的财务、活动和政策,应受中央执行委员会的监督"。[①] 党的一大纲领首次建立了党内监督体制,由党的执行机关兼职监督党员的体制,可以称之为兼职监督体制。

党的二大章程第20条规定:"各地方党员半数以上对于执行委员会之命令有抗议时,得提出上级执行委员会判决;地方执行委员会对于区执行委员会之命令有抗议时,得提出中央执行委员会判决;对于中央执行委员会有抗议时,得提出全国大会或临时大会判决,但在未判决期间均仍须执行上级

---

① 中共中央文献研究室/中央档案馆:《建党以来重要文献选编第一册(一九二一——一九四九)》,中央文献出版社2011年版,第2页。

机关之命令。"①二大章程确立的党内监督是从党组织对党员个人、上级组织对下级组织的单向,发展为二者之间的双向监督,即双向监督体制。党的三大、四大章程做了同样的规定。

1926 年 8 月中共中央颁布了第一个专门反对腐败的文件:《中央扩大会议通告——坚决清洗贪污腐化分子》,要求"迅速审查所属同志,如有此类行为者,务须不容情的洗刷出党,不可令留存党中,使党腐化,且败坏党在群众中的威信。"②1927 年 6 月党的五大通过的《中国共产党第三次修正章程决案》第 8 章"监察委员会",设立第一个党内监督专门机构——监察委员会,实行党内监督机构与党内执行机构基本平行、相互制约,能够比较独立地行使监督权的党内监督体制。这个体制可以称之为平行监督体制,基本上是当时苏共模式的翻版和移植。③ 1927 年 4 月国民党蒋介石背叛革命后,党的组织遭受严重破坏转入地下工作,各级监察委员会也遭受严重破坏,实际上已不复存在。

1927 年 8 月,党的"八七会议"通过《党的组织问题决议案》,该决议案第 12 条决定成立审查委员会,以"审查各该党部之党员有否不可靠分子"。④ 1928 年 7 月 10 日党的六大通过的《中国共产党章程》第 11 章规定"审查委员会",审查委员会取代监察委员会成为党内监督的专门机构。⑤ 1933 年 9 月,中共中央发布《关于成立中央党务委员会及中央苏区省县监察委员会的决议》,决议第 1 条规定:"为要防止党内有违反党章、破坏党纪、不遵守党的决议及官僚腐化等情弊发生,在党的中央监察委员会未正式成立以前,特设中央党务委员会,各省县于最近召集的省县级党代表大会时选举省县级的监察委员,成立各省县监察委员会。"⑥关于领导体制,该《决

---

① 中共中央文献研究室/中央档案馆:《建党以来重要文献选编第一册(一九二一——一九四九)》,中央文献出版社 2011 年版,第 167 页。

② 中共中央文献研究室/中央档案馆:《建党以来重要文献选编第三册(一九二一——一九四九)》,中央文献出版社 2011 年版,第 348 页

③ 中共中央党校党建教研室:《苏联党章程汇编》,求是出版社 1982 年版,第 56 页。

④ 中共中央文献研究室/中央档案馆:《建党以来重要文献选编第四册(一九二一——一九四九)》,中央文献出版社 2011 年版,第 450 页。

⑤ 中共中央文献研究室/中央档案馆:《建党以来重要文献选编第五册(一九二一——一九四九)》,中央文献出版社 2011 年版,第 480 页。

⑥ 中共中央文献研究室/中央档案馆:《建党以来重要文献选编第十册(一九二一——一九四九)》,中央文献出版社 2011 年版,第 439 页。

议》第 5 条规定:"中央党务委员会及省县监察委员会在其职权内进行工作时,得指挥下级监察委员会,党务委员会,或党员执行一定的职务。"①关于处分批准权,第 4 条规定:"中央党务委员会关于组织和党员个人处分决议须报告中央批准执行,省县监察委员会关于组织和党员个人处分决议之权属于同级委员会。"②这实际上形成了党内监督工作既垂直领导,又受制于同级党委的领导体制。这是党内监督工作"双重领导"体制的雏形,是"双重领导"体制的最初尝试。作为党内监督专门机构的最高组织——中央党务委员会实际上是由中央委员会产生,受中央委员会领导的。可见,最初的"双重领导"体制重心在党委,这是党为适应严峻战争形势,加强对各方面集中统一领导的必然要求。

1945 年 6 月召开党的七大,修改的党章第 8 章"党的监察机关",内容与五大党章相比有很大改变。七大党章第 8 章将监察委员会的产生方式改为:"中央监察委员会,由中央全体会议选举之。各地方党的监察委员会,由各该地方党委全体会议选举,并由上级组织批准之。"将监察机关的领导体制改为:"党的各级监察委员会,在各该级党的委员会指导下进行工作。"③这就是说,党的七大完全肯定了在实践中形成、党的监察委员会由党的委员会选举产生、在党的委员会领导下开展工作的党委单一领导体制。这个体制一直运作到新中国成立前,适应战争环境要求强化党委对各方面工作集中统一领导的需要,对革命的最终胜利起到体制保证作用。

民主革命时期党内监督体制初创和多方探索,对纯洁革命队伍,发挥党组织战斗堡垒作用,保证党中央集中统一领导革命战争,确保战争的最后胜利,发挥了重要作用。这一阶段的探索尤其是"双重领导"体制试验表明,党内监督体制的调整,是由所处环境和党的中心工作决定,服从、服务于全党工作大局。

---

① 中共中央文献研究室/中央档案馆:《建党以来重要文献选编第十册(一九二一——一九四九)》,中央文献出版社 2011 年版,第 439 页。

② 中共中央文献研究室/中央档案馆:《建党以来重要文献选编第十册(一九二一——一九四九)》,中央文献出版社 2011 年版,第 439 页。

③ 中共中央文献研究室/中央档案馆:《建党以来重要文献选编第二十二册(一九二一——一九四九)》,中央文献出版社 2011 年版,第 546～547 页。

(二)新中国成立后到"文革"结束纪检"双重领导"体制的确立和破坏

1949 年 3 月 23 日,毛泽东率中共中央从西柏坡前往北平时发出了"进京赶考"论,他担心因骄傲自满情绪而成为李自成,担心革命同志被资产阶级糖衣炮弹击中而腐化堕落,担心面临执政的挑战不能建设好新中国,因而称革命胜利只是"万里长征第一步"。随着中华人民共和国的诞生,中共从革命中国共产党成为执政党。党的地位变了,所处的环境变了,枪林弹雨的压力消失了,腐化变质的危险却加大了,相应地党内监督任务更重了。

中国共产党成为执政党后,监督机构继续处于同级党委的领导下,无权对同级党委进行监督,存在着明显的监督漏洞。为克服这个缺陷,在新中国成立后到"文革"前历次中央相关文件中,在说明党的纪委或监委受同级党委领导的同时,都附带说明上级纪委或监委有权检查下级纪委或监委的工作,有权批准和改变下级纪委或监委对案件的决定。这实际上是赋予了上级纪委或监委对下级纪委或监委的工作检查权和案件复查权。这就突破了新中国成立前完全单一领导体制,这种突破还向着逐步提升纪委或监委的地位和权威的趋势演变。①

反映"双重领导"体制确立的历史过程主要有四个文件:1949 年 11 月的《中共中央关于成立中央及各级党的纪律检查委员会的决定》、1955 年 3 月的《中国共产党全国代表会议关于成立党的中央和地方监察委员会的决议》、1956 年 9 月党的八大通过的《中国共产党章程》和 1962 年 9 月党的八届十中全会通过的《关于加强党的监察机关的决定》。这些文件在使用党内监督机构名称上有反复,经历了从监察委员会到纪律检查委员会再回到监察委员会的过程。在党内监督机构的产生方式上,这些文件的规定也不完全一致,但最终在党的八大上取得一致。八大章程规定:"中央监察委员会由党的中央委员会全体会议选举。地方监察委员会由本级党的委员会全体会议选举,并且经过上一级党的委员会的批准。"②

1949 年 11 月的《决定》规定:"各中央局、分局、省委、区党委、市委、地

---

①　黄晓辉:《党内监督工作领导体制的历史演变与新发展》,《福建师范大学学报(哲学社会科学版)》2014 年第 6 期。

②　中共中央文献研究室:《建国以来重要文献选编》(第九册),中央文献出版社 2011 年版,第 289 页。

委、县委党的纪律检查委员会,由各该级党委提出名单,经上两级党委批准后,在各该党委会指导之下进行工作。上级党的纪律检查委员会,有权改变或取消下级党的纪律检查委员会的决定。"①1955 年 3 月的《决议》规定:"党的各级监察委员会在各级党委指导下进行工作","党的上级监察委员会有权检查下级监察委员会的工作,并有权审查、批准和改变下级监察委员会对案件所作的决定"。②1956 年八大章程规定:"各级监察委员会在各级党的委员会领导下进行工作。上级监察委员会有权检查下级监察委员会的工作,并且有权批准和改变下级监察委员会对于案件所作的决定。"③这些文件虽然没有明确提出"双重领导"的概念,但从体制机制内容上看,明确规定了上级纪委对下级纪委工作的检查权、批准权、改变权,这就使得这一时期建立的党内监督体制具有"双重导体"体制的一些特征,可称之为准"双重领导"体制。

1962 年 9 月通过的八届十中全会决定标志着"双重领导"体制的最终确立。八届十中全会在准"双重领导"体制基础上,进一步提高监委的地位、职权和权威:(1)加强中央和地方各级的监察委员会,扩大各级监察委员会委员的名额,并要求监察委员会委员和候补委员应当多数是专职的,应当加强其办事机构。(2)中央及地方各级监察委员会的委员和候补委员列席同级党委员会的全体会议。(3)强调加强对同级国家机关的党员监督工作,赋予监察委员会向同级政府部门派驻监察组的工作权力,并明确规定监察组由派出机关直接领导,监察组长列席所在部门党组(党委)会议等。(4)赋予地方各级监察委员会不通过同级党委,向上级党委、上级监察委员会直到中央,直接反映情况,检举党员的违法乱纪。④ 这些规定标志着"双重领导"体制经多方探索最终确立下来。

1966 年 5 月,"文化大革命"开始,党政机关受到严重冲击,党的监察委

---

① 中共中央文献研究室:《建国以来重要文献选编》(第九册),中央文献出版社 2011 年版,第 289 页。

② 中共中央文献研究室:《建国以来重要文献选编》(第六册),中央文献出版社 2011 年版,第 116～117 页。

③ 中共中央文献研究室:《建国以来重要文献选编》(第九册),中央文献出版社 2011 年版,第 289 页。

④ 中共中央文献研究室:《建国以来重要文献选编》(第十五册),中央文献出版社 2011 年版,第 483～484 页。

员会也无法幸免,1966 年底已陷入了停顿状态。1969 年 1 月,中央监察委员会被撤销。至此,经过几十年努力建立起来的党内监督专门机构不复存在,党内监督工作遭受严重破坏。在"文革"期间召开的党的第九次、第十次全国代表大会通过的党章,有关党内监督的条款一律被取消。由于党内监督体制机制遭受严重破坏,不能有效约束权力,政治生活中出现了个人专断、以言代法、以言废法、严重践踏党纪国法的行为,给党和国家各项事业造成严重损失。"文革"的教训表明,党内监督要发挥作用,必须以党内民主、党内正常政治生活秩序作为前提和条件。

(三)改革开放时期党内纪检监督体制机制重建和健全

1976 年 10 月"文革"结束,1977 年 8 月党的十一大修改党章,恢复党的纪律检查委员会。"党的中央委员会,地方县和县以上、军队团和团以上各级党的委员会,都设立纪律检查委员会。各级纪律检查委员会由同级党的委员会选举产生,并在同级党委的领导下,加强对党员的纪律教育,负责检查党员和党员干部执行纪律的情况,同各种违反党的纪律的行为作斗争。"[①]1978 年 12 月党的十一届三中全会召开,选举产生了"文革"后以陈云为书记的第一届中央纪律检查委员会,随后全国各地纪律检查委员会建立起来,标志着因"文革"中断了的党内监督专门机构得到恢复,党内监督工作重新回到正轨。

1980 年 2 月,中共中央批转《中共中央纪律检查委员会关于改变省、市、自治区及以下各级党委及纪委领导关系的请示报告》指出,"将省、市、自治区和省、市、自治区以下各级党的纪律检查委员会的领导关系,由受同级党委领导改为受同级党委和上级纪委双重领导,而以同级党委领导为主"。[②] 这是党中央正式文件中首次提出"双重领导"的概念。

1982 年 9 月,党的十二大通过的党章第 19 条规定党的全国代表大会选举中央纪律检查委员会,[③]第 25 条规定党的地方各级代表大会选举同级

---

① 本书编写组:《党章程汇编(一大—十八大)》,中共中央党校出版社 2013 年版,第 93 页。

② 《中国共产党党风廉政建设文献选编》第 8 卷,中国方正出版社 2001 年版,第 90 页。

③ 中共中央文献研究室:《十二大以来重要文献选编(上)》,中央文献出版社 2011 年版,第 65 页。

党的纪律检查委员会。① 这两条规定改变了各级纪委由同级党委选举产生的做法,而由同级党的代表大会选举产生,纪委的地位得以提高。党的十二大修订的党章第 8 章"党的纪律检查机关"规定:"党的中央纪律检查委员会在党的中央委员会领导下进行工作。党的地方各级纪律检查委员会在同级党的委员会和上级纪律检查委员会的双重领导下进行工作。"②可见,1982年党章肯定了"双重领导"体制,但仅提"双重领导",取消"双重领导体制"中"以同级党委领导为主"的规定。1982 年党章以党内根本法、最高法的形式确立了地方各级纪律检查委员会由同级党委和上级纪委双重领导的体制。此后,党的历次章程都沿袭了这些规定,"双重领导"体制作为党内监督基础性制度安排被稳定下来。

1982 年 9 月,党的十二大报告肯定党的纪检工作"双重领导"体制,同时赋予了各级纪委对同级党委及其成员的监督权:"党的各级纪律检查委员会……对中央以下的同级党委及其成员实行党章规定范围内的监督,对中央委员会成员违犯党纪的行为可以向中央委员会检举。"③

1986 年 12 月,第六届全国人民代表大会常务委员会通过《关于设立中华人民共和国监察部的决定》,恢复国家行政监察机关。由于纪委监督的对象绝大部分在行政机关,纪委与行政监察职能严重重叠,1993 年 1 月,根据中共中央、国务院的决定,中央纪委、监察部合署办公,由一套工作机构履行党的纪律检查和行政监督两项职能,地方各级纪委和监察机构也都实行合署办公体制。纪检监察合署办公,既能发挥纪委的政治影响力,又能发挥国家法律的强制力,进而提高监督效能,形成颇具中国特色的监督体制。

1997 年 2 月,经中共中央批准,中共中央办公厅转发《中共中央纪律检查委员会关于重申和建立党内监督五项制度的实施办法》。④ 这五项制度是:(1)巡视制度。(2)纪委(纪检组)发现同级党委或其成员违纪行为有权

---

① 中共中央文献研究室:《十二大以来重要文献选编(上)》,中央文献出版社 2011 年版,第 67 页。

② 中共中央文献研究室:《十二大以来重要文献选编(上)》,中央文献出版社 1986 年版,第 74 页。

③ 中共中央文献研究室:《十二大以来重要文献选编(上)》,中央文献出版社 1986 年版,第 40 页。

④ 中共中央文献研究室:《十四大以来重要文献选编(下)》,中央文献出版社 2011 年版,第 350 页。

进行初步核实,并直接向上级纪委报告,任何组织和个人不得干预和阻扰。(3)地方和部门纪委(纪检组)接到对下一级党委(党组)成员的举报和控告,必须报告上一级纪委,任何人无权扣押。(4)地方和部门主要领导干部的提拔任用,党组织部门在提请党委(党组)讨论前,应征求同级纪委(纪检组)的意见。(5)纪检监察机关领导干部的提名、任免、兼职、调动,组织人事部门应征得上级纪检监察机关的同意。这五项制度,尤其是纪委对用人问题的审核把关权,加强了纪委权力,强化了纪检监督职能,也是纪检监察机关顺利开展监督工作的切入点。

2003年12月,在总结多年党内监督实践经验基础上,中共中央发布了《中国共产党党内监督条例(试行)》。该试行条例明确党的各级领导机关和领导干部,特别是各级领导班子主要负责人是党内监督的重点对象,规定纪委对派驻纪检组实行统一管理,派驻纪检组按照有关规定对驻在部门的党组织和党员领导干部进行监督。这一规定改变了长期以来,纪委派驻机构受派驻单位党委(党组)领导的制度,强化了纪委对纪检系统的领导权,提高了纪委系统的独立性。该条例最大亮点是规定了十项监督制度,赋予党内监督各主体相应的监督措施。这十项措施是:集体领导和分工负责、重要情况通报和报告、述职述廉、民主生活会、信访处理、巡视、谈话和诫勉、舆论监督、询问和质询、罢免或撤换要求及处理。十项措施制度,健全了党内监督运行机制,使党内监督有规可循。

2009年6月,中共中央办公厅、国务院办公厅发布《关于实行党政领导干部问责的暂行规定》。该规定第11条"纪检监察机关、组织人事部门按照管理权限履行本规定中的有关职责",即赋予纪检监察机关参与党政领导干部问责程序的权力。第13条"纪检监察机关、组织人事部门提出问责建议,应当同时向问责决定机关提供有关事实材料和情况说明,以及需要提供的其他材料",即赋予纪检监察机关以问责建议权和调查权。问责建议权与调查权有助于提升纪检监察机关权威,增强党内监督实效。

2009年7月,中共中央印发了《中国共产党巡视工作条例(试行)》。这是贯彻落实党章关于党的中央和省、自治区、直辖市委员会实行巡视制度的规定,完善党内监督制度的一部重要党内法规。它的颁布实施,对于完善巡视制度,规范巡视工作,坚持党要管党、从严治党的方针,保证党的路线方针政策和中央重大决策部署的贯彻落实,促进党风廉政建设和反腐败斗争的深入开展,加强领导班子和干部队伍建设,具有重要的意义。

2010年3月,中共中央办公厅发布《党政领导干部选拔任用工作责任追究办法(试行)》。该《办法》第3条"党委(党组)及纪检监察机关、组织人事部门按照职责权限负责对党政领导干部选拔任用工作实行责任追究",赋予纪检监察机关对党政领导干部选拔任用工作责任追究权。用人的腐败是最大的腐败,如何有效遏制用人腐败是党内监督重大课题。赋予纪委对党政领导干部选拔任用工作的责任追究权,是健全党内监督机制重要举措。

(四)党的十八大以来党内纪检监督体制机制改革与完善

"双重领导"体制自党的十二大恢复以来到党的十八大,经过了30年的不断健全,虽然取得了很大成就,但纪委监督反腐权威性、独立性依旧不够,腐败问题依旧突出,反腐败斗争形势依旧严峻,说明"双重领导"体制机制还需要进一步改革与完善。

以习近平同志为核心的新一届党中央领导集体高度重视党风廉政建设与反腐败斗争,以雷霆万钧之势"打虎""拍蝇""猎虎",一大批腐败官员受到党纪国法的追究,反腐败斗争取得压倒性胜利。在严肃查处领导干部违法违纪案件的同时,党中央着手推进党内监督体制机制改革,努力实现"把权力关进制度的笼子里"法治目标。

十八届三中全会通过的《中共中央关于全面深化改革若干重大问题的决定》第36条对"双重领导"体制机制改革提出了新要求,这就是:落实"两个责任""两个为主""两个全覆盖"。"两个责任"是"党委负主体责任,纪委负监督责任,制定实施切实可行的责任追究制度"。[1]"两个为主"是指"推动党的纪律检查工作双重领导体制具体化、程序化、制度化,强化上级纪委对下级纪委的领导。查办腐败案件以上级纪委领导为主,线索处置与案件查办在向同级党委报告的同时必须向上级纪委报告。各级纪委书记、副书记的提名和考察以上级纪委会同组织部门为主"。[2]掌握案件线索和查办腐败案件是反腐败工作的重点内容,是反腐败威慑力的关键所在。不少地方纪委发现重大案件线索或者查办重大腐败案件,都必须先向同级党委报

---

[1] 本书编写组:《〈中共中央关于全面深化改革若干重大问题的决定〉辅导读本》,人民出版社2013年版,第36页。

[2] 本书编写组:《〈中共中央关于全面深化改革若干重大问题的决定〉辅导读本》,人民出版社2013年版,第36页。

告,得到主要领导同意后才能进行初核和立案。如果上级纪委同时知情,必然形成对地方党委的制约,有利于推动查处腐败案件,打击腐败犯罪。"两个为主"是在"双重领导"体制内从工作机制上创新,以解决现实问题,既坚持了党对反腐败工作的领导,坚持了党管干部的原则,又保证了纪委监督权的行使,有利于加大反腐败工作力度。"两个全覆盖"是指"全面落实中央纪委向中央一级党和国家机关派驻纪检机构,实行统一名称、统一管理。派驻机构对派出机关负责,履行监督职责。改进中央和省区市巡视制度,做到对地方、部门、企事业单位全覆盖"。① 派驻全覆盖,是监督触角延伸到被监督单位,实现空间上可及、及时知情的重要举措。巡视全覆盖,使党委(党组)的监督权有专门的机构承担,使党内主体监督落到实处,有利于发挥主体监督的权威性和实效性。

2014 年 6 月中共中央政治局审议通过了《党的纪律检查体制改革实施方案》。该《实施方案》立足纪检工作实际,对纪律检查体制改革的指导思想、目标要求、主要任务、方法措施和时间进度作出安排。这是为落实党的十八届三中全会决定关于"两个责任""两个为主""两个全覆盖"改革内容所作出的部署,对于强化纪委的相对独立性、权威性,强化纪委查办腐败案件的体制保障,形成不敢腐、不能腐、不想腐的有效机制,深入推进党风廉政建设和反腐败斗争有着重大意义。

2015 年 8 月,中共中央修订《中国共产党巡视工作条例》(以下简称《巡视工作条例》)。在试行条例基础上,修订内容涵盖巡视工作的指导思想、领导体制、机构设置、巡视内容、工作方式和权限、纪律与责任等各个方面,明确巡视主要是政治巡视,为深入开展巡视工作提供了重要遵循,是全面从严治党的利器,标志着巡视工作进入了制度化、常态化、实效化发展阶段。

2016 年 7 月修订《问责条例》。这次修订在 2009 年《关于实行党政领导干部问责的暂行规定》基础上,针对执行党的路线方针政策不力、管党治党主体责任缺失、监督责任缺位、"四风"和腐败问题多发频发、选人用人失察、巡视整改不落实等问题,以问责倒逼监督责任落实,推动管党治党从宽松软走向严紧硬。

2016 年 10 月修订《党内监督条例》。针对试行条例实践中存在的问

---

① 本书编写组:《〈中共中央关于全面深化改革若干重大问题的决定〉辅导读本》,人民出版社 2013 年版,第 37 页。

题,《党内监督条例》做了针对性的完善,提出管党治党是最根本的政治责任,要求各级党组织强化日常管理监督,切实担负起全面从严治党主体责任。坚持把纪律挺在前面,严明党的纪律特别是政治纪律和政治规矩,实践监督执纪"四种形态",抓早抓小,解决苗头性问题,明确巡视是党委(党组)履行主体监督责任的权限,要求发挥巡视利剑作用,发现问题,形成震慑,做好巡视成果的运用。在纪检体制方面,要求实现派驻监督全覆盖,充分发挥"派"的权威和"驻"的优势。

2016年11月,针对监督反腐机构职能分散、独立性权威性不够的问题,中共中央办公厅印发《关于在北京市、山西省、浙江省开展国家监察体制改革试点方案》。三省市设立各级监察委员会,从体制机制、制度建设上先行先试、探索实践。试点经验可复制、可推广。通过国家监察体制改革,实现党内监督和国家监察相互融合,党规国法协调贯通,公职人员监督监察全覆盖,建立起集中统一、权威高效、具有中国特色的纪检监察体制。

2017年1月,中纪委发布《中国共产党纪律检查机关监督执纪工作规则(试行)》。该《规则》合理划分监督、执纪职能和机构,形成执纪监督、执纪审查、案件审理相互协调、相互制约的工作机制;规范线索处置、谈话函询、初步核实、立案审查、案件审理、处置执行中的重要问题,建立党员干部廉政档案,动态更新廉政档案,做实做细履行监督职责的基础性工作;细化监督、执纪、问责的程序机制;实行"一案双查"责任机制。这些具体运行机制,增强了党内监督机制规范性、科学性、可操作性,有助于提高监督实效。

2017年7月,中共中央修改《巡视工作条例》。这次修改把中央全面从严治党精神法规化,把巡视工作的好经验制度化,坚持政治巡视(非业务巡视)的定位,要求一届任期内巡视全覆盖任务,明确巡视监督主要内容,规定市县巡察制度,为巡视监督的纵深发展提供法规依据和机制保障。

2019年5月,中共中央办公厅印发《干部选拔任用工作监督检查和责任追究办法》。该《办法》是2010年3月试行办法的修订。该《办法》明确了党委(党组)对干部选拔任用工作负主体监督责任,赋予纪检监察机关、巡视巡察机构按照有关规定履行干部选拔任用工作监督检查职责。该办法详细规定监督监察内容、监督监察机制与责任承担事由,充实了纪检监督的内容,突出可操作性,以此解决选人用人上的腐败问题。

2019年9月,中共中央再次修改《问责条例》。这次修订,增加了习近平新时代中国特色社会主义思想作为条例指导思想,增加问责事由(从原条例的 6 个增加到 11 个),强化对政治建设失职失责的问责,细化问责程序,赋予纪委问责建议权与调查权,增强了问责制度的可操作性,以落实全面从严治党各主体责任。

三、党内监督体制创新研究

党内监督体制创新问题,涉及党内权力架构重构,这是个十分复杂而重大的问题,既要考虑实践需要,也要考虑权力本质和运行规律。权力作为人类社会的基本存在,是一种客观事物,有自身的本质和规定性,也有自身的运行规律。人类社会的权力,其本质和运行规律,是可以被认识和掌握的。权力是一种强制力,也是一定范围内资源的配置力,通过强制力和资源配置权能的行使,促使他人服从的外在力量。这种力量本质上具有控制他人并使他人服从的能力,它是中性的。社会主义国家的权力具有这种本质,资本主义国家的权力也具有这种本质。权力的运行遵循上下级之间命令、指挥和服从关系,横向之间的分立、监督和制约关系。权力关系之间若仅有上下级的纵向关系,缺乏横向关系,那么权力将遵循下级权力无限上收和集中的趋势和规律。权力的这一运行规律是权力的控制本质决定的。

权力配置要遵循权力运行的规律,同时考虑通过配置权力所要解决的问题。权力通过体制来架构,体制的设计和制度安排根据之一就是针对所要解决的现实问题。在战争年代,作为革命党,权力需要迅速反映快速变化的战争实际,因而权力集中、讲究效率是必要的;在和平建设时期,革命党向执政党、建设党转型,要充分调动各方面积极性,就要发挥授权的功能,同时避免高度集中的权力被糖衣炮弹击中被腐蚀,要强调对权力的监督与制约。十一届三中全会以来,党的各项事业都得到了发展,尤其是经济建设,取得了举世瞩目成就,但腐败也滋生蔓延,造成这种局面的原因是多方面的,其中作为党内主要监督组织的纪委的相对独立性不够不可忽视,为此,习近平指出:"健全权力运行制约和监督体系,有权必有责,用权受监督,失职要问责,违法要追究,保证人民赋予的权力始终用来为人民谋利益。"[①]十八届三中全会决定改革纪检双重领导体制,赋予纪委在线索处置和案件办理上更

---

① 习近平:《在首都各界纪念现行宪法公布施行 30 周年大会上的讲话》,《人民日报》2012 年 12 月 5 日。

大自主权,由此开启了轰轰烈烈反腐败历史大幕。

要研究监督体制创新,就要深入监督体制本身的规律以及在实践运行存在的问题,考察有效监督的各种条件,发掘监督体制运行的一些规律性的东西,才能创设出行之有效的监督体制。党内监督条例存在的问题,有学者概述为:"上级监督太远,同级监督太软,下级监督太难",[①]也可以表述为"管得着的看不见,看得见的管不着"。这一问题经过党的十八大以来全面从严治党,加大权力运行的制约与监督得到缓解,但体制性成果还需要通过改革来获得。

(一)有效监督的条件

有效监督是有条件的,不具备条件自然监督效果不好。有效监督须具备哪些条件呢? 根据人类历史上出现的各种监督体制及其实践效果进行分析,得出如下结论。

1.监督主体的相对独立性

监督主体的独立性产生监督意志和监督权威。而监督主体的权威是监督产生效果的条件。监督主体的权威主要来源于监督者地位的相对独立性甚至高阶性。如果监督者地位高于被监督者,这种监督当然具备权威因素,我国现行监督体制普遍确立的就是上级监督下级的体制,这种体制体现了监督者权威性要求。相反下级监督上级,就存在权威性不够的问题,尤其是下级的人财物均受上级控制的情况下,下级有效监督上级的难度大。国外许多国家由国会主管监督,体现了监督者独立性和权威性的要求。我国封建社会时期的御史虽然官阶较低,但御史台和御史除了受制于皇帝外,地位独立于行政部门,宰相领导的行政部门控制不了御史台和御史的人财物事;御史直接向皇帝上奏疏,纠弹各级官员,行政部门无法控制,这样就会产生监督效果。御史的制度设计符合了监督者相对独立性要求。

2.监督时间的及时性

监督者必须能够及时了解、掌握、跟踪被监督事件的进程,否则事件脱离正常轨道时无法及时监控、纠正,直到不利后果发生,损失已经铸就,虽然可以对违纪违法行为人采取惩戒措施,教育本人,警示他人,但失去了监督的意义。

---

① 邓频声:《中国特色社会主义权力监督体系研究》,时事出版社 2011 年版,第 10 页。

3.地理空间的可及性

监督者与被监督者地理空间距离过大,对于监督最大的不利就是阻碍信息的及时获取、交流和传播。古语有云"天高皇帝远",说的就是因地理空间的阻隔而使皇帝对边远地方缺乏足够的知情,皇帝的管制和监控不容易到达这些地方。有效监督建立在对被监督者和监督客体充分知情基础上,这就要求监督需要足够的信息,这些信息需要监督者客观、完整、及时获取,而不能被遮掩、封锁、阻隔,导致信息失真。监督者与被监督者空间距离过大,一方面不利于监督者对监督信息的有效获取,另一方面也为被监督者封锁信息、掩盖真相提供了条件。所以监督者要及时有效掌握监督信息,最好是监督者与被监督者同处一地,处于同一区域,地方发生大事情时,其信息就容易被监督者及时获取。距离一远,方便被监督者封锁和掩盖信息,监督者就不容易及时获取被监督者和客体的信息,影响监督效果。履行主体监督的巡视制度,要求巡视组要进驻被巡视地方或单位,目的就是让巡视监督的触角延伸到被监督者区域,拉近监督者与被监督者的空间距离,及时掌握监督信息,实时了解情况,防止监督信息失真,增强监督效果。

4.监督权限的充分性

监督对象主要是掌握决策、执行、监督实权的机关、领导和工作人员,而监督主体没有掌握人财物的配置权,如果监督权限不充分,实际上很难监督掌握实体管理权力的监督对象。监督对象为了滥用权力,必然想办法逃避监督,逃避惩罚,出于本能会千方百计掩盖、隐瞒自己的不法行为,想尽办法干扰、阻碍监督。监督主体要破解这些障碍,就要有必要的监督权限,否则无法知悉被监督者的行为。香港廉政公署之所以反腐败成效明显,一个重要原因就是廉署拥有充分的调查权。《廉政公署条例》充分授予了廉署全面的调查权,如卧底调查权、秘密调查权、技术调查权、人身拘捕权、强制证人作证权(证人不出庭作证就会被廉署以伪证罪起诉)。在廉署强大的调查权的监督和控制下,香港公职人员只能勤谨廉洁奉公。美国国会有召开听证会的权力,相关部门和人员必须就听证事项进行说明;需要调查弊政时,可以组织特别调查委员会,或委托独立检察官,或委托美国联邦调查局进行调查。联邦调查局也有充分的调查权,可以针对嫌疑对象和事件行使秘密监听、密录密拍、卧底调查、人身拘捕等一切必要权力,监控滥权腐败嫌疑官员。可见,监督者掌握强大的监督权是有效监督的必要条件之一。

5.监督者受约束

监督是得罪人的事情,从事监督工作费时费力,需要付出巨大的心血甚至牺牲,需要迎难而上,古今中外莫不如此。监督者若因害怕打击报复,害怕失去既得利益,害怕得罪人,就会知难而退,怠于履行监督职责,致使监督效果不佳。为防止此种情况出现,需要对监督者予以再监督和约束。这就产生了监督监督者的问题。监督监督者的逻辑链条可以延伸得很长,比如明朝时期锦衣卫权力很大,于是设立东厂监督锦衣卫,东厂权力也需要监督,于是设立西厂监督东厂,西厂也需要监督,于是设立内行厂监督西厂。这个链条还可以延伸,但不可能无限延伸。监督监督者链条过长,自然增加了监督的难度,使监督最终变形失效,因此必然存在逻辑上最终监督者的问题,在封建社会,这个逻辑终点是皇帝,在民主社会,这个终点就是人民。监督者与人民之间逻辑链条不可过长,监督者最好是直接由民主选举产生,或者作为监督主体的领导人由民主选举产生,监督者直接受到人民的监督与约束,人民以选举或罢免的方式对监督者或监督主体领导人进行再监督,由人民决定其去留,以此缩减监督监督者的链条,解决监督监督者逻辑链条过长问题。如美国国会主管监督,国会的监督以众议院议员、议会中的专门委员会为主要监督者,众议院议员是以民主方式产生的,若其怠于履行监督职责,下次选举就没有机会当选了,来自选民的压力促使众议院议员积极履行监督职责。监督者除了受民主约束以外,还必须受责任约束:不履行监督职责就是失职行为,严重者构成渎职;应该监督而没有监督,以致严重后果,也是违法行为,必须受到法律责任的约束,以法律责任来促使监督者积极履行职责。

(二)创新观点:地方纪委监督同级党委

党的十九大报告强调了加强党中央集中统一领导,其中包含加强党中央对纪检监察工作的领导,但这不妨碍加强对地方党委监督的体制改革。为了加强对地方党委权力运行的制约与监督,适当调整纪委双重领导体制,是标本兼治反腐的内在要求,也是促进地方治理现代化的内在要求。

基本思路是两个:一是赋予地方纪委监督同级党委的权力,二是在重要线索处置和查办案件上向同级党委报告的同时,以上级纪委领导为主。其实,第二个思路早就在十八届三中全会通过的决定上就已经确定并实行了,是我国史无前例反腐败成就的体制机制条件之一,但在一些地方,纪委对同级党委管理的干部立案、采取留置措施时不仅要向同级党委报告,而且要经同级党委批准,这就限制了地方纪委职能的发挥。笔者希望,回到十八届三中全会对纪检体制改革的思路上来。所以,本书不准备对第二个思路做进一步的阐述。

关于推进地方纪委体制改革,赋予地方纪委监督同级党委的问题意识与改革思路,来源于国家级贫困县贵州省黔南州独山县委原书记潘志立主导借债 400 亿大搞形象工程、政绩工程的案例。《中国纪检监察报》2019 年 8 月 9 日第 2 版,发表《用制度刚性防范"政绩工程"》一文披露,潘志立为了政绩,不认真落实党中央关于打赢脱贫攻坚战的决策部署,罔顾独山县每年财政收入不足 10 个亿的实际,盲目举债近 2 亿元打造"天下第一水司楼""世界最高琉璃陶建筑"等形象工程、政绩工程。潘志立被免职时,独山县债务高达 400 多亿元,绝大多数融资成本超过 10%。① 2018 年 10 月,潘志立被立案审查。2019 年 8 月 1 日,贵州省纪委监委发布消息,潘志立因严重违纪违法被开除党籍和公职。2020 年 4 月,安顺市中级人民法院一审公开宣判潘志立受贿、滥用职权一案,数罪并罚,决定执行有期徒刑 12 年。

新浪财经转发中国社会科学院财经战略研究院研究员杨志勇撰写的《独山县高额负债的反思:县域经济如何寻找特色发展之路》评论文章,介绍了独山县 400 亿负债的基本情况,分析了该负债的严重性。② 独山县高负债根本原因是什么? 新浪财经引述"壹快评"的《"一霸手"滥用职权危害更大,必须依法严惩》评论文章,认为任独山县委书记 8 年多的潘志立权力不受监督制约,"一把手"变成"一霸手",一意孤行做决策,不顾实际高举债,是"形象工程""政绩工程"畅行无阻的主要原因。③ 当然作为"一把手"的潘志立不可能以自己的名义决策,而是以中共独山县委员会的名义行使职权,如

---

① 《中国纪检监察报》,2019 年 8 月 9 日第 2 版,https://jjjcb.ccdi.gov.cn/epaper/index.html? guid=1408329718125559811,最后访问时间:2023 年 5 月 20 日。

② 杨志勇:《独山县高额负债的反思:县域经济如何寻找特色发展之路》,新浪财经,2020 年 7 月 15 日,http://finance.sina.com.cn/money/bond/market/2020-07-15/doc-iivhuipn3047716.shtml,最后访问时间:2023 年 5 月 20 日。

③ 壹快评:《"一霸手"滥用职权危害更大,必须依法严惩》,新浪财经,2020 年 7 月 14 日,http://finance.sina.com.cn/review/jcgc/2020-07-14/doc-iivhuipn2989257.shtml,最后访问时间:2023 年 5 月 20 日。

果对独山县委员会监督不到位,作为县委"一把手"的潘志立自然就成为"一霸手"。

笔者认为,潘志立主导独山县融资 400 亿建设的大部分项目不具备可行性,很难产生效益,比如大学城项目,显然国际国内知名大学不可能去独山县办分校,项目建设得再好,也不会有预期效果。这个问题并非难以判断,只是不敢判断、不敢表达不同意见。如此缺乏可行性的项目得以立项、推进,最终烂尾负债,根本原因是独山县委决策权缺乏应有的监督。上级党委即黔南州委,出于 GDP 考核要求,很难对独山县委推进的项目持否定意见,同级纪委无权监督,班子成员不敢监督,党员群众不敢监督,致使独山县委重大决策处于监督缺位状态。这种状况与党中央强化对公权力运行监督与制约的要求相违背,也与地方治理现代化要求相悖。

相对于地方政府,地方党委的决策权更大,且缺乏有效监督。地方政府主导的项目,需要在经济社会发展规划和年度计划上得到反映,需要人大批准,因而存在一定的制约与监督。地方政府的具体行为,涉及特定的当事人,且当事人有复议监督和诉讼监督的权利。而地方党委显然缺乏类似于地方政府这么严密的监督网络。

1.上级党委监督下级党委决策存在时空困境

上级党委监督下级党委是现行党内主体监督制度的内容。这个监督体制有利之处就是具备足够的权威性,在下级服从上级的体制要求下,在党内选人用人制度下,监督的权威性更是得到了强化。能够用好这种权威性,当然是上级党委监督成功的保障。这种监督体制存在的不足就是,时间上的滞后性和空间上的阻隔性使得监督所需要的信息不能及时、充分获取,"看得见的管不着,管得着的看不见",监督效果不能充分体现。党内腐败现象蔓延,说明监督体制存在漏洞。同时,这种监督体制法治程度不够。上级党委履不履行监督职责,主要看主要领导人的个人意愿。如果上级党委主要领导人履职观念不强、法治观念不强、监督意识不强,就难以保证监督效果。还有,这种监督体制下的监督者容易被收买。上级党委也是在书记领导下的一级党组织,上级党委书记存在被收买甚至与下级结成利益共同体的可能性,进一步影响到监督效果。最后,这种监督体制的监督效果还与党员和党代表主人翁精神发挥充分不充分存在关系,如果普通党员抱着"多一事不如少一事"的消极心态,得过且过,不主动揭发,致使党内存在的消极腐败现象不容易得到充分暴露,影响上级监督的效果。

　　上级党委监督下级党委的监督体制,容易使党内专门监督的纪律检查委员会监督职能难以充分发挥,沦为对公职人员违纪违法犯罪案件的查办机关。对于地方党委的决策,无论是上级纪委还是同级纪委几乎不知情,基本上游离于党委决策之外,难以实时、动态性跟踪、介入党委决策,实现对党委决策的全程监督。只有党委决策出现严重问题,造成了损失,或者出现了决策腐败现象,上级纪委才以查办腐败案件为由得以事后介入党委决策。纪委注重查办案件,轻过程监督,不仅是现实情况,更是现行监督体制使然。

　　2.地方纪委具备有效监督地方同级党委的条件

　　(1)同级纪委监督地方党委独立性不足问题可以通过体制改革解决。现行纪检双重领导体制下,显然纪委不具备监督同级党委的相对独立性,但这个问题可以通过适当的体制改革来解决。

　　(2)纪委监督同级党委满足时间上的及时性要求。纪委与同级党委不仅地处一城,对本地公共事务可以进行动态性掌握,甚至很多纪委与党委还在一个大院办公,对党委重要决策事项能够及时了解。他们对地方党委尤其是地方党委主要领导人的所作所为是"看得见"的,这种对地方党委决策信息的及时性掌握明显比上级党委要具有优势。

　　(3)纪委监督同级党委满足空间上的可及性。纪委与同级党委地处一城,对公共事务很容易进行动态性、及时性掌握,他们之间不存在空间上的阻隔,信息的交流、传播很容易实现。纪委与同级党委地处一城,也方便采取多种监督手段,实施全方位监督。

　　(4)可以通过体制和制度创新,赋予纪委对同级党委的平行监督权。上级党委固然依旧有监督下级党委的权威和权力,但不能因此而忽视了同级纪委对党委的监督权。若纪委取得监督同级党委的权力,上级党委也会从繁重的日常监督事务中解脱出来,聚精会神抓好大事,不断提高决策的科学性、民主性。

　　(5)可以通过制度创新赋予纪委以充分的监督权限。现行的监督制度并没有赋予纪委以较为充分的监督权,如情况通报权、纪委相关成员列席会议权、党委决策资料查询权等,致使纪委没有足够的权力实施监督。纪委在被党内法规充分授权的情况下,还是可以对同级党委进行有效监督。

　　(6)强化法治,强化纪委监督意识和职责意识。党内的各种规定逐步完善,其主要任务就是强化党内法规的执行,督促党的机关切实履行法定职责,对于不履行职责的,要严格追责,促使各级党委、纪委按照党内法规规定履行职责。

3.现行监督体制并不排除地方纪委监督同级党委

从现行监督体制、党章和《党内监督条例》的一些具体规定来看,地方纪委监督同级党委也并非不可能,体制还是预留了一些空间。地方纪委与同级党委一样,都是经同级党代表大会选举产生,相互之间可以形成监督关系。2022年修订的党章第10条第4项规定:"上下级组织之间要互通情报、互相支持和互相监督",地方纪委受地方党委领导,应该属于该项规定的党组织,据此可以得出,地方纪委依据党章有权监督同级党委。党章第46条第4项规定"各级纪律检查委员会发现同级党的委员会委员有违犯党的纪律的行为,可以先进行初步核实",纪委的这种初核实际上也体现着对同级党委委员监督的成分。现行《党内监督条例》第26条第1款规定:"加强对同级党委特别是常委会委员、党的工作部门和直接领导的党组织、党的领导干部履行职责、行使权力情况的监督。"这款规定的是纪委对同级党委委员的监督。该条第3款规定:"强化上级纪委对下级纪委的领导,纪委发现同级党委主要领导干部的问题,可以直接向上级纪委报告。"同级党委主要领导,应该包括地方党委书记,这种报告实际上是纪委对同级党委主要领导的一种监督。党章和《党内监督条例》均赋予纪委监督同级党委委员的职能,虽然对党委委员的监督与对党委的监督不同,但两者很多情况下是联系在一起的。就现行的地方党委运作情况来看,党委书记无疑是主导地位,对党委书记的监督工作做好了,很大程度上起到了对地方党委的监督。

笔者主张地方纪委监督同级党委,意思是通过制度创新,明确地方纪委是同级党委法定监督主体之一,并不是指只有地方纪委才能实施对同级党委的监督,上级党委承担监督下级党委的主体责任,下级党委、基层组织、党员等,均有权采取法定方式对地方各级党委进行监督。

4.创新纪检体制的几种理论观点评析

关于改革纪检体制,处理党委与纪委的关系问题上,理论界有三种方案:

一是"垂直领导模式"。即各级纪委由上级纪委垂直领导,统一由中央纪委领导,与地方党委完全独立,就像银行、海关、国税、商检等垂直型系统一样。

二是"新双重领导模式"。这种模式与现有的双重领导模式不同,即从原来的以地方党委领导为主,上级纪委对下级纪委主要实行业务领导改为以上级纪委领导为主,地方党委领导为辅,特别是下级纪委的干部人事均由上级纪委提名和任命。相当于现在实行的省级以下司法机关单独管理体制,也类似于纪委对派驻纪检机构、纪检专员的管理模式。

三是"平行模式"。即列宁最早创立的党内监督领导体制,将各级纪委与同级党委平行设置,都由党的代表大会选举产生,并向党的代表大会负责。纪委委员和党委委员之间互不兼职,纪委和党委如有不同意见,可以把问题提交纪委和党委的联席会议或党的代表大会解决。

这三种理论模式各有优缺点。第一种模式,可以提高纪委的相对独立性和权威性,其主要问题:一是容易形成在同一个地方有两套党的系统并存的局面,违背了党的民主集中制原则;二是由于实行垂直管理,纪委与同级党委之间呈完全分离的状态,党内决策权、执行权与监督权之间的相互联系、相互制约的关系难以形成,既容易导致两个机关各管各的,也可能使纪委的监督权得不到应有的外部制约,从而产生监督权失控的危险。

第二种模式,即"新双重领导模式"。其优点一是与党的民主集中制相一致,都在党的统一领导之下。二是不需要对党的领导体制作很大的改变和调整,可行性强。三是看起来变化不大,但实际上对于加强纪委的独立性和权威性有帮助。任何权力的运行,起根本作用的还是干部人事关系,要是监督者没有职位保障,谁都会有顾虑。因此,省级以下纪检系统人财物事单独管理的体制,对推动纪委干部监督的积极性无疑是有好处的。与此类似的体制是纪委对派驻机构和人员实行垂直管理。只是这种思路虽然有种种优点,但并未抓住核心问题。核心问题是地方党委监督虚化、弱化问题,地方党委尤其是"一把手"问题根源是地方党委决策权缺乏有效的监督机制。

第三种模式属于理想主义模式,可行性不高。列宁试点过,结果很快被改变,中共土地革命前实行过,结果没被坚持下来。这种模式的推行牵涉面太大,涉及整个党的领导体制和政治体制的重大改革,无疑可行性不大。由于平行模式是建立在党的代表大会常任(年会)制的基础上,而党代表常任制试点、推广条件不成熟,在党代会之下设置一个与党委平行的纪律检查委员会并不是一种可行模式。

笔者看来,上述三种理论模式,均存在可行性问题。一个体制调整不大,只需要完善运行机制,就能够解决问题的改革思路,往往具有可行性。当前,地方党委监督虚化、弱化,是亟须通过改革解决的现实问题。在尊重纪检双重领导体制前提下,针对主要问题,进行体制机制创新,是可行的路径。

为什么会存在地方党委监督虚化、弱化问题?笔者以为缺乏同级监督是主要原因。对地方党委监督主要有上级监督、下级监督和党员监督三种监督:上级监督包括上级党委和上级纪委的监督,权威性大,容易取得监督效果,但存在时间上滞后、空间上不及的客观障碍;下级监督、党员监督不一定起作用。缺少最具备时间、空间上监督条件的同级监督,是地方党委监督虚化、弱化的主要原因。有人会问,不是存在地方党委班子成员内部监督,以及同级纪委对同级党委尤其是常委会成员的监督吗?怎么说不存在同级监督呢?的确,地方党委成员之间内部监督、纪委对同级党委成员的监督是同级监督,但这是对领导者个人的监督,与对地方党委的监督是两个不同的监督,一个是对人,一个是对组织,虽然组织行为需要通过人的行为来体现,但组织不同于个人,组织是个法定主体,具有法定职权,有自身意思形成和表达的法定程序,如需要经过讨论决定程序、要以组织名义、要加盖组织公章。地方党委班子成员很少以个人名义行使职权,而是以组织名义开展活动,执行的是组织决定和意志,此时只能以组织作为监督对象,同级纪委就无权过问了,比如,对于同级党委的错误决策,同级纪委是无权纠正的。

5.创新体制,赋予地方纪委监督同级党委的政治地位

党的十七大报告提出要"建立健全决策权、执行权、监督权既相互制约又相互协调的权力结构和运行机制",十九届三中全会决议重申了这一要求。决策、执行、监督三分模式,不仅在行政体制中存在,在党内体制中也适用。其实,党建立的执政体制,正好就是决策、执行、监督三分的体制。党员代表大会承担重大事项决策职能,党委会是执行机关,纪委是监督机关。因为党员代表大会5年一开,一般只就重大理论、方针和政策问题作出决策,没有人大常委会这样的常设机关,大量的决策事项就留给了执行机关的党委会,故党委会兼具执行和决策,纪委专责监督,纪委的监督权如果加以充实,将地方同级党委纳入监督范围内,即可强化纪委的监督职责,做实决策、执行、监督三分模式。如果弱化纪委的监督权,由于地方党委会既掌握决策权、执行权,还掌握监督权,于是造成了地方党委权力集中,地方党委权力客观上又集中在书记手里,只要他有决策意愿,如前述独山县委原书记潘志立,想大举举债搞政绩工程,地方党委其他成员几乎不会提出不同意见,涉及政绩,上级党委很可能不会反对,于是违背科学民主原则的决策就出台

了。对于权力集中的地方党委可能带来的决策无监督的弊端,邓小平在《党和国家领导制度的改革》一文中有了充分的论述,本书不再重复,笔者主张决策、执行、监督三权回归其本位,使党委会和纪委会形成监督关系,建立起对地方党委同级监督体制。

实行地方纪委监督同级党委,有利于促进地方治理。地方党委同时领导地方人大、行政机关、监察和司法机关,由于上级党委客观上不容易监督到下级党委,地方党委一旦滥用权力,就容易造成区域分割,恶化地方治理。首先,法治原则受到威胁。因为地方党委尤其是书记的权力集中,来自上面的监督不到位,同级又不能监督,对于党的政策、党内法规、国家法律的贯彻执行,主要看他一人的态度,容易产生以言代法、以言废法,上有政策下有对策,甚至搞独立王国倾向。其次,容易导致权力滥用和腐败。由于地方党委客观上监督不到位,导致地方党委"一把手"用人一句话、花钱一支笔,自由度很大,容易导致任人唯亲、买官卖官、贪污受贿等滥权腐败现象。再次,恶化地方治理。由于地方党委上下级存在时空阻隔,下面为了地方利益或个人私利,导致下情不容易上达,信息在体制内交流不顺畅,错误的决策长期得不到纠正,造成资源大量浪费,影响了经济社会发展的可持续性。最后,会导致社会道德滑坡,与文明社会建设目标相矛盾。因地方党委主要领导权力不容易被监督,自然感觉良好,卖身投靠的官员以为有靠山,就嚣张跋扈,呼风唤雨,这必然带来官德堕落,进而引发社会道德滑坡。官员是社会行为的楷模,一旦官员腐败堕落,社会道德就会滑坡,与文明社会建设相背离。

弥补地方党委缺乏同级监督的缺陷,只需要在尊重双重领导体制基础上,赋予地方纪委监督同级党委的职责和相应的权限就可以。赋予地方纪委监督同级党委的权力,可以弥补上级监督时间上、空间上条件不够的问题,也可以把上级党委从繁重的监督工作中解放出来,做好自身的决策工作。对地方党委重大决策设定同级纪委监督环节,可以促使地方党委更加理性、审慎行使决策权,减少决策失误,节约资源,保护环境,优化地方营商环境,保证地方持续稳定发展,促进地方治理优化。如果没有一道促使地方党委理性决策的制度屏障,就会出现前述独山县委项目决策随意,造成重大损失的例子。设想一下,如果独山县委进行项目决策时,独山县纪委坚持遵循决策程序,对于明显不具有可行性的决策进行适当提醒,有了上级党委或纪委的介入,独山县委的决策质量会高很多,决策错误的可能性会减少。

6.地方纪委监督地方党委的权限

地方纪委监督同级党委体制改革关键是如何在两者之间形成监督关系。地方纪委与同级党委不能"两张皮",互不联系,互不相关。这种监督关系的形成,关键在于制度设计。要设计出能够牵制的环节,并以相应的程序和责任制度来保障监督关系得以形成。这个监督关系的主要环节是纪委对党委决策的获得通报权、资料查询复制权、决策会议列席权、错误程序纠正权、提请上级党委介入权。地方党委若有不同意纪委意见的,可以提出理由,纪委认为理由不成立的,有权提请上级党委监督。

地方纪委监督同级党委会,不影响也不妨碍地方党委的领导权。地方党委的领导权主要表现为地方党委对地方重大事务的决策权,即所谓"三重一大"事项的决策权。地方党委对同级纪委的领导权主要是政治领导、宏观领导,包括政治方向领导权、组织人事领导权、重大监督选题领导权、对纪委工作的考核监督权。

地方党委在向上级党委报告其重要决策事项的同时向同级纪委通报,以使纪委能够及时掌握党委决策情况。地方党委需要会议审议的文件提前发送纪委,纪委可以指派专人出席决策会议(非地方党委成员无表决权),纪委人员发现决策有违程序时,有提请注意权;发现决策内容有违科学民主原则时,有要求重新审议权;如果认为决策会带来重大损失,且地方党委不予纠正的,有提请上级党委监督权。纪委提请上级党委监督权对于强化上级监督权非常有价值。因为上级党委要决策的事务范围更大,要监督的下级党委更多,但上级党委组成人数却与下级党委一样,要真正做到对下级党委的有效监督其实很难。所以发挥好纪委知情的优势,帮助上级党委发现问题,精准监督,会极大提高上级党委的监督效率。

四、监督机制

体制是权力的架构,机制是权力的运行,两者密切相关,共同构成了制度。

(一)机制的内涵

在阐述监督机制之前,首先明确什么是机制。从语义上来看,"机制"(mechanism)一词最早源于希腊文,原指机器的构造和动作原理。我们现在使用"机制"一词,其基本词义是指:(1)有机体的构造、功能及其相互关系;(2)机器的构造和工作原理;(3)机器制造的。把机制的本义引申到不同的领域,就产生了不同的机制,如引申到生物领域,就产生了生物机制;引申到社会领域,就产生了社会机制。《辞海》对机制的解释是:"原指机器的构造和动作原理,生物学和医学通过类比借用此词。生物学和医学在研究一种生物的功能时,常说分析它的机制,这就是说要理解它的工作方式,包括有关生物结构组成部分的相互关系,以及其间发生的各种变化过程的物理、化学性质和相互联系。阐明一种生物功能的机制,意味着对它的认识从现象的描述到本质的说明。"①《现代汉语词典》对机制的解释是:"(1)机器的构造和工作原理,如计算机的机制。(2)机体的构造、功能和相互关系,如动脉硬化的机制。(3)指某些自然现象的物理、化学规律,如优选法中优化对象的机制。也叫机理。(4)泛指一个工作系统的组织或部分之间相互作用的过程和方式,如市场机制、竞争机制。"②

按照系统论的观点,机制是要素、结构与功能的统一。从功能的角度来理解机制,将机制的本质属性界定为功能,是我国社会科学工作者通常研究径路,如李烈满教授在其《健全干部选拔任用机制问题研究》专著中将机制定义为:"机制是一个系统内相互联系的构成要素按照固有的规律或既定的规则运行所具有的特定功能。"③本书认为,将机制的本质属性界定为功能,找到了研究机制问题的目的,赋予了机制研究以意义,是社会科学研究应遵从的研究范式。因而,本书认可李烈满教授对机制的界定,将机制理解为系统内组成要素、要素间的相互联系以及表现出来的系统功能。要素间的相互联系就是系统的结构,即要素间的组织方式、运行方式、互相控制和制约的方式。系统结构的改变,会导致系统功能的变化。这也是人们研究系统,优化系统的基础。

(二)监督机制

从要素、结构、功能三方面来把握机制,我们就能够对监督机制有个清

---

① 《辞海》,上海辞书出版社 2020 年版,第 1922 页。

② 中国社会科学院语言研究所词典编辑室:《现代汉语词典》,商务印书馆 2016 年版,第 600 页。

③ 李烈满:《健全干部选拔任用机制问题研究》,中国社会科学出版社 2004 年版,第5 页。

楚认识。监督机制(oversight mechanisms)就是监督要素和监督要素之间的结构以及这个结构所展现出来的监督功能。监督要素主要有监督主体和职责、监督对象和客体、监督内容和规范、监督方式和程序、监督奖励和惩戒等,这些要素是组成监督系统的主要部件。这些要素各自有不同的规定性,有不同的结构方式,进而展现出不同的监督功能。监督要素之间的结构方式,主要是监督主体对监督对象和监督客体的介入方式,介入方式经立法规定后成为监督权限。至于监督主体之间的监督权力配置,这是一个权力结构问题,这个问题是监督体制所要研究和解决的。加强监督系统的整体功能,必然是要从研究监督要素及其结构方式入手,因而监督机制问题的研究就分解为监督要素及其结构方式和监督功能这几个分问题的研究。

监督要素的不同组合形成不同的监督机制,这些不同的监督机制实际上就是各种监督模型。虽然监督机制多种多样,但监督机制要素之间存在基本逻辑关系,这就是:

监督主体在其职责范围内,对特定监督对象的职务行为和个人行为,采取适当的方式并遵循相关程序,介入监督客体,掌握相关信息,依据相关规范或标准,审查特定内容,纠正偏差,形成监督处理。

任何一种监督机制均具备上述基本逻辑关系。在这个逻辑关系中,监督主体和监督对象及其相互关系是整个监督机制的首要因素,他们构成监督机制最基本组成部分。监督客体是监督的逻辑起点,往往决定监督主体以及其他监督要素,比如某监督客体要由哪个监督主体进行监督,监督客体的基本情况、运行规律、主要过程和阶段、主要制度规范、主要漏洞所在、主要事实线索、主要证据、突破口是什么,等等,这些情况决定了监督的侧重点和解决哪些问题(即监督内容),依据哪些实体和程序规范,采取哪些有效的监督措施,遵循何种监督程序,作出何种监督处理。对监督客体研究掌握得越深刻透彻,监督起来就越有针对性,越有实效。历史上各种监督实践无不证明,监督客体的可控性是监督能够进行的基本条件,因此在制度设计时,一定要考虑到监督客体的可控性、行为的程序性和制约性、信息的透明性、证据的可保存性,尽力避免暗箱操作之类的制度规范。

接着来考察监督内容和规范。监督内容为监督主体提供了监督行为的基本方向,不明确监督内容,监督行为就会陷于盲人摸象。不同的监督内容说明了监督的侧重点不同,方式方法和程序也不同,有些侧重于掌握信息,有些侧重于动态监控,有些侧重于调查证据,有些侧重于追究责任。监督内容也决定了监督规范和依据的选择。监督规范代表了公权运行的基本秩序，是必须要保证实施的强制性硬约束，是国家和社会理性秩序的概括性表现，必须得到有效实施，监督的目的就是将监督规范这种外在硬约束落到实处。监督规范同时也为监督行为本身提供了合法性评价标准，所以说监督内容和规范是监督机制的重要内容。监督规范也要尽可能合理、健全。若拿不合理、不健全的规范来指导国家和社会生活，来指导监督工作，那就强化了这种规范的负面作用，反而对国家和社会是个更大的危害。所以国家和社会生活的各种制度、监督的各种制度，只能越来越完善，使之更趋合理。监督规范也是衡量监督效果的标准。如果监督规范被遵守得很好，被执行得很好，说明监督发挥了实际作用，起到了实效；相反如果监督规范仅仅是停留在纸上，没有被广泛执行和遵守，这也说明监督无实效，监督流于形式。

我们来考察监督方式和程序对于监督机制的意义。监督方式和程序是介入监督客体，保证监督得以实现的关键环节。各国的监督制度设计主要是围绕监督方式和程序进行。比如说对廉政监督、反腐败有效的官员财产申报和公开，形成了官员财产公开制度，把官员及家庭成员的财产收入暴露在阳光下，不仅便于有关部门掌握官员廉洁自律情况，也有助于公众参与廉政监督。"清廉国家"的反腐经验也证明了官员财产申报和公开制度的有效性。在清廉指数排名亚洲第一的新加坡，公务员只要有超出收入的财产无法说明来源，就要被推定为贪污。新加坡之所以敢对公务员进行有罪推定，是因为新加坡建立了完善的公务员财产申报和公开制度，财产申报中只要有不正当财产被怀疑，公务员就有澄清的义务，没有沉默权。同时，新加坡制定的《防止贪污法》，授予贪污调查局包括逮捕权、调查权、搜查权、获取财产情报权、不明财产检查权等广泛的权力，这些监督权成为廉政监督的基础性制度。美国的政府道德法要求联邦政府雇员每年必须申报个人财产信息，越资深的官员，汇报的内容就越详细。如果官员隐瞒财产信息，可能被刑事起诉。联邦雇员就连每笔超过两百美元的收入，也要提供来源。在官员财产报告制度的约束下，官员及家庭成员财产裸露在公众视野下，舆论监督力量被充分调动起来，对官员的监督逐步从内部监督转向外部监督，这是从源头约束官员贪腐行为的举措。

需要指出，监督要素之间并不是随便组合起来就能够发挥监督系统的功能，监督要素之间的组合有一定的要求和规律，违背这些要求和规律，监督功能就得不到承载和体现。研究监督要素之间的组合方式及其承载和实现的功能大小,就是一门学问,这就是监督学要研究的。监督要根据监督对象和客体的具体情况和特点采用最有效的方法,并将这些方式方法上升到制度高度,使之成为监督者必须采用的基本方法,成为具有规范意义的监督机制。监督理论研究既要研究各监督要素之间的结构和功能规律,也要将监督规律上升到监督机制,成为监督制度,使监督规律和监督制度相统一,在制度的强制下,达到对规律的运用、遵守和服从,从而实现监督的目的。监督虽有一定的规律性,但监督规律与自然规律不同。监督是人参与的一项社会活动,是人与人之间的博弈,人有主观能动性,而且随着环境的变化,人的思想观念也会发生变化,由此监督一些要素也处于变化之中,监督主体面对不同的监督对象和客体,面临各种各样的监督任务,要完成监督任务,监督主体需要综合考虑,把各监督要素有效组合起来,使之发挥最大的监督功能。这要求监督者熟悉监督体制机制,熟悉业务,将监督的各种要素熟练运用到监督实践中,以取得预期的监督效果。

(三)监督机制的分类

监督机制是监督要素之间的有机组合,监督要素之间不同的组合模型,就是监督机制的类型。我们可以从不同的角度,按照不同的标准对监督机制进行分类研究。

(1)根据监督主体和监督对象是否同处一个系统,划分为内部监督和外部监督。

内部监督,就是监督主体和监督对象同处一个系统,也叫同体监督,包括系统内部上下级监督、同级监督和系统内部专门监督。外部监督也叫异体监督,就是监督主体和监督对象不处于同一个组织系统,监督者顾虑少,监督意志强,往往可以取得较好的监督效果。内部监督有其自身的优势,就是了解内部情况,对决策、执行、监督的各个环节的信息掌握得比较全面准确,能够有的放矢采取恰当的监督措施,收到监督的成效,监督的效率性比较好实现。但内部监督存在的问题就是监督主体独立性不够,监督者监督意志和意愿难以保证。

监督机制的这一分类具有重大意义,因为这反映了监督的一个普遍规律,即异体监督不护短,效果好。所以,各国建立的监督制度有同体监督制度,但主要是异体监督制度。比如,我国法律规定对行政机关既有内部监督,也有外部监督,内部监督如复议监督,外部监督包括人民代表大会及其常委会对行政机关的工作监督和法律监督、人民法院对行政机关作出的行政行为的司法审查监督，人民检察院对行政机关工作人员职务犯罪审查起诉的监督以及行政公益诉讼监督，人民政协对行政机关的民主监督，以及公民、法人和其他组织对行政机关的外部监督。

（2）从监督主体和监督对象地位角度，监督机制可以分为上级监督、同级监督、下级监督。上级监督下级具有监督权威性的优势，但监督效果往往受到上下级之间地理空间上的分离、时间上的滞后、信息上的不对称等因素影响。下级监督上级由于下级的权威性不够，同时受到上级的种种控制，存在各种顾虑，而使得这种监督效果不显著。同级监督可以解决空间上的分离、信息上的不对称问题，监督效果比较好。

（3）按照监督者介入监督客体开展监督工作的时间和阶段为标准，监督机制可以事前监督机制、事中监督机制、事后监督机制。这三种不同的监督机制，各有侧重和监督特点。事前监督机制主要是掌握监督客体立项等方面的情况，针对监督客体的特点，制订监督计划，安排监督人员，明确监督责任。事中监督机制主要是跟踪了解监督客体的进展情况，动态性收集、掌握相关信息，及时对信息进行评价，以确定要不要纠偏，要不要督促。事后监督机制主要针对监督对象职务行为的真正效果如何进行的查验、回访、验收。

第三节　监督职责

职责，是个常用的法律概念，具有重要法律意义，关系到行为的合法性和责任追究。为了阐明职责的概念，本书把职责、权限、职权三个概念放在一起研究。

一、职责、权限、职权的概念

（一）职责

职责，就是特定地域、层级范围内的事务主管。通俗地说，职责就是管什么人、管什么事、管什么物（即人财物事的主管范围），以及这种主管在空间和层级上的分配，包括事务主管、地域管辖范围和层级管辖范围，即主管及管辖，这就是职责。

职责的首要含义是事务主管。如公安机关管理治安和普通刑事犯罪的侦查（即排除公职人员的职务犯罪，公职人员的职务犯罪由国家监察机关立案调查），特种行业管理从属于治安管理。民政部门管理民政事项，税务部门管理税务征管事项。再如，党纪律检查委员会的事务主管是监督执纪问责，这三个事务是三个不同的社会关系，尤其执纪和问责是不一样的事务，很多人对此没有区分开来。执纪一般是追究责任人的违纪责任，按照因果关系，实行过错责任的归责原则，而问责的对象是具有领导和监督职责的领导人，追究他们履职不力问题，对辖区内发生的问责事由，按照结果追责，实行严格责任的归责原则。执纪的处理与问责的处理不一样，如问责处理存在引咎辞职、责令辞职，纪律处分责任就没有这些内容。所以，执纪与问责在担责对象、归责原则、责任内容、法律依据（《问责条例》与《党纪处分条例》）等方面存在差别。

职责的第二层含义是事务主管在空间和层级上的分配，这就是地域管辖和层级管辖。职责一般情况下实行分级授权，单一制国家更为明显。我国从中央到地方一般情况下分为五级，因而，职责在层级分配上就有五个层次的授权。职责还实行空间授权，以行政区划作为空间授权的依据。越权无效是现代法治的基本原则之一，越权情形之一就是超越层级和地域授权范围，这是判断职务行为是否合法的标准之一。各国法律均确立：超过层级和空间授权履行职责即构成越权。这个是理解职责的法律意义很重要的一个准则。

法律对职责的授权有两种方式：一般授权和专业授权。法律授予人民政府管理所属范围内所有人的一般行政管理事项，负责组织和管理本行政区域的各项行政事务，所以人民政府又叫一般授权行政机关。法律授予某个机关以特定事项的管理权，这叫专业授权，获得专业授权的机关就是职能部门。

我国法律对主管事务的专业授权，往往分环节、分过程，实行分类、分散授权原则，导致我国法律对行政事务的授权过细、分散、重复，这引起了行政机关协调上的难题以及追责的困难。比如食品监管的职责设定，食品的监管实行分类分段授权监管，分类授权如分农产品、水产品、海产品、畜牧等授予监管权;分环节授权,如分初级食品、加工制成品、市场销售食品三个环节进行分别授权。就初级食品来说,初级农产品、初级畜牧产品的监管授予农业农村部门;初级渔业产品的监管授权水产部门和海产部门对淡水鱼和海水鱼分别进行监管。初级农产品和海产品进入加工制成环节,法律授权质量技术监督管理部门进行监管;加工制成品进入市场流通环节,法律授权市场监管部门进行监管;初级农产品和加工制成品进入消费环节,为了监管食品卫生,法律还授权食品药品监督管理部门进行监管。从食品的分类、分段监管职责的设定,可见我国法律设定职责遵循的原则。分类分段授权,虽可以增强职责机关专业化管理的能力,但也带来了职责分散、交叉、重复的问题,加大了协调难度,也使追责和问责难度加大。

职责是判断某公权机关是否具有管辖权的依据。超越职责范围,就是超越管辖权,就是越权行为。所以,职责在法律上是个非常重要的概念,是判定公权行为合法性的标准之一。

(二)权限

所谓权限,有二层含义。一是履行职责的措施、手段。比如公安机关履行治安管理职责需要一定的手段,否则无法履职,税务机关履行税收征管职责,需要一定的手段和措施。法律对管理手段和措施的授权,就是权限。比如公安机关为管理治安,法律授予了行政许可、行政检查、行政处罚、行政强制、行政强制执行等措施。法律对某职能部门授予的管理措施越多,这个部门可采用的管理手段就越多,应对各种情况的能力越大,权力就越大。从这个意义上,公安机关就有很大的管理实权。相反,法律对某职能部门授予的管理措施越少,这个职能部门权力就越小。

二是在"超越权限"的语境下使用。超越权限,既包含超越职责,也包含超越管理措施的授权,行使了法律没有授予的管理措施,比如人口与计划生育法没有授予计生部门人身自由限制权,计生部门在办理计生违法案件时却使用了限制人身自由的措施,这就是超越权限。权限究竟是何种含义,我们需要根据上下文语境予以准确判断。

与超越权限相关的是滥用权限(也表述为滥用职权)。所谓滥用权限,是指主体虽被授予了某种管理措施,但法律设定了行使管理措施的法定事由(实体条件)、裁量幅度,以及必须遵循的法定程序,当主管机关未能按照法律预先设定的事由、裁量范围、程序行使权限,就是滥用权限。比如公权机关必须按照法定事由、程序来限制公民人身自由权,如果公安机关违背法定事由行使刑拘权,将刑拘权用于治安管理,就是滥用权限。再如,监察法授予监察委为履行调查职责以 15 项权限,而且明确规定了每一项调查权限适用的法定事由或条件,以及相应的程序规定,监察委如果不按照法定事由、幅度、程序来行使权限,就是滥用权限,比如对证人使用讯问、对不具备法定条件的嫌疑人使用留置,未办理批准手续超过法定留置期限,就是滥用权限。总之,超过法定事由、超越裁量幅度或不遵守法定程序行使权限,就是滥用权限。

一般而言,法律授予职责和权限要相称。有职无权,有管理职责但无管理措施,职责就无法履行;超越职责所需,额外授予管理措施,必然对社会构成长期伤害。所以,每一项管理措施的法律授予,一定要多方论证,设定权限后要定期评估,力求最合理的配置职责与权限。比如行政许可法立法时,就确立了先市场后社会再政府的行政许可授权原则,就是为了防止多设、滥设行政许可,加重社会负担,降低市场效率。

(三)职权

职权是指国家机关、内设机构、内设岗位的职责与权限的统一。既有法定职责,又有法定管理措施,才能完成法律赋予的任务和使命。

职权具有法定性。国家机关是法律设定的,职责是法律赋予的,权限是法律授予,三者的统一叫法定职权。法律的运行与法定职权关系密切,法律就是通过一系列具有法定职权的机关来实施的,比如人民法院被法律授予民事纠纷管辖权,在当事人诉请的情况下人民法院可以行使立案、审理、判决、执行的职权,人民法院通过履行法定职权,来保障民法典的实施。法定职权是衡量和评价法律行为是否具有合法性的一个重要因素和标准,各级各类执法机关必须对自身的法定职权有透彻、深刻、准确理解,做到不越权、不滥权。

二、监督职责、监督权限、监督职权

(一)监督职责

所谓监督职责,就是法律、法规(含党内法规)授予监督主体监督特定范围内的人和事的法定义务。这个定义包含两个内涵:一是监督主管,一是监督管辖。监督主管即监督哪些人或事,监督管辖是特定范围内的人或事,监督职责的第一层含义是监督主管。典型地表达这一含义的立法就是我国监察法,该法授予监察机关对所有行使公权力的公职人员依法履职、秉公用权、廉洁从政从业、道德情操等情况进行监督检查的权力。这个条款规定了监察机关的主管职责:对象范围是所有行使公权力的公职人员;事务范围是依法履职、秉公用权、廉洁从政从业、道德情操。

不同的监督主体,法律、法规(含党内法规)授予的监督职责不同。比如,我国宪法监督主体,其职责是监督立法(含法规)是否合宪,承担法规合宪性审查的法定职责。行政复议主体,其职责就是审查被申请复议的行政行为合法性、合理性。司法审查主体的职责,就是审查行政行为合法性、合理性。人民检察院的职责,按照《检察院组织法》①第 2 条的规定,"人民检察院是国家法律监督机关",这个条款就是人民检察院职责的法律授权和职责定位。要正确理解人民检察院的法定职责,就必须要准确理解国家法律监督的含义。这个概念的内涵并不明确,比如"立法是不是检察院的监督范围?""规范性文件是不是检察院的监督范围?"从国家法律监督的字面含义看,这似乎属于检察院的职责,但实际上并非是检察院的职责。可见,正确把握特定国家机关的职责并非易事。党内监督主体的职责,也需要准确把握,如党的纪律检查机关的职责是监督、执纪、问责,监督所有党组织和党员,是否遵守党章、党规党法,检查党组织、党员领导干部和普通党员遵守党纪情况,对失职失责的领导干部启动问责程序。

监督职责的第二层含义是监督管辖。我国法律对各监督主体监督什么范围内的人和事进行了详尽规定,形成了监督管辖制度。比如《监察法》的第 3 章"监察范围和管辖",对监察委员会监察职责的对象范围作了详尽的列举,对监察委员会的地域范围、层级管辖作了规定,确立了属地管辖原则的地域管辖以及同级管辖的层级管辖原则,还对特殊情况下管辖权转移作了规定。

(二)监督职责的法律意义

监督职责这个概念具有重要法律意义,这是判定监督合法、不失职、不

---

① 2018 年 10 月第十三届全国人民代表大会常务委员会第六次会议修订。

越权的重要法律标准之一。

一是评价监督主体监督行为是否合法的首要标准。只有在法定监督主管和管辖范围内的监督行为才具有合法性,超越监督主管和管辖的监督行为,就是监督违法的构成要件之一,其效力因其违法而要撤销。职责合法,要求所有监督主体,首先必须搞清楚自己的职责范围,搞清楚哪些人、哪些事是属于自己监督的,否则监督行为就欠缺合法性要件,取得的证据就是非法证据而需要排除,其作出的处理也要被否定。比如人大常委会有一项监督职责是法规备案审查、规范性文件的备案审查,也就是监督抽象行为,如果人大常委会审查特定的具体行为,行使本属于法院的司法权,这就超越职责了。

2003年河南洛阳中级人民法院李慧娟法官在审理一起种子繁育合同纠纷案件时,审查了河南省人大常委会通过的《河南省农作物种子管理条例》相关条款的合法性,并认定该条例相关条款与上位法即《中华人民共和国种子法》(以下简称《种子法》)相冲突而不予适用,而引起河南省人大常委会追责事件,就是监督职责错位的典型案例。

2001年5月22日,洛阳市汝阳县种子公司(下称汝阳公司)委托伊川县种子公司(下称伊川公司)代育杂交玉米种子20万斤,约定收购价以当地玉米市场价的2.2至2.5倍计算。双方同时约定无论种子市场形势好坏,伊川公司生产的合格种子必须无条件全部供给汝阳公司,汝阳公司也必须全部接收。2003年年初,汝阳公司向洛阳市中级人民法院提起诉讼,称伊川公司没有履行双方签订的代育种子的合同,将繁育的种子卖给了别人,给他们造成巨大经济损失,请求法院判令伊川公司赔偿。洛阳市中级人民法院依法对此案进行了审理。在审理过程中,伊川公司同意赔偿,但在赔偿损失的计算方法上却与汝阳公司存在巨大差异。汝阳公司认为,玉米种子的销售价格应依照国家种子法的相关规定,按市场价执行,要求被告赔偿其损失70万余元;伊川公司则认为,应当依据《河南省农作物种子管理条例》及省物价局、省农业主管部门根据该条例制定的《河南省主要农作物种子价格管理办法的通知》(下称《通知》)的相关规定,按政府指导价进行赔偿,只肯赔2万余元。"市场价"和"政府指导价"两者差距甚大,因此依据不同的法律法规算出的损失相差60多万元。因为涉及法律适用的问题,作为审判长的李慧娟法官认为河南省人大常委会通过的《种子法实施条例》与上位法相抵触而不予适用,合议庭将此案的审理意见提交洛阳中院审委会讨论。审委会没有对初审意见提出异议,有关领导委托经济庭副庭长赵广云签发了判决书。5月27日,洛阳中院对此案作出一审判决,基本支持原告汝阳公司的诉讼请求,判令被告伊川公司赔偿原告汝阳公司经济损失近60万元。后双方均不服一审判决,上诉至河南省高级人民法院。这一案件在事实认定方面几乎没有争议,主要的问题出现在法律适用环节。李慧娟法官在判决书中解释说:"《种子法》实施后,玉米种子的价格已由市场调节,《河南省农作物种子管理条例》作为法律位阶较低的地方性法规,其与种子法相冲突的条款自然无效,而河南省物价局、省农业主管部门联合下发的《通知》又是依据该条例制定的一般性规范性文件,其与种子法相冲突的条款亦为无效条款。因此伊川公司关于应按《通知》中规定方法计收可得利益损失的辩解于法无据,本院不予支持。"就是这几句解释,给李慧娟和洛阳中院带来了不小的麻烦。2003年7月15日,洛阳市人大常委会向河南省人大常委会就该案种子经营价格问题发出一份请示。10月13日,河南省人大常委会法制室发文答复表示,经省人大常委会主任会议研究认为,《河南省农作物种子管理条例》第36条关于种子经营价格的规定与种子法没有抵触,应当继续适用。同时,该答复还指出:"洛阳中院在其民事判决书中宣告地方性法规有关内容无效,这种行为的实质是对省人大常委会通过的地方性法规的违法审查,违背了我国的人民代表大会制度,侵犯了权力机关的职权,是严重违法行为。"该答复要求洛阳市人大常委会"依法行使监督权,纠正洛阳中院的违法行为,对直接负责人员和主管领导依法作出处理,通报洛阳市有关单位,并将处理结果报告省人大常委会"。同一天,河南省人大常委会办公厅还向河南省高级法院发出通报,称:"1998年省高级法院已就沁阳市人民法院在审理一起案件中错误地审查地方性法规的问题通报全省各级法院,洛阳中院却明知故犯……请省法院对洛阳中院的严重违法行为作出认真、严肃的处理……并将处理结果报告省人大常委会。"11月7日,根据省、市人大常委会提出的处理要求,洛阳中院党组拟出一份书面决定,撤销赵广云的副庭长职务和李慧娟的审判长职务,免去李慧娟的助理审判员资格。这就是李慧娟法官种子案基本情况。①

李慧娟法官被追责事件引起了法学界广泛、深入的讨论,观点纷呈,但

---

① 谭平:《种子官司引发的法律风波》,种业商务网,网址:https://www.chinaseed114.com/news/13/news_63360.html(最后访问时间:2023年6月12日)。

论者大多忽视了这个案件涉及监督职责问题。我国宪法和 2000 年颁行的《立法法》均规定,对地方性法规合法性有监督职责的是全国人大常委会,全国人大常委会以备案审查的方式对法规的合法性进行监督,人民法院并没有对法规合法性监督的法定职责。洛阳中院在案件审理中发现地方性法规与上位法相冲突造成适用法律困难时,可以提请最高人民法院请求全国人大常委会对法规是否合法进行审查。可见,准确把握监督职责,是监督行为合法的前提。

二是监督职责不可放弃。放弃监督职责就是失职失责,就是监督不作为,严重的监督不作为构成渎职。弱监、虚监、监督不到位,一方面有监督对象不接受、不习惯被监督的原因,另一方面也有监督主体不敢监督、放弃监督职责的因素。如果监督职责可放弃,那一切有关监督的制度规定就没有多大意义。

三是监督职责不可转让。法定职责必须为,法无授权不可为,自然也是适用于监督主体。监督权的严肃性、权威性,决定了监督职责必须由法定权威主体行使,非法定权威主体不可行使权力性监督职责,他们可以有监督权利,但没有监督权力。

四是监督职责可委托、协助履行。监督职责的不可转让性,并不意味着监督职责不可委托行使,也不意味着不能请求协助。监督职责可以委托有资格的组织行使,但需要以监督主体的名义行使,由监督主体承担责任。监督职责不可超越地域范围行使,如果监督行为需要超越地域范围,此时可以提请有管辖权的监督主体协助。监督职责的协助条款,在我国以前的《行政监察法》以及现在的《监察法》中都有明确规定,监督主体视需要适用这个条款。当然,提请协助,需要出具提请协助函。

五是监督职责是案件移送的依据。某监督主体具有管辖权,是指该主体对某监督对象和事项具有层级和空间上的监督授权,是接受案件移送的法理依据。有关主体发现案件线索,如果超越了自身职责范围,就要移送有管辖权的监督机关进行处理。比如,审计机关在进行财务审计时发现被审计单位存在挪用公款现象,有关人员涉嫌职务违法犯罪,审计机关自身并无职务违法犯罪调查职能,只能向监察机关移送案件线索,请求监察机关立案查处。

六是职责清单。监督职责可以进一步细化。职责规定越细致,越有利于履职。《检察院组织法》第 20 条对第 2 条国家法律监督职责规定予以具体化,形成法定职责清单:刑事追诉权、特定范围内刑事侦查权、公益诉讼权、诉讼监督权、执行监督权、监所监督权。具体化的职责清单,既方便检察机关履职,也方便社会监督。国家机关内部各职能部门也要把本部门的职责制成清单并予以公示。国家机关通过把特定主体的法定职责进行系统、细致的梳理,帮助工作人员搞清楚自身职责,做到不失职不越权,实现依法履职。当然,职责清单与权力清单含义不同,权力清单包括为履行职责被法律授予的措施和手段,如许可权、处理权。

(三)监督权限

监督权限有四个含义。第一个含义是监督措施权,比如检查权、查询权、查阅权、列席会议权、谈话权、批评权、巡视巡查权、督察权、罢免权、撤职权。监督措施权授权越充分,监督开展就越顺利,对监督客体的干预、影响也越大。比如《党内监督条例》规定的巡视,就是一个很重要的党内监督措施,是履行党内监督主体责任的利器,党委(党组)有巡视的权限,履行主体监督职责就有了重要手段和保障。法律法规对监督措施授权不足,监督职责就难以履行。

监督权限的第二个含义,需要在超越权限这个语境下来把握,就是行使了法律、法规(含党内法规)没有授权的监督措施,或者虽未超越法律授予的监督措施,但超越了监督措施的裁量幅度,比如监察委履行调查职责,查封了不该查封的财产,扣押了不该扣押的物品,明显超越裁量幅度,构成越权监督。

第三个含义,特定监督权限与其相应的职责要匹配。比如某监察委员会为履行监督职责,而使用了搜查措施,就是超越权限了,因为法律授予搜查措施是为了履行调查职责,搜查措施不能被监察委员会用来履行其监督职责。同样的,监察法也未授予监察委员会使用留置手段来履行其监督职责,如果监察委员会在履行其监督职责过程中使用了留置措施,那更是越权了。

第四个含义,监督权限往往与法定事由和程序相一致。当监督主体未按照法定事由行使监督权限,行使监督权限时未遵循相应的程序要件时,比如未经批准就使用谈话、查询、冻结、搜查、技术调查、留置,就是不合法的调查行为。

(四)监督职权

监督职权是监督职责与监督权限的统一。即监督机关、内设机构、内设岗位被赋予特定监督职责,同时被授予一定的监督权限,这个机关、机构、岗位就具有监督职权。监督职权是某主体成为监督主体行使监督权的法定资格和要件。换言之,某主体要成为适格监督主体,就必须要具备法定的监督职权,即层级上、空间上的监督管辖权以及监督措施权。不具备监督职权,就不能成为监督主体。监督主体将其职权在内设机构与岗位中进行分配,这是监督主体的组织管理权,是监督职权在内部的配置和具体化。一般而言,内设机构与岗位也只能行使机关授予的职权,除非有机关明确的委托或指派。

如果要审查监督行为的合法性,要对监督失责追责,一个很重要的法律标准就是法定的监督职权存在。法定职权代表的是国家意志,行使法定职权行为是国家行为。《监察法》第 67 条:"监察机关及其工作人员行使职权,侵犯公民、法人和其他组织的合法权益造成损害的,依法给予国家赔偿。"也就是说,因监察机关的职权被行使而侵害了监督对象的合法权益,就要进行国家赔偿。如果监察机关行使的不是法定职权,而造成公民、法人和其他组织合法权益损害的,承担的是机关法人的民事侵权损害赔偿责任。

第四节　党内监督主体及职责

党内监督居于我国监督体系的核心,统帅其他类型监督,党内监督体制机制的任何调整和改变,都对其他监督体制产生巨大影响,所以,研究我国的监督,首先要研究党内监督。

2003 年 12 月 31 日颁发的《中国共产党党内监督条例(试行)》,共 5 章 47 条,亮点是规定了党内各监督主体的职责以及十项制度,使党内监督有了可靠的措施和手段来落实。该试行条例分总则、监督职责、监督制度、监督保障、附则 5 章内容,其中监督制度主要是监督措施。也就是说,该试行条例的核心内容,就是监督主体、职责及权限。该条例最大的不足就是缺乏程序性规定。所以试行条例颁行后,中纪委陆续制定各项监督制度的具体实施办法。试行条例第 2 章"监督职责",用了 6 个条款来规定党内监督的各主体:党的委员会、党的委员会委员、党的纪律检查委员会、党的纪律检查委员会委员、党员、党代表六种主体,并且规定了这六种主体在党内监督方面相应的监督职责。所以试行条例的这些规定,在党内监督主体、职责、权限制度安排上,基本实现了有规可循。

2016 年 10 月 27 日,中共中央修订试行条例,发布修订后的《党内监督条例》,该条例共 8 章 47 条,吸收了试行条例实施以来党内监督取得的有益经验,有很多创新,体例上与试行条例有很大不同,即采取不同监督主体与其职责和权限一起规定,而不是试行条例那样分开规定的方式。这样编写的好处是每个主体及其职责和权限清晰,便于党内监督各主体明白自身的职责以及拥有哪些监督权限。本章中,我们主要研究 2016 年的《党内监督条例》,对党内监督主体及职责进行概述。

一、党的中央组织及其监督职责

根据 2016 年《党内监督条例》第 2 章的规定,党的中央组织监督主体及其监督职责有:

1.党的中央委员会、中央政治局、中央政治局常务委员会全面领导党内监督工作。

具体来说,中央委员会全体会议每年听取中央政治局工作报告,监督中央政治局工作,部署加强党内监督的重大任务。中央政治局、中央政治局常务委员会定期研究部署在全党开展学习教育,以整风精神查找问题、纠正偏差;听取和审议全党落实中央八项规定精神情况汇报,加强作风建设情况监督检查;听取中央纪律检查委员会常务委员会工作汇报;听取中央巡视情况汇报,在一届任期内实现中央巡视全覆盖。中央政治局每年召开民主生活会,进行对照检查和党性分析,研究加强自身建设措施。

2.中央委员会成员必须严格遵守党的政治纪律和政治规矩,发现其他成员有违反党章、破坏党的纪律、危害党的团结统一的行为应当坚决抵制,并及时向党中央报告。对中央政治局委员的意见,署真实姓名以书面形式或者其他形式向中央政治局常务委员会或者中央纪律检查委员会常务委员会反映。

3.中央政治局委员应当加强对直接分管部门、地方、领域党组织和领导班子成员的监督,定期同有关地方和部门主要负责人就其履行全面从严治党责任、廉洁自律等情况进行谈话。

4.中央政治局委员应当严格执行中央八项规定,自觉参加双重组织生活,如实向党中央报告个人重要事项。带头树立良好家风,加强对亲属和身边工作人员的教育和约束,严格要求配偶、子女及其配偶不得违规经商办企业,不得违规任职、兼职取酬。

上述规定,主要分为党的中央组织和成员两部分主体及其相应的监督职责。党的中央组织主要有中央委员会、中央政治局、中央政治局常委会。《党内监督条例》分别规定了三个中央组织及其相应的监督职责以及可以采取的监督措施。党的中央委员会监督政治局,部署党内监督重大问题,中央政治局及其常委会负责党内监督重大部署的落实情况。党的中央组织的成员,包括中央委员会成员与政治局成员,各自负有相应的监督职责和权限。

二、党委(党组)及其监督职责

这里的党委是指除中央委员会以外的党的地方各级委员会和基层委员会。党组是指党在中央和地方国家机关、人民团体、经济组织、文化组织、社会组织和其他组织中设立的领导机构,在本单位发挥领导核心作用。

党委(党组)在党内监督中承担主体职责,也就是党内监督主要、首要是由党委(党组)来承担。《党内监督条例》第15条规定:"党委(党组)在党内监督中负主体责任,书记是第一责任人,党委常委会委员(党组成员)和党委委员在职责范围内履行监督职责。党委(党组)履行以下监督职责:(一)领导本地区本部门本单位党内监督工作,组织实施各项监督制度,抓好督促检查;(二)加强对同级纪委和所辖范围内纪律检查工作的领导,检查其监督执纪问责工作情况;(三)对党委常委会委员(党组成员)、党委委员,同级纪委、党的工作部门和直接领导的党组织领导班子及其成员进行监督;(四)对上级党委、纪委工作提出意见和建议,开展监督。"

这条确立的党委(党组)承担党内监督的主体责任,是领导所属范围内的党内监督工作,监督党组织领导班子及其成员,推动、落实党内监督各项制度和工作部署。也就是说,党委(党组)是党内监督的主轴,主要推动者、实施者,是党的政治领导的重要方面。具体来说,党委(党组)具有以下监督职责:(1)领导党内监督工作,明确同级纪委和党委工作部门、直属机构、派出机关以及相当于这一级别的党委（党组）在党内监督方面的任务和要求；(2)制定贯彻上级党组织和同级党员代表大会关于加强党内监督工作决议、决定的措施，研究解决党内监督工作中的重要问题；(3)对党委常委、委员，同级纪委和党委工作部门、直属机构、派出机关以及相当于这一级别的党组（党委）的领导班子及其成员进行监督；(4)对下一级党组织及其领导班子，特别是主要负责人进行监督；(5)党的地方各级委员会和基层委员会监督上级党委、纪委的工作，提出意见和建议。

从上述分析来看，党委对规定范围内的党内监督职责是全方位的。首先是起全面的领导作用。所谓领导党内监督是指党的各级委员会在本地区、本部门、本单位的党内监督工作中处于领导核心地位，对所辖党组织内的各项监督工作，包括制定有关方针政策、提出任务要求、作出重要部署、处理重要问题、督促检查落实等职责，同时明确党委工作部门、直属机构、派出机关以及相当于这一级别的党委（党组）在党内监督方面的任务和要求。此外，各级党委还承担对下一级党组织及其领导班子，特别是主要负责人进行全面监督的重任。这是党委领导领导党内监督的职责。

《党内监督条例》赋予党委全方位党内监督的领导职能，确立党委（党组）在党内监督中的主体责任，在党内监督中处于领导地位，居于党内监督工作的核心，统揽党内监督工作的全局，负责研究解决党内监督中的重大问题。党委（党组）的主体职责主要是政策指导，制定规则，安排、部署监督任务，统筹协调党内监督中的重点问题，这些事项是党内监督的宏观问题。

其次，各级党委有一定范围内监督规则的制定职能。党委权力的执行性，并不意味着党委没有决策权。党委的执行权性质是相对于党代会来说的。由于党代会的决策主要是原则性、方向性、政策性等宏观决策，党委在执行党代会决议决定时，还是需要大量的决策，来落实党代会的宏观部署。从这个意义上说，各级党委也掌握一定的决策权。《党内监督条例》规定了各级党委制定贯彻上级党组织和同级党代会关于加强党内监督工作决议决定的措施，研究解决党内监督工作中重要问题。可见，党的各级委员会为贯彻上级党组织和同级党代会关于党内监督的决议，有制定事关监督方面规则的权力，即党内监督规范性文件。这是各级党委在党内监督中的抽象行为职能。

再次，各级党委在党内监督中有实施具体监督行为的职能。党的各级委员会直接从事具体的监督工作，负责对党委常委会及其委员、同级纪委和党委工作部门、直属机构以及相当于这一级别的党委（党组）的领导班子及其成员进行监督，既监督他们的工作，也监督他们的思想、廉政、作风和纪律。这也是党委（党组）具体监督职能。

最后，下级党委也承担监督上级党委的职能。按照《党内监督条例》的规定，下级党委可以监督上级党委和纪委的工作，提出意见和建议。下级党委虽有权对上级党委和纪委进行监督，但这种监督主要限于提出意见和建议的方式。下级党委甚至党的下级组织认为上级党委（或上级党组织）的决定有问题时，可以提出不同意见，如果上级党组织坚持原决定，下级党组织必须服从。

党委（党组）性质上属于执行性组织，为什么要承担主体监督职责呢？理论根据是什么？这些问题需要从理论上进一步来认识党委（党组）作为党内监督主体的性质。

党内实行下级服从上级、全党服从中央的垂直型组织体系，上级党委对下一级党组织及其班子成员的监督，实际上是管理学中组织系统内生的管理和控制手段，这种监督从性质上说是基于上下级领导关系、管理关系而与生俱来的一种监控关系，其实质是管理中的一种控制方式。因而党的委员会内部上下级监督是组织内、垂直型监督、监控，是组织管理的必要手段。这种监督关系的确立，对于维护党的集中统一，落实党的部署，推动党的工作有很大的保障作用。

这种基于管理关系而来的监督，不仅存在于党委系统，而且广泛存在于人类社会的组织系统内部的管理关系中。实际上，任何组织均存在此种监督，以此保证组织的统一、协调和效率。至于监督手段，主要是组织处理。这也是垂直型组织内监督的权威所在。管理学原理一般将管理分为计划、组织、领导和控制四项职能，其中控制职能就包含监督和控制含义，目的是了解组织成员以及组织行为进展等情况，对不符合组织规则的成员、不符合组织计划的行为进行纠偏，对严重违反组织纪律的行为进行处理，以实现组织目的。所以基于组织管理而来的监督其实是管理的一种职能，这种监督职能具有管理性质，与独立的、外在的、专门的监督性质不同。所以，理论上说，各级党委上下级的监督实际上是党委系统组织管理的一项内容。

以党委为主体监督体制的好处是监督具有足够的权威性。上级监督下级，有足够的权威，能够进行组织调整和处理，来保证监督的有效性。但上下级党委存在不利因素，会出现监督滞后的问题。上级党委同时面对众多下级党委,监督难免存在人力、物力、精力不够带来的监督疏漏。上级监督下级也存在其他因素干扰的问题,如上级为了在民主测评中不致太差,也不敢过于得罪下级,在监督上有所畏缩。

《党内监督条例》将党内监督主要界定为基于组织、领导、管理的监督,虽然反映了党对权威、集中、统一和高效领导的追求,便于党中央决策的贯彻执行,便于全党协调统一,但党内监督单靠党委执行性监督是不够的,还需要进行一定的异体监督,来强化监督实效。

综上分析,党的各级委员会的监督职责具有以下特征:第一,基于领导体制而进行的监督,具有组织内控制的职能。党委既是领导机关,也是监督机关,同时是党内监督的领导核心,这是垂直型、集中型组织的必然要求。第二,党委的监督主要是党委系统内部的组织性监督,以组织调整和处理为主要手段。第三,党委既是监督规则的制定者,也是监督规则的执行者,同时还是监督纠纷的裁决者。第四,党委监督主要是上下级监督,具有内部监督、同体监督的属性。党委职能的泛化,虽有助于党的中心工作,但不利于强化党内监督,党内监督还要依靠具有一定异体监督属性的其他方式。

三、党委(党组)成员及其监督职责

党委(党组)成员的监督也叫内部监督,是指对党委的工作和党委其他成员进行监督。内部监督的有利条件,这就是知情,如果真正发挥内部监督的功能,内部监督确实是一条不错的渠道。虽然内部监督具备知情的优势,但内部监督发挥作用有条件,并非经常起作用,所以腐败案件有时以窝案的方式发生,也就是内部监督往往并未发挥功能。另外党委(党组)毕竟是个组织,组织的功能需要通过个人来实现,所以《党内监督条例》把党委(党组)成员作为监督主体,有其科学性,有助于个人分工范围内职责的履行。按照《党内监督条例》第15条的规定,各级党委(党组)成员内部监督职能有两个方面:

(1)对党组织的监督。党委(党组)成员对所在委员会、同级纪委和党委工作部门、直属机构、派出机关以及相当于这一级别的党委(党组)的工作进行监督。党委委员对所在委员会的工作存在的问题有发言权,《党内监督条例》赋予其对委员会进行监督的职责,有利于促进党委的工作,减少党委决策失误。同时党委委员一般情况下是其所在国家机关、社会团体、企事业单位党组织的代表,基于领导和管理关系,也被赋予了对其代表的党组织进行监督的职能,以保证其承担的职责得以履行。

(2)对领导个人的监督。党委(党组)成员对所在委员会委员、同级纪委常委及其委员和党委工作部门、直属机构、派出机关以及相当于这一级别的党委(党组)的负责人进行监督。除了对委员会成员内部监督外,党委委员有责任对同级纪委常委、委员进行监督,同时基于上下级关系,党委委员也有权对党委工作部门、直属机构和派出机关的负责人进行监督。当然党委(党组)成员的监督也是内部监督、同体监督,具有一定的局限性。党委委员要监督党委常委,属于下级监督上级,需要党委委员具有很高的政治觉悟和监督勇气,而且需要领导人自觉接受监督的胸怀,否则这种监督的效果难以保证。

党委(党组)成员的内部监督具有以下特点:一是工作监督。工作之外的监督,《党内监督条例》没有规定。二是内部监督、同体监督。党委(党组)成员的监督是党委系统内部、同体监督,虽有知情的优势,但具有同体监督的不足。

四、党的各级纪律检查委员会及其监督职责

邓小平在 1980 年 8 月 18 日,中共中央政治局扩大会议上发表重要讲话:"最重要的是要有专门的机构进行铁面无私的监督检查。"这个专门的机构按照《党内监督条例》第 4 章规定,就是党的各级纪律检查委员会,这是党内监督的专责机关、专门机关。《党内监督条例》第 26 条规定:"党的各级纪律检查委员会是党内监督的专责机关,履行监督执纪问责职责,加强对所辖范围内党组织和领导干部遵守党章党规党纪、贯彻执行党的路线方针政策情况的监督检查,承担下列具体任务:(一)加强对同级党委特别是常委会委员、党的工作部门和直接领导的党组织、党的领导干部履行职责、行使权力情况的监督;(二)落实纪律检查工作双重领导体制,执纪审查工作以上级纪委领导为主,线索处置和执纪审查情况在向同级党委报告的同时向上级纪委报告,各级纪委书记、副书记的提名和考察以上级纪委会同组织部门为主;(三)强化上级纪委对下级纪委的领导,纪委发现同级党委主要领导干部的问题,可以直接向上级纪委报告;下级纪委至少每半年向上级纪委报告 1 次工作,每年向上级纪委进行述职。"

这个条款规定了各级纪委是党内监督的专责主体,承担三大监督职责:

一是监督执纪问责。监督主要是指对职责范围各主体执行路线方针政策和党内法规以及履职情况进行监督检查。职责范围内监督对象的履职情况,纪委有权了解、知情、督促、纠正。纪委发现监督对象履职不力,需要督促有关部门认真开展整改活动。"监督检查"作为纪委的专责,是纪委在党内监督上区别于党委的主要标志。也就是说,党委(党组)在党内监督中承担工作部署职责,而纪委承担检查了解情况、督促落实的职责。执纪主要是对职责范围内的监督对象遵守党纪情况进行检查,发现违纪行为,进行调查,并作出处理建议。至于问责,党委(党组)也有问责职责,纪委的问责区别于党委(党组)的问责,表现在纪委建议党委(党组)启动问责程序,实施问责调查,作出问责建议,并作出职责范围内的问责决定(主要是纪委系统内部的问责决定),其他问责决定由党委(党组)作出。

二是落实纪律检查工作双重领导体制。这是对纪委执纪职责的特别规定。相对于纪委的监督职责,执纪涉及对党组织和党员的纪律处理,程序更严,要求更高,政治属性强,故执纪职责受到同级党委和上级纪委的制约,使纪委能够更谨慎进行纪律检查和执纪处理。中央纪委在中央委员会的领导下,地方各级纪委和基层纪委在同级党委和上级纪委领导下,开展条例赋予的监督工作,执行纪律、线索处置、立案调查主要由上级纪委领导。这就是各级纪委的双重领导体制。

三是加强对下级纪委工作的领导。纪委对于党组织和党员违纪案件调查和处理权,体现了纪委办案职能。纪委的调查和处理违纪案件,具有极强的震慑力,是纪委权威的主要来源,对纪委职能的发挥起到了有力的保障作用。由于纪委执纪工作在线索处置、立案、使用强制手段等方面容易受到各种干扰和压力,尤其是来自同级党委一些领导的不当干预,所以,需要强化上级纪委对下级纪委在执纪审查方面的领导权,以阻止同级党委一些领导的不当干预,保证党的纪律得以有效实施。

此外,党员权利保障条例还赋予纪委受理对党组织和党员违反党纪行为的检举和党员的控告、申诉,保障党员权利的职责。这是纪委违纪调查权和处置权的延伸,也是发现案件线索、调查处理违纪行为、保障党纪国法权威性的内在必要。

《党内监督条例》明确了纪委是党内监督的专责机关,享有监督执纪问责职责,监督排序第一,说明监督是纪委首要职责。纪委首要职责是监督,而不是调查、审查、处理违纪案件,就要明确纪委首先是一个党内监督机关,而不是办案机关。当前,社会各界对纪委的职责认识与《党内监督条例》对纪委职责的定位有距离,认为纪委是办案机关,甚至纪委、一些纪委工作人员也认为纪委是办案机关。现实运作的结果,也使纪委沦为办案机关,而非真正的专门、专责监督机关。

要使纪委成为真正的党内监督专责机关,还需要更多的探索,更好的制度设计。当然,影响纪委监督职能有效发挥的因素中,纪委的双重领导体制如何调整以适应监督执纪问责才是关键问题。十八届三中全会通过的《中共中央关于全面深化改革若干重大问题的决定》第36条对"双重领导"体制机制改革提出了新要求,即落实"两个责任""两个为主""两个全覆盖"。线索处置与查办案件以上级纪委领导为主,线索处置与案件查办在向同级党委报告的同时必须向上级纪委报告。掌握案件线索和查办违纪案件是执纪工作的重点内容,也是反腐败威慑力的关键所在。"两个为主"是在"双重领导"体制内从工作机制上创新,以解决现实问题,既坚持了党对反腐败工作的领导,坚持了党管干部的原则,又保证了纪委执纪权的行使,有利于加大反腐败工作力度。十八届三中全会通过的决定虽然主要是从执纪的角度来阐明"双重领导体制"的改革问题,其结论也适用于纪委监督职责的履行,可以促进纪委履行监督职责的主动性,有效发挥监督专责的制度效能。

五、党的工作部门及其监督职责

《党内监督条例》第16条规定:"党的工作部门应当严格执行各项监督制度,加强职责范围内党内监督工作,既加强对本部门本单位的内部监督,又强化对本系统的日常监督。"这条规定就是党内监督的职能监督职责的授予。

党的工作部门主要是指组织部门、宣传部门、政法部门、统战部门、教育工作委员会、农业工作委员会、金融工作委员会等。党的工作部门的监督职责首先是对本部门本单位的各项监督工作,还有对本系统的加强监督。党的工作部门虽没有上下级直接领导关系,但存在业务指导关系。业务指导关系就是确立党的工作部门监督职责的职权依据。上级党的工作部门在业务指导过程中,若发现下级相应部门存在问题,可以提请党委(党组)进行处理,也可以向纪委反映,要求调查处理。由于业务指导关系的存在,党的工作部门之间的监督具有专业性优势,更能发现问题,堵塞漏洞,发挥这种专业优势,对于搞好党内监督很有价值。但如果党的工作部门恪守部门本位主义,不仅难以发现问题,反而会在制度上出问题,使问题积重难返。

在党的职能监督中,组织部门的监督尤其重要。组织部门作为承担党管干部政治原则具体工作部门,在坚持民主集中制、严肃党内政治生活、坚持正确选人用人导向、加强对基层党组织日常监督、指导基层党员强化民主监督等方面负有直接责任,是党内监督的重要政治力量。组织部门的职能监督不仅表现在对干部选拔任用中承担监督职能,而且在日常的干部管理中自然包含监督干部职能,是对党员干部经常性管理和日常监督的重要部门,具有考核、考察、任用公示、谈心谈话、提醒、函询、诫勉等监督权限。

六、党的基层组织和党员及其监督职责

《党内监督条例》第5章规定了党的基层组织和党员的监督主体资格及监督职责。这是党内监督的日常监督。第35条规定:"党的基层组织应当发挥战斗堡垒作用,履行下列监督职责:(一)严格党的组织生活,开展批评和自我批评,监督党员切实履行义务,保障党员权利不受侵犯;(二)了解党员、群众对党的工作和党的领导干部的批评和意见,定期向上级党组织反映情况,提出意见和建议;(三)维护和执行党的纪律,发现党员、干部违反纪律问题及时教育或者处理,问题严重的应当向上级党组织报告。"该条规定,党的基层组织作为党内监督主体,承担监督党员及其纪律行为的职责,切实发挥好基层组织对党员了解和管理的优势,有利于开展批评与自我批评,纯洁党的机体,保持党的纯洁性,发挥基层组织战斗堡垒的作用。

《党内监督条例》第36条规定:"党员应当本着对党和人民事业高度负责的态度,积极行使党员权利,履行下列监督义务:(一)加强对党的领导干部的民主监督,及时向党组织反映群众意见和诉求;(二)在党的会议上有根据地批评党的任何组织和任何党员,揭露和纠正工作中存在的缺点和问题;(三)参加党组织开展的评议领导干部活动,勇于触及矛盾问题、指出缺点错误,对错误言行敢于较真、敢于斗争;(四)向党负责地揭发、检举党的任何组织和任何党员违纪违法的事实,坚决反对一切派别活动和小集团活动,同腐败现象作坚决斗争。"这条规定是党员的民主监督。

党员作为监督主体,承担的是党内民主监督的职责,是权利性监督。党

员的民主监督是党内监督的基石,是保持党内监督动力的源泉,是党始终代表人民根本利益的制度要件之一。党通过党员直接与人民群众联系在一起,党员的监督渠道畅通有效,就能够使党永远与人民在一起,保持与人民的血肉联系。党员是人民的一部分,与人民群众的利益息息相关,知道人民群众的疾苦和要求。他们希望党和国家各方面的事业兴旺,希望人民幸福安康,希望政治清廉。因而他们有强烈的监督愿望和动力,愿意为党的事业作出贡献甚至付出牺牲。目前,党员和群众的举报仍然是党内监督、发现腐败案件的主要线索,说明了党员是党内监督的重要力量,尊重和保障普通党员的监督权利是尊重党员主体地位的内在要求。

党员的监督从性质上说属于党内民主监督。党内民主监督是党内监督的动力源泉,是党具有生命力的根基所在。没有广大党员的拥护和支持,任何政党均不会有持续的生命力和战斗力。《党内监督条例》规定了党员在党内监督中具有下列权利:

(1)及时向党组织反映群众的意见和要求。党要代表人民的根本利益,必须要知道人民的利益和要求。党员就生活在群众中,知道人民的利益和呼声,由党员向党组织反映群众的利益和要求,是党能够代表人民根本利益的必要条件之一。

(2)对党的决议和政策如有不同意见,在坚决执行的前提下,可以在党的会议上或向党组织提出保留。因党员与党的决策有一定的距离,俗话说"旁观者清",党员有可能提出真知灼见。这是党员对党的决议和政策的监督权。

(3)在党的会议上有根据地批评党的任何组织和任何党员,勇于揭露和纠正工作中的缺点和错误。这是党员对党组织和其他党员的工作的监督权。

(4)检举党的任何组织和任何党员违法违纪事实,同消极腐败现象作斗争。党员的检举权是党内民主监督的重要权利。

(5)参加党组织开展的民主评议党员的活动。民主评议党员是党内民主和党内监督的重要环节,是党组织了解党的工作存在何种问题以及如何加以改正的重要渠道,当然也是党员的监督权利。这是普通党员的民主评议权。

《党内监督条例》具体确认了党员的各种监督权利,有利于发挥普通党员监督功能,增强党内监督的民主性,激发普通党员对党内事务参与的积极性,保证党内监督存在源源不绝的动力。

七、理论探讨党代表及党代表大会的监督主体资格

2003 年 12 月通过的《中国共产党党内监督条例(试行)》的第 11 条对党的各级代表大会代表的监督职责做了原则性规定:党的各级代表大会代表在代表大会闭会期间,除履行党员的监督责任和享有党员的监督权利外,按照有关规定对其选举产生的党委、纪委会及其成员进行监督。四川一些地方依据这条规定进行了党代表常任制试点,取得了一些经验和成果,但这些经验和成果并未在全国推广。2016 年 11 月修订时,这条被删除。

笔者认为党代表的监督主体资格及职责有其存在的依据和价值。党代表监督职责的依据就是党章确立的选举制。党员选举产生基层党代表,党代表逐级选举产生上级党代表,党代表参加一级代表大会,党的各级代表大会选举产生各级党委、纪委会,根据授权即产生监督的原理,选举产生监督和罢免要求,党代表的监督是保证党内各机关及其负责人尽职履责的重要条件,这是党代表监督的价值所在。

党代表具有双重身份,一是作为普通党员,二是作为党代表。作为普通党员其享有党员的监督权利,作为党代表,又承担更多的监督责任,即在代表大会闭会期间,对其选举产生的党委、纪委会及其成员进行监督。党代表的监督主体资格理论上是存在的,授权与控权、选举和罢免是一体两面,党员代表大会选举产生党委会和纪委会,授予党委会以执行权、监督权和一定范围内的决策权,授予纪委会以监督权,自然产生了对其所授予权力运行情况进行监督的权力和职责,只是考虑制度的可执行性,未能规定党代表的监督主体资格。

《中国共产党党内监督条例(试行)》与《党内监督条例》均没有对党员代表大会的监督主体资格作出规定。这一现象理论上确实值得探讨,因为党员代表大会在党内是最高权力机关,具有最高和最终党内权力,这个权力包含决定权和监督权。党代会的监督权类似于全国人大对国务院、监察委员会、最高法院、最高人民检察院的监督权。但是由于现实政治生活中,党代会并非年会制,而是五年一次,每次会期很短,会议期间需要作出多项重大决策,确实没有办法实际履行监督职责,与其作出不切实际的规定,不如不规定。

八、现行党内监督主体制度评价

2003 年制定的《中国共产党党内监督条例(试行)》以及 2016 年修订的《党内监督条例》,都确立同体监督为主、异体监督①为补充的党内监督体制。这种体制设计有组织管理学原理作为根据。一方面是基于党委(党组)的执行权性质而来的监督,即通过监督来抓贯彻落实,另一方面,上级党委对下级党组织的监督是实施领导权一项重要内容。另外,党委(党组)的监督权还来自上下级组织之间的授权,比如党委工作部门如组织、宣传、统战部门的权力即来源于党委的授权,党委自然就具有对其所授权力运行情况的监督权。同体监督的好处还在于上级党委对下级党组织及其成员有足够的监督权威性和有效的处理手段,其中组织处理权是重要手段。

纪委作为党员代表大会选举产生的党内两大组织之一,在组织、性质、职能等方面不同于党的委员会,因而纪委的监督有一定的异体监督属性,在"双重领导体制"中如果上级纪委的分量更重些,异体监督的属性就更强些。纪委作为党内监督专责主体,在组织体系上与党委(党组)分属两个体系,虽然党委(党组)有体制和制度上的便利条件能对纪委的组织体系施加影响。纪委作为组织体系上外在于党委的一个监督主体,具有一定的相对独立性,具有很多不同于同体监督的特征,如监督的利益无涉性、监督者意志不受干预,使得异体监督效果往往好于同体监督。

在上述六种监督主体中,组织主体的监督权力更大些,个人主体的监督权小些,上级监督权更大些,下级监督权小些,其中上级党委(党组)对下级党组织监督权的授权很实,是党内监督最主要的主体。《党内监督条例》设置专门监督主体(即各级纪律检查委员会),授予相应的监督权,但同级纪委横向监督同级党委并无授权。在纪委监督与执纪两项职责的授权方面,纪委监督权和办案权授权不平衡,办案权较为充实,致使纪委更像是一个查办违纪违法案件的党内专门机关。所以,现行《党内监督条例》在监督主体制度设计上的主要特色,是以上级党委(党组)对下级党组织及其领导班子的监督为主,形成了党内上下级同体监督为主,纪委异体监督为补充的党内监督体制。

---

① 相对于党委(党组)的监督,纪委的监督有一定的异体监督属性。

第五节　国家机关监督主体及职责

国家机关监督主体是指代表国家对公权机关和公职人员进行监督的主体。这类监督主体是依据宪法、各种组织法、《监察法》设立的,其监督权来源法定,其监督行为产生法律效力,是法定监督主体。

一、国家机关监督主体概述

自国家产生以来,就出现了国家职能的分化,就出现了监督职能。国家设立专门行使监督职能的国家机关,这就是国家机关监督主体。

我国历史上,秦朝开始在国家机关中设置御史,主管监察。秦在中央设三公:丞相、太尉、御史,御史代表国家掌握监督权,是正式的国家机关监督主体。秦朝以后的各朝代沿用秦朝设立的御史监察体制。民国时期,国民政府实行"五权宪法",在国家层面上设立"监察院",专门行使国家的监督职能。新中国成立后,人民代表大会及其常委会有监督职权,国务院机构序列中设立监察机构,代表国家对行政机关及其工作人员行使监督权。1989年制定《中华人民共和国行政讼法》,司法机关获得司法审查权,有权对行政行为进行监督,人民检察院是法律监督机关,对公职人员职务犯罪行使侦查权、起诉权,2018年3月修改了宪法,设立国家监察委员会,代表国家对所有行使公权力的公职人员进行监督。

国外的三权分立体制,是由国会掌管监督,监督政府、弹劾法官,国会不仅有监督权,还有调查权、弹劾权。北欧国家的国会还设立行政监察专员,代表国会行使对行政机关及其公务员的监督权、调查权、处理建议权。

二、权力机关及其监督职责

在我国,权力机关就是各级人民代表大会及其常务委员会。我国宪法赋予各级权力机关以监督权,对人民政府、监察委员会、人民法院、人民检察院进行法律监督、工作监督与人事监督,并授予其相应的监督权限,通过法定的方式和程序对由它产生并向它负责的国家机关及其组成人员的工作实施监督,目的是保证国家权力符合人民的根本利益。人民代表大会的监督从根本上说,是人民当家作主、参与国家事务管理权利的表现,是人民民主必不可少的组成部分。

依据宪法、全国人民代表大会组织法、人大常委会监督法的相关规定,权力机关的监督职责主要有工作监督、法律监督、人事监督三项。

1.工作监督

权力机关对人民政府、人民法院与人民检察院的工作监督主要有听取、审议、通过人民政府的专项报告和年度工作报告、人民法院与人民检察院的年度报告。

人民政府的专项工作报告主要有国民经济和社会发展计划、财政预算的编制和执行情况报告。国民经济和社会发展计划涉及国家和社会生活的各个方面,包括国民经济社会发展速度及主要行业的发展速度,年度计划的综合平衡及年度计划同中、长期计划的衔接和平衡,国有资产的投资规模、投资结构及增值,农业、教育、科技、能源、交通、原材料等部门和行业的投资规模,全社会零售物价指数。财政预算报告包括财政预算编制与执行情况的报告,内容主要有预算总规模,基本建设支出,举债规模、行政管理费支出,国防外交费支出,公用事业与民生支出等。此外,财政预算调整专项报告,也需要人大常委会审议通过。

年度报告是指"一府两院"向人民代表大会所作的年度工作报告,这个报告需要人民代表大会审议、通过。听取、审议并通过"一府两院"的年度工作报告是人大工作监督的主要内容,成为每年两会的重头戏。

人大对监察委员会的工作监督与人大对"一府两院"的工作监督有所不同。根据《监察法》,人大常委会有听取并审议监察委员会的专项报告的监督权,并未规定人大听取、审议监察委员会的年度报告,更没有规定人大需要投票通过监察委员会的年度报告和专项报告,这是我们学习、执行宪法与监察法需要明确的一个内容。因为,监察法是公法,公法的解释遵循社会主义法治精神,按照"法无授权即禁止"的解释原则,以法律的明确规定作为解释依据,以字面解释为主,《监察法》第53条第2款明确的是"各级人民代表大会常务委员会听取和审议本级监察委员会的专项工作报告,组织执法检查",这个条款归的监督主体是人大常委会,监督客体是专项工作报告,并非是年度工作报告,监督权限是听取和审议,并没有要求通过专项工作报告。

组织对特定问题的调查。特定问题调查,是国家权力机关为了促使其产生的国家机关正确行使职权,就某一专门问题所进行的一种调查活动,是国家权力机关行使监督权的一种非常措施。我国《宪法》对人大常委会组织对特定问题的调查作了原则性规定,《人大常委会监督法》设专章对各级人大常委会组织特定问题调查委员会的范围、调查委员会的组成和权限、调查报告的提出和审议等,作了全面的、系统的规定,有助于规范这项权力的行使,加强人大常委会监督工作。

2.法律监督

法律监督是宪法和法律授予各级人大及其常委会监督宪法和法律实施的职责。法律监督有两种方式:一是执法检查,二是合宪合法性审查。

执法检查。是各级人大常委会依据《人大常委会监督法》对法律法规实施情况的检查监督,是人大常委会富有成效的一种监督形式,是全国人大常委会行使监督职权的一项经常性工作,目的是使宪法和法律切实得到贯彻实施,更好地做到"有法必依、执法必严、违法必究"。人大常委会根据人民群众反应强烈的热点问题,如食品安全、大气污染、安全生产等,组织执法检查,以此督促政府搞好重点领域的执法工作,督促"两院"做好法律实施工作。1993 年八届全国人大常委会制定了《全国人民代表大会常务委员会关于加强对法律实施情况检查监督的若干规定》,首次以法律形式确认了执法检查这种监督形式。2006 年出台的《人大常委会监督法》专章规定执法检查。党的十八届三中、四中全会对做好法律实施的监督工作提出明确要求,全国人大常委会加大了执法检查工作力度。近年来,执法检查项目陆续增加,同时,探索并完善执法检查工作机制,形成了包括执法检查选题、组织、报告、审议、整改、反馈 6 个环节的监督程序。

合宪合法性审查。全国人大内设宪法和法律委员会,具体实施人大立法的合宪性审查职责,全国人大有权改变或撤销全国人大常委会通过的法律,这是全国人大合宪性审查职责的主要内容。全国人大常委会有权以备案审查的方式监督地方人大及其常委会通过的法规、国务院通过的行政法规是否合法,这是全国人大常委会对法规合法性监督权。各级人大常委会有权审查同级政府、监察委、法院、检察院发布的抽象性文件是否合法,这就是人大常委会规范性文件的备案审查职责。备案审查是保证行政机关、监察机关、司法机关制定的各种文件具备合法性的主要机制,是人大常委会法律监督的重要职能。

3.人事监督

按照宪法规定,行政机关、监察机关、司法机关的主要负责人由人大选举产生,或由人大常委会任命,人大有权对其选举的公职人员进行罢免,人大常委会有权对其任命的官员进行撤职,这是人大及其常委会的人事监督职责。人大及其常委会的人事监督权是保证国家机关受人民监督、对人民负责的重要机制。

人大及其常委会的人事监督权与监察机关的监察处置权的关系需要引起重视。监察机关有对包括国家机关组成人员在内的公职人员进行调查和处置的法定职权,监察机关对人大选举或常委会任命官员作出开除公职政纪处分的,相关调查材料要移送人大及其常委会,人大及其常委会依据监察机关的调查材料,对被开除公职的国家机关组成人员予以罢免或撤职,人大及其常委会的人事监督权与监察机关的监察处置权实现协调贯通。

三、监察机关及其监督职责

2018 年 3 月我国颁布《监察法》,设立国家监察委员会和地方各级监察委员会,监察机关作为专门从事监督职能的国家机关正式成立。各级监察机关由同级人大产生,对同级人大负责,受同级人大监督。监察机关成立后与同级纪委合署办公。

关于监察机关的职责,《宪法》和《监察法》授予了三项:监督、调查、处置。其中,监督是首要职能。认识这一点对于各级监察机关履行好监督职责非常重要。

《监察法》作为我国反腐败基本法,是指导推进我国惩治、预防腐败的纲领性文件,学习好、运用好这部法是搞好反腐败工作的现实任务。惩治与预防腐败,预防是反腐败治本之策,而预防重在监督到位,不留漏洞。有学者指出:"监督职责只有真正成为反腐第一生产力,中国腐败治理才能真正走出困局。"[①]《监察法》将监督作为监察委首要职责的立法规定,是我们学习、理解《监察法》的重点与难点所在。这里就这一立法规定进行解读,帮助大家理解领会《监察法》的立法精神。

---

① 魏昌东:《监察职能是国家监察委员会的第一职能:理论逻辑与实现路径》,《法学论坛》2019 年第 1 期。

(一)监督是监察委首要职责的立法定位

监察体制改革以前,纪委与行政监察局扮演的主要是打击腐败的角色。监察法制定后,监察委是否依旧将调查、打击腐败作为自身重要甚至首要职责? 要回答这个问题,我们就要回到监察法条款本身。《监察法》第 11 条规定,"监察委员会依照本法和有关法律规定履行监督、调查、处置职责",监察委由这条法律授权,独立、统一、集中行使腐败治理的监督、调查与处置职责。这三项职责有何规定性? 其地位排序如何? 这是需要认真思考的问题。

1.三项职责各有侧重,不能混同

首先从监察委三大职责针对的对象来看。监督的对象是所有行使公权力的公职人员,调查的对象是涉嫌职务违法和犯罪的公职人员,处置的对象是经调查证实存在职务违法犯罪的公职人员,监察委三大职责是各有侧重的。其次,从履行三大职责授予的权限来看。《监察法》第 18 条对监察委履行监督职责授予了"有权向有关单位和个人了解情况,收集、调取证据"的措施权,显然这一授权是不够的。而《监察法》从第 19 条开始到第 30 条,赋予了大量为履行调查职责的措施授权,这些授权明显多于履行监督职责的授权。第 31 条到第 34 条,授予监察委履行处置职责的权限。最后,《监察法》对履行三大职责的程序规定也不同。《监察法》对监察委如何履行监督职责缺乏相应的程序规定,但对履行调查职责有详尽的程序规定,对履行处置职责也有一定的程序规定。实践中,一些人对于监察委三大职责以及相应的履职权限理解不到位,发生以调查措施来履行监督职责的错误,类似于公安机关犯了以刑侦措施来履行治安职责的错误,这其实是混淆了监督与调查两个职责的界限,把两者混杂起来。可见,监察委三大职责各有侧重,互不相同,不能混同。

2.监督是监察委首要职责,监察委不仅是办案机关,更是监督机关

《监察法》对监察委监督、调查、处置三大职责进行了列举和排序。从排序上说,监督排在第一位,说明在立法者眼中监督比调查、处置更重要,是监察委的首要职责。对此,很多人缺乏正确的认识,以为监察法对监督权限和程序规定过于简单甚至阙如,就认为监督职责不重要,这是理解《监察法》最容易发生的错误。立法者对监察委三大职责的列举与排位,反映了立法者对监察委三大职责不同分量的估量和安排。这种制度安排的理由之后将作

进一步阐述。惩治腐败确实是监察委一大任务,长期以来,纪委、行政监察局合署办公、联合办案,他们的任务似乎就是打击腐败,所以,人们习惯认为纪委和监察局就是办案机关。由监察局改制而来的监察委,与纪委继续合署办公,他们联合出击,办理了一个个大案要案,给人们的印象就是监察委是一个办案机关。其实,按照《监察法》对监察委职责定位,监察委不仅是办案机关,更是一个监督机关。只有切实履行好监督职责,监察委才真正正确执行《监察法》,才能真正搞好反腐败工作。

(二)监察法规定监督是监察委首要职责,这是总结我国反腐败经验,贯彻落实标本兼治反腐败策略的必然要求

1.监督是监察委首要职责,是我国反腐败历史经验的总结

为什么立法者要把监督置于监察委三大职责之首?这是总结我国改革开放尤其是党的十八大以来反腐败成功经验、贯彻落实标本兼治、惩防并举、注重预防反腐败策略的必然要求。

改革开放以来,我国在发展经济的同时,强调治理腐败,强调两手都要抓,两手都要硬。围绕如何有效治理腐败,党中央提出教育、制度、监督、惩治四种措施,根据当时的腐败形势布置有效治理腐败的措施,有时强调预防,有时强调惩治,有时强调惩防并举、标本兼治,但预防是腐败治理的治本之策这一结论是清晰明确的。

邓小平在腐败治理上强调惩治和制度建设。邓小平针对当时出现的不正之风和腐败现象告诫全党,党风攸关党的生死存亡,党内不正之风和腐败现象直接损害党同人民群众的密切联系,最终会危害到党的执政地位的巩固。1986年1月,他在中央政治局常委会上提出:"越是高级干部子弟,越是高级干部,越是名人,他们的违法事件越要抓紧查处,因为这些人影响大,犯罪危害大。抓住典型,处理了,效果也大。"[①]1992年,在南方谈话中,他强调:"对干部和共产党员来说,廉政建设要作为大事来抓。还是要靠法制,搞法制靠得住些。"[②]

江泽民强调腐败治理的标本兼治方针。他在1993年8月提出:"惩治腐败,要作为一个系统工程来抓,标本兼治,综合治理,持之以恒。最基本

① 中共中央文献研究室:《邓小平文选》(第3卷),人民出版社1993年版,第152页。
② 中共中央文献研究室:《邓小平文选》(第3卷),人民出版社1993年版,第379页。

的,要靠教育,靠法制。"①就是治理腐败要靠教育和制度。他在党十五大报告中提出的反腐败策略,"坚持标本兼治,教育是基础,法制是保证,监督是关键"。② 2000 年 12 月,他在十五届中央纪委五次全会上说:"治标和治本,是反腐败斗争相辅相成、互相促进的两个方面。治标,严惩各种腐败行为,把腐败分子的猖獗活动抑制下去,才能为反腐败治本创造前提条件。治本,从源头上预防和治理腐败现象,才能巩固和发展反腐败已经取得的成果,从根本上解决腐败问题。""当前,反腐败斗争应该逐步加大治本的工作力度,努力从源头上预防和治理腐败现象。"③江泽民把教育、制度、监督作为预防腐败的治本之策,治本之策中监督是关键。

党的十六大报告延续了标本兼治的策略。报告中强调:"坚决反对和防止腐败,是全党一项重大的政治任务。不坚决惩治腐败,党同人民群众的血肉联系就会受到严重损害,党的执政地位就有丧失的危险,党就有可能走向自我毁灭。"④报告要求,"坚持标本兼治、综合治理的方针,逐步加大治本的力度。加强教育,发展民主,健全法制,强化监督,创新体制,把反腐败寓于各项重要政策措施之中,从源头上预防和解决腐败问题"。⑤ 2004 年 9 月党的十六届四中全会通过的《关于加强党的执政能力建设的决定》提出:"坚持标本兼治、综合治理,惩防并举、注重预防,抓紧建立健全与社会主义市场经济体制相适应的教育、制度、监督并重的惩治和预防腐败体系。"⑥

---

① 中共中央文献研究室:《江泽民论有中国特色社会主义(专题摘编)》,中央文献出版社 2002 年版,第 436 页。

② 江泽民:《高举邓小平理论伟大旗帜,把建设有中国特色社会主义事业全面推向二十一世纪——在中国共产党第十五次全国代表大会上的报告》,《人民日报》1997 年 9 月 22日第 1 版。

③ 中共中央文献研究室:《江泽民论有中国特色社会主义(专题摘编)》,中央文献出版社 2002 年版,第 438 页。

④ 江泽民:《全面建设小康社会　开创中国特色社会主义事业新局面——在中国共产党第十六次全国代表大会上的报告》,人民出版社 2002 年版,第 55 页。

⑤ 江泽民:《全面建设小康社会　开创中国特色社会主义事业新局面——在中国共产党第十六次全国代表大会上的报告》,人民出版社 2002 年版,第 55 页。

⑥ 《中共中央关于加强党的执政能力建设的决定(2004 年 9 月 19 日中国共产党第十六届中央委员会第四次全体会议通过)》,《人民日报》2004 年 9 月 27 日第 1 版。

党的十七大、十八大报告都强调坚持"标本兼治、综合治理、惩防并举、注重预防"的方针,要求推进惩治与预防腐败体系建设,在坚决惩治腐败的同时,更加注重治本,更加注重预防,更加注重制度建设,从源头上预防腐败。

2.监督是监察委首要职责,是新时代腐败治理策略的必要要求

2012年11月,新一届中央领导集体把党风廉政建设和反腐败斗争提到新的高度,决定采取先治标后治本的新的反腐策略,坚持"老虎""苍蝇"一起打方针,厉行反腐,坚决查处领导干部违纪违法案件,在惩治腐败方面取得显著成效,为预防腐败赢得了时间,创造了条件。习近平在强调严厉打击腐败的同时,也突出对权力的监督与制约,要求"把权力关进制度的笼子里"。为巩固惩治腐败的成果,2016年1月,习近平在十八届中央纪委六次全会上发表讲话,强调:"聚焦监督执纪问责,深化标本兼治,创新体制机制,健全法规制度,强化党内监督",[1]部署监察体制改革,"扩大监察范围,整合监察力量,健全国家监察组织架构,形成全面覆盖国家机关及其公务员的国家监察体系"。[2] 就是说,监察体制改革的目标就是实现对公职人员监督监察全覆盖,以此巩固党的十八大以来严厉惩治腐败的成果。党的十八大以来,以习近平同志为核心的党中央坚持反腐败无禁区、全覆盖、零容忍,以雷霆万钧之势,坚定不移"打虎""拍蝇""猎狐",不敢腐的目标初步实现,不能腐的笼子越扎越牢,不想腐的堤坝正在构筑。制定监察法,从体制机制和法律上保证监督监察全覆盖,进而形成严密的预防腐败网络。

监察体制的改革和监察法的制定正是在这一背景下顺利完成。监督是预防腐败,实现"不能腐"的关键环节,监察法把监督作为监察委首要职责,正是贯彻落实我国改革开放以来特别是党的十八大以来反腐败成功经验和策略的必然要求,表明新时代我国推行标本兼治、惩防并举、注重预防的腐败治理策略。

---

① 中共中央文献研究室:《习近平谈治国理政》(第二卷),外文出版社有限责任公司2017年版,第163页。

② 中共中央文献研究室:《习近平谈治国理政》(第二卷),外文出版社有限责任公司2017年版,第169页。

(三)监督作为监察委首要职责,是监督、调查、处置三大职责内在逻辑必然要求

1.监察委三大职责存在逻辑上的先后次序

监察委职责的基本逻辑关系是,监察委先要密织监督网络,致力于监督,使公职人员没有腐败的条件与机会,对少数确因监督不到位而腐败的漏网之鱼才立案调查。因而,监督的对象范围与事项范围应该远远超过调查的对象范围与事项范围。监督是对所有公职人员职务行为的合法性、合理性、公正性、廉洁性以及个人道德情操进行监督,不管公职人员是正常履职还是非正常履职,职务行为是合法还是非法,监督要求不留死角。这就是监察法所说的全覆盖,即对象全覆盖、事项全覆盖。监督重在对监督客体事前知情、事中跟踪和发现问题、及时纠正偏差,尤其是"三重一大"决策监督。调查是对少数因监督不到位而出现的涉嫌职务违法和犯罪行为的公职人员的事后查处,对涉嫌职务违法和犯罪行为收集证据,查明事实。处置是经过调查后,针对查证属实确有违法犯罪违纪行为的公职人员进行的追责以及对负领导责任的人员问责,所以处置是调查职责的逻辑延伸。可见,监督、调查与处置存在明显的逻辑上的先后次序。

2.只有确立监督为首要职责,监察委反腐败目标实现才有可靠基础

监察委作为反腐败专门机关,调查、打击腐败行为不就算完成职守了吗?为什么不把调查作为首要职责呢?这就涉及监察委治理腐败任务如何才能完成的根本性问题。逻辑上说,腐败是因为监督不到位而出现的非法行为,监督越是疏漏,腐败越容易产生,腐败分子就越多,相应的腐败形势就越来越严峻;如果完全忽视监督,可以肯定的是腐败分子和行为将会层出不穷,监察委调查、打击腐败就会越来越难以应付,反腐败形势就会越来越严峻。所以,依靠打击腐败来治理腐败,只能是特定时期采取的有效手段,要收反腐败持久之功,就要改换思路,把反腐败重心从打击前移到监督。如果监督全覆盖、到位,问题早发现、早纠正,漏洞及时堵塞,因监督不到位而产生的腐败行为自然会越来越少。可见,只有强化监督,在监督上下足功夫,在"不能腐"上花力气,打击的只是极少数因监督不到位而出现漏网之鱼的腐败分子,监察委就不会疲于奔命,陷于腐败分子越打越多的窘境,反腐败的效果也会越来越好,反腐败的目标更能够实现。所以,监督是反腐败的基础,是治理腐败中心环节;调查是监督失效后的补救手段,针对的是极少数

漏网之鱼;处置是打击,是对腐败行为追究责任。这一逻辑关系必须明确,才能对监察委三大职责的排序有正确认识。

(四)监督职责的具体解读

依据我国宪法和监察法的规定,监督是监察机关首要职责,具体分解为监督行使公权力的公职人员依法履职、秉公用权、廉洁从政从业、道德情操四个方面。

1.依法履职

这是监察委监督公职人员首要内容,即合法性监督。也就是,所有行使公权力的公职人员职务行为必须符合法律的规定。依法履职是监察法对公职人员的首要要求。要做到依法履职,公职人员就要深刻领会依法履职的内涵与要求,并在实践中切实做到依法履职。依法履职首先要求公职人员搞清楚自身职责所在,即管什么人、什么事,切实搞清楚职责边界在哪儿,否则就会超越职权行使公权力;其次要搞清楚行使公权力的事实根据,收集到足够的证据;再次就是要正确选择、解释、运用法律规范于要处理的具体事务;最后是按照规定的程序来履职。违反这四条,就不是依法履职,就要被监督,严重的会被立案调查。所以,公职人员只有不断提高自身素质,不断加强法律学习,勇于实践,才能提高履职能力。

2.秉公用权

秉公用权是指公职人员行使公权力时立场公正、裁量合理,即公权行使要公平公正。这个"公",应该包含双重意义:一是程序上的中立,不偏袒不歧视任何人,平等对待所有人,提高公权力公信力;二是实体公平,尤其是合理裁量,公权力需要根据情节轻重进行裁量,要公平合理,符合比例原则。这是公权行使正义性的必然要求。

3.廉洁从政从业

廉洁是对公职人员从政从业的基本要求。国家监察法之所以成为反腐败基本法,就是因为该法设定了公职人员廉洁从政从业的法定义务,违反该义务,就会被调查甚至制裁。廉政监督是监察机关的法定职责,调查公职人员的腐败行为,是监察机关调查职责的主要指向。

4.道德情操

《监察法》授权监察机关对公职人员道德情操进行监督,意图通过立法促进公职人员总体道德水准的提升,进而带动整个社会道德水准的提高,这也是以德治国的内在要求,同时也是与党内监督、党纪处分相衔接的规定。《党纪处分条例》规定了党员领导干部违反社会主义道德需要进行纪律处分,在国家层次上也需要规定对公职人员进行道德监督,公职人员违反从政伦理、社会公德、个人道德败坏的,按照相关规定进行处理。

四、司法机关及其监督职责

我国司法机关是指人民法院与人民检察院。人民法院依宪法规定行使审判权,受理行政诉讼案件,监督行政机关依法行政;受理并审判公职人员职务犯罪案件,监督公职人员依法履职、秉公用权、廉洁从政从业;受理国家赔偿案件,监督行政机关、司法机关、监察机关依法履职,不得侵害当事人的合法权益。人民检察院是国家法律监督机关,依宪法、检察院组织法、刑事诉讼法、民事诉讼法、行政诉讼法等法律规定行使法律监督职责,审查起诉公职人员的职务犯罪行为,监督公职人员依法履职、秉公用权、廉洁从政从业,并以行政公益诉讼人身份提起行政诉讼,以此监督行政机关依法行政。

1.司法审查

人民法院受理行政案件,审查行政行为合法性、合理性,并解决行政争议,监督行政机关依法行政,维护当事人合法权益。这是人民法院的司法审查职能。2014年12月,全国人大常委会针对行政诉讼立案难、判决难、执行难问题,修改行政诉讼法,要求人民法院的司法审查从是非评判扩大到定分止争,实质化解行政争议,同时放宽行政诉讼受案范围,把审查行政规范性文件纳入审查范围,降低立案难度,强化执行措施,司法审查职能得以扩张,司法监督行政的功能得以强化。这些修改为我国法律有效实施创造了体制机制基础。

2.检察机关法律监督职责

检察机关是国家法律监督机关,主要监督法律实施(检察职能尚不涉及立法问题,即法律本身的合宪合法性问题)。检察机关以审查起诉、提起公诉的方式监督自然人、法人和其他组织的刑事犯罪行为,这是检察机关的主业。其中,针对公职人员的法律监督,检察机关主要职责是对监察机关移送的公职人员职务犯罪案件进行审查起诉,对确实构成犯罪需要追究刑事责任的,提起公诉,以此遏制公职人员职务犯罪行为,这是检察机关法律监督的重中之重。检察机关监督审判机关的诉讼和执行活动,负责司法工作人员滥用职权、暴力取证、枉法裁判等职务犯罪案件的自侦。此外,检察机关作为公益诉讼尤其是行政公益诉讼的提起人,对于维护法律权威,维护法律秩序,监督行政机关依法履职非常有意义。

五、行政机关及其监督职责

行政机关监督公权力运行,也是我国监督体系重要一环。主要是审计监督、复议监督和信访监督。

1.审计监督

审计是由国家授权专职机构和人员,依照国家法律法规、审计准则和会计理论,运用专门的方法,对被审计单位(含各公权机关、事业单位、国有企业、公共资金使用单位)的财政、财务收支、经营管理活动及其相关资料的真实性、正确性、合规性、合法性、效益性进行审查和监督,评价经济责任,鉴证经济业务,以维护财经法纪、改善经营管理、提高经济效益的一项独立性的经济监督活动。审计监督的核心是对财政资金、共用资金收支合法性、效益性进行审查、评价、督促、纠正,以保证国家财政资金、共用资金的安全性、效益性。审计监督是国家对公权机关和公职人员必不可少的一项监督职能。

2.复议监督

复议监督是行政机关依据行政复议法以及其他相关法律法规依当事人的申请,对下级行政机关作出的行政行为合法性、合理性进行审查并作出决定的行为。复议监督是行政系统的内部监督,它具有专业性、效率性特点,是行政系统内部监督的机制,其职能若能够有效发挥,既能够监督下级行政机关依法行政,也可以维护当事人的合法权益,一定程度上还可以解决行政争议。但复议监督因其内部性,有自我监督、同体监督的属性,故其公正性难以得到保障。行政复议制度改革,重点在提高复议机关的独立性、公正性,这样既能够发挥专业性优势,又能够保证公正,促进行政机关依法行政。

3.信访监督

信访是公民依据宪法规定的批评、建议、申诉、控告权而来的一项宪法权利,是公民参与国家管理、参与公共事务、维护自身合法权益的一项权利。信访主要针对公权机关及其公职人员,其中主要是针对行政机关及其公职人员,因为行政机关代表国家直接管理社会,社会管理问题需要行政机关出面解决。通过信访,行政机关能够了解问题所在,可以采取针对性措施解决行政管理中存在的问题,解决社会矛盾,维护社会安全稳定,同时促进国家法律的有效实施。

第六节　人民政协、新闻舆论和群众监督主体及权利

除了国家机关监督主体外,在我国还有众多其他监督主体,如人民政协的民主监督、新闻舆论监督和群众监督。这些监督主体点多面广量多,直接承受国家与社会治理的后果,切实感知问题所在,掌握大量监督线索,有效发挥这些监督主体的监督积极性,对于权力监督主体搞好监督意义重大。

一、人民政协及其民主监督权利

中国人民政治协商会议是中国人民爱国统一战线的组织,是党领导的多党合作和政治协商的重要机构。它具有:一是组织上的广泛代表性和政治上的巨大包容性。二是党派合作性。人民政协以党派、团体、界别为基础组成,各民主党派、在政协发表意见,提出提案,开展参政议政。人民政协在党的领导下履行各项职能,积极促进中国各党派间的团结合作。三是民主协商性。人民政协是我国发扬社会主义协商民主的重要渠道和形式,组织参加政协的各党派、团体和各界人士协商国家大事,对国家机关及其工作人员的工作提出意见和批评,开展民主监督,这是中国特色社会主义全过程人民民主政治的重要组成部分。

依据《中国人民政治协商会议章程》,人民政协主要职能是政治协商、参政议政和民主监督。政协的民主监督,是对国家宪法、法律和法规的实施,重大方针政策、重大决策部署的贯彻执行,国家机关及其工作人员的工作,通过建议和批评进行监督。民主监督的主要形式有:政协的全体会议、常委会会议或主席会议向党委、政府提出提案,各专门委员会提出建议或有关报告,委员视察,委员提案,委员举报或以其他形式提出批评和建议,参加中共党委、政府及有关部门组织的调查和检查活动。政协的建议、委员的提案,对于党委、政府改进工作,提高决策水平和执行能力,保障重大决策部署的

贯彻执行富有意义。

人民政协汇集各界、各领域专家与精英,他们在科研、生产、经营第一线,掌握实际情况,知道问题所在,对治国理政提出的批评与建议,往往切中要害,对改进决策与执行很有价值。所以,发挥人民政协民主监督职能,对于健全社会主义全过程人民民主、促进治理、搞好社会主义现代化建设,具有重要意义。

二、媒体舆论监督权利

所谓媒体,主要是以报道、传递新闻、消息为目的媒介,包括传统报纸、电视、刊物,互联网为载体的新媒体。媒体监督就是媒体报道、传播现实生活中各种问题以引起社会关注进而引导监管部门行动的一种监督方式,所谓"不怕上告,只怕上报",报纸一报道,丑闻就很难掩盖了。如果媒体报道官员的丑闻,会震撼社会,造成巨大的监督压力。媒体监督,在西方被称为"第四权",被称为社会利益的"看门狗"。所谓舆论,即对某一问题多数人的共同意见,一般是负面评价、不良(利)影响。舆论可以借助于媒体报道和传播形成全社会的关注、聚焦和讨论,进而形成大体一致的观点,这种观点的散播会影响执政党的形象和声誉,从而形成监督压力。舆论可以脱离媒体而存在,当然媒体的聚焦和讨论更容易形成舆论。信息时代,人们借助新媒体更容易发表观点,更容易形成关注、聚焦和放大效应,快速形成舆论压力,进而对国家、政党、社会团体、公职人员的行为以及社会上一切有悖于法律和道德的行为形成一致的谴责,从而促使监督主体采取行动解决问题。媒体监督与舆论监督往往密切联系在一起,统称为媒体舆论监督。

在我国,媒体舆论监督是人民群众行使社会主义民主权利的有效形式,是社会主义全过程人民民主的组成部分,通过新闻媒体的报道、曝光、评论、批评等,引起人民群众的讨论和关注,引发社会舆论压力,促使有关部门采取监督行为。我国中央电视台《焦点访谈》栏目,作为舆论监督的典型,发挥了很好的监督作用,为媒体舆论监督树立了榜样。现在全球进入了全媒体信息时代,信息借助互联网,传播速度、范围、效率大为提高,各种媒体关注、讨论社会热点事件与话题,形成汹涌舆情,促使有关方面采取措施,解决问题,以缓解舆情压力。

为什么舆论监督会产生效果?因为舆论不是个别人的看法,而是一般人普遍赞同、在心理上产生共鸣的一致性意见和社会共识,有关方面若不理会舆论,往往会导致社会凝聚力和政府公信力的降低,严重的会导致社会分裂和动荡。所以舆论往往可以推动社会进步。

媒体监督、舆论监督,是宪法规定的人民批评、意见、建议权利的实现方式之一,是人民群众的一项监督权利。这种权利的范围极其广泛,监督方式与媒体报道、社会关注相联系,是人民维护个人利益、社会公共利益的重要渠道。

三、人民群众的监督权利

群众监督,是指公民个人和集体以及基层自治组织对公权机关及公职人员的监督。我国宪法规定,国家的一切权力属于人民。人民群众是国家的主人,对国家机关特别是对行政机关进行监督,是宪法赋予公民的基本权利之一,是社会主义全过程人民民主的重要体现。

人民群众既是国家的主人,又是国家的建设者,是国家发展成就的共享者,又是国家与社会治理效果的承受者。他们了解社会实际,对社会问题感受真切。人民群众依据宪法规定的批评、建议、申诉、控告等基本权利,向公权力机关和公职人员反映问题,提出批评、建议,对涉及自己的决定提起申诉,对违法乱纪公职人员提出控告,这对于改进党和国家的工作,维护社会公平正义与和谐稳定,具有重大意义。

群众监督是启动权力监督程序的重要方式。权力监督,需要有的放矢,需要发现弊端和问题,需要掌握一定的监督线索,而国家治理中存在弊端与问题,往往与人民群众密切相关,很容易被人民群众感知和掌握。因此人民群众反映的问题,提出的批评与建议,往往就是国家治理中弊端所在,人民群众遭受的不公对待,提出的投诉和举报,往往就是公职人员执法不公甚至腐败所致。

第四章

监督对象与客体

监督对象与客体,指的是监督谁,监督什么事。也就是监督指向的人和事。没有监督对象与客体,监督关系无从建立。对象不同、客体不同,监督主体、内容、依据、方式、程序就存在很大不同。故监督对象与客体,就成为监督理论必须要重视的问题。

第一节 监督对象的概念分析

有人对监督对象与客体未作区分,认为两者是一回事。其实,监督对象与客体是不同的概念。对象就是自然人、法人或其他组织。不同的对象,意味着不同的监督主体、监督渠道、监督方式,因而监督往往因对象不同而呈现不同的方式和特点。我们常说"一把手""关键少数"等的监督,就是因为对象不同而引起的监督一系列要素配置的不同。而监督客体,是指监督指向什么行为。自然人、法人或其他组织有许许多多行为,有些行为有监督的必要,有些却没必要。有监督必要的行为,就是监督客体。监督客体主要是公权力行为,有决策、执行、监督。三大客体中决策是首要客体、重点客体。决策、执行和监督中还可以进一步细分,如决策,可以分为抽象性决策和具体性决策,抽象性决策针对不特定对象,决策作出且生效后可以反复适用,如立法决策、政策性决策;而具体性决策针对特定对象,其决策一次适用,如项目决策。执行行为也有很多种类,如党内执行行为、行政行为、司法裁判和执行。权力监督本身也是其他监督主体的监督客体,权力监督行为主要是各监督主体作出的行为(包含应该行为而没有行为的不作为),监督不作为是要引起我们注意的一种监督行为,这种行为的存在是监督虚化的原因之一。所以监督行为本身也要再监督。

一、监督对象的概念

监督指向的机关、组织和个人,这就是监督对象。监督对象有很多种类,其中公权机关和公职人员是各种监督的主要对象。对于掌握公共权力的组织和个人来说,因其行使或不行使公共权力,会极大影响公共利益和他人利益,故公权机关和公职人员成为必须要监督的对象,不允许存在不受监督的公权组织和个人。党中央提出了"关键少数"的概念,明确领导机关和掌握各级各类权力的领导人是"关键少数",是监督的重点对象,这是非常正确的提法。

不同类型的监督,对象往往不同。比如党内监督的对象主要是党组织和党员,尤其是党的领导机关和领导干部。监察法规定的监察对象是行使公权力的公职人员,不包括公权机关,这个是该法规定的一大特色。权力机关监督的对象是"一府一委两院",以及人大选举、常委会任命的人员。监督对象的多样性,决定了监督问题的复杂性。

最需要人们理解的监督对象,是国家监察法规定的"行使公权力的公职人员",准确理解和把握这个概念,对于理解好、实施好监察法,很有必要。

1.公职人员的概念

2018年3月通过的《监察法》,第1条与第15条对国家监察的对象做了概括式规定与列举式规定。例如第1条:"为了深化国家监察体制改革,加强对所有行使公权力的公职人员的监督,实现国家监察全覆盖",这里规定的国家监察对象是行使公权力的公职人员,这是《监察法》明确规定为对"人"的监督,并没有包括公共机关。这个规定与被废止的《行政监察法》把行政机关作为行政监察对象是明显不同的。《监察法》是公法,公法的解释适用法治原则,不宜随意扩大解释为包含组织对象,这是理解《监察法》很容易忽视的一个问题。《监察法》在监察对象的规定方面,也与《党内监督条例》存在明显的差别。《党内监督条例》规定的监督对象即包含党员、党员领导干部,还包括各级党组织。纪检监察合署办公,在监督对象方面存在制度上不衔接,两者需要进一步贯通,所以在涉及对组织的监督和处理时,主要适用党内法规。在刑事追究方面,监察委主管的104个职务犯罪罪名中,包含单位犯罪,这就出现了党内监督对象、监察对象、职务犯罪调查对象三者规定不一致的情况。这个问题希望立法机关能够认识到,是否需要修改《监察法》,使三者在对象的规定上一致起来?

如何理解国家监察法规定的监督对象"行使公权力的公职人员"?这个概念是个复合概念,由"行使公权力"和"公职人员"两个子概念构成,因而对其准确把握不容易。

要理解这个概念,首先要明白什么是公职人员。这个概念直接涉及监察对象范围大小,是理解、执行监察法的基础性概念。比如,拿财政工资的老师、医生、作家、画家、运动员是否是公职人员?收取鉴定费的司法鉴定机构工作人员是否是公职人员?党代表、人大代表和政协委员是否是公职人员?协管员、辅警等被委托执行公务的人员是否是公职人员?

一般认为公职人员就是公务员,尤其是我国公务员将公务员做了扩大规定,涵盖国家机关、政党组织、基层自治组织和其他公共社团组织管理者。本书认为公职人员与公务员是不同的概念,两者不能混为一谈。按照现行公务员法,公务员的本质规定性是:经过特定的招录程序、纳入编制管理范围、受财政供养和保障、受公务员法调整和规范。显然,公务员的概念涵盖的只是部分公职人员,在我国有大量的公职人员并非公务员,比如一个国家机关内,一部分是公务员,一部分是参公人员,一部分是事业编制的非公务员的公职人员,还有一部分是合同制的非编人员,常见的如公安机关招录的辅警、协警,他们行使的是治安权,但他们不是公务员。至于受委托行使公权力的事业单位工作人员,他们不是公务员,但履行一定的公职。

可见,公职人员的概念有自身的规定性。公职人员的内涵可以从以下几个方面来把握。

一是隶属于公共权力机关或事业组织。公职人员必然在一个管理公共事务的组织中任职,如在国家机关、党群团体、公共事业单位、国有控股公司中任职,为社会提供公共服务的事业单位如司法鉴定、公证的人员。

二是被赋予公共管理或服务职责。公务员从事公共管理职责,医生、老师、国企管理人员为社会提供公共服务,有些依委托履行公共管理职务,如公安机关招录的辅警,有些依合同履行公共服务职责,如受委托行使某些公共服务的人员,如城市管理的城管人员。

三是由财政资金保障的人员。由于公职人员要么在国家机关、党群组织,要么在事业单位,这些人员都是由财政保障的,如公务员、公立医院的医生、公立学校的老师、公证员。国企管理人员的薪酬不是财政直接保障，有些特殊。由于国企财产的公共属性，决定了国企管理人员的薪酬所得间接与财政相关。

四是根据有权力必有监督的原则，有些特殊人员仍然可以确定为公职人员。如：各级党代表大会中的党代表，无论党代表是公务员、工人、农民还是私营企业家，因其担任党代表公职，而成为公职人员；各级人大代表，无论其成为人大代表时是何种身份，因其人大代表的公职，而成为公职人员；各级政协委员，无论是何身份，因其担任政协委员的公职，而成为公职人员。其他如仲裁员、陪审员、人民监督员、司法鉴定人员、产品质量鉴定人员、药品和医疗器械鉴定人员、环境质量检测人员、建筑工程质量监督人员等，因其从事相关职务或职业的公共属性，行使一定的公共权力，且这些公共权力均可能被滥用，均要纳入监督范围，而需要把他们界定为公职人员。

国有企业的经营管理者也算公职人员。国有企业工作人员很复杂，分为三部分：一部分是党政机关任命的党委书记、纪委书记、董事长、总经理，一部分是企业按照劳动法和劳动合同法聘用的，一部分是与外单位签订劳务合同而为国企服务的劳务人员。第一部分人肯定是公职人员，第二部分人的身份是企业职工，第三部分是劳务人员。企业职工承担一定的管理职责，依旧是公职人员。

所以，公职人员是一个范围庞大的群体，包含公务员、受委托从事管理的人员、受财政保障的事业单位中的公职人员、一些非营利单位中从事公共职能的人员、营利性国有企业经营管理人员。但无论何种公职人员，我们可以分为两类：行使公权力的公职人员与没有公权力的公职人员。

2.行使公权力的公职人员

"行使公权力"与公职人员概念复合，其含义的重心在前者还是后者？笔者认为，公职人员体现为"身份"，公权力体现为"职权"，"行使公权力的公职人员"是身份与职权的统一，有两个要素。仅有身份，没有职权要素，不构成监察对象，如公立学校老师、公立医院的医生，他们仅仅有公职身份，但没有职权因素，就不构成监察对象，如果医生或老师被委派参与招标评标或招生，或者被选为人大代表、政协委员、人民陪审员、人民监督员，或者被确定为管理项目负责人，就具有职权要素，就成为监察对象。有经营管理职责国企聘用的职工，无论是否是组织或人事部门管理的人员，依照监察法，都属于法定的监察对象。

国家监察委于 2021 年 9 月 20 日公布施行《监察法实施条例》,条例在监察对象方面,明确了人大代表属于监察对象,但尚未明确党代表、政协委员是否属于监察对象。

二、重点对象

在众多公职人员中,有部分机关和个人掌握决策权,他们主要是中央、地方领导机关和领导干部。党的领导机关,以及党机关的班子成员,尤其是班子的主要负责人,《党内监督条例》把他们规定为重点对象。

2003 年 12 月颁布的《中国共产党党内监督条例(试行)》,第 3 条规定"党内监督的重点对象是党的各级领导机关和领导干部,特别是各级领导班子主要负责人",这里的重点对象包含组织对象与个人对象。2016 年 11 月修订的《党内监督条例》第 6 条规定:"党内监督的重点对象是党的领导机关和领导干部特别是主要领导干部。"《党内监督条例》规定的重点对象依旧不变,有两个:一是领导机关,一是领导干部。在领导干部中的"主要领导干部",是"关键少数",说明党中央对党内监督规律认识清晰、到位。

监察体制改革,纪检监察合署办公,实现监察全覆盖,并不等于监察平均用力,还是要突出重点对象、聚焦"关键少数"。把党员领导干部这个"关键少数"盯住了、抓好了,才能形成头雁效应,切实提高全覆盖的有治理效能;把党委(党组)领导班子成员这些"关键少数"盯住了、抓好了,促使其扛起扛牢管党治党政治责任,才能真正管住绝大多数。"关键少数"权力集中,容易滋生腐败,有对抗监督和审查的能力。对于他们,信任不能替代监督,要实行监督无禁区、无空白,盯紧他们行使权力的全过程和八小时外的思想、行为动态,紧盯他们的亲属,促使他们严格家风家教,促进他们积极、廉洁履职,形成一层管一层,层层都有人负责的监督局面。

三、如何破解"一把手"监督难题?

"一把手"就是地方、部门、单位领导班子的负责人。为什么"一把手"难监督?学者黄百炼在《"一把手"的权力与权力制约监督》一书中分析了"一把手"权力难以制约监督的主观原因、经济环境原因、社会文化原因、政治体制原因,[1]应该说,这些原因的分析是深刻的,但对"一把手"难以监督核心原因的阐述还需要进一步明确。笔者认为,地方、部门和单位"一把手"难以监督的核心原因是权力集中,其掌握地方、部门、单位人财物事等公共事务管理与公共资源配置的决策或决策主导权,可以主导、掌控甚至直接决策,其权力还可以延伸、渗透到执行和监督,同时"一把手"有足够的手段制约下级和同级官员,下级和同级官员出于趋利避害而不敢对"一把手"进行批评、监督。故对地方、部门和单位"一把手"存在弱监、虚监甚至禁监现象。

对"一把手"监督的制度性渠道主要有:上级监督、同级纪检监察监督、同级内部监督、下级监督。在这些制度性监督中,上级监督往往有效,因为上级掌握下级的前途命运,对于垂直型组织,层级监督能真正起作用,这也是党内监督要确立党委(党组)的主体监督责任的原因。上级监督存在信息不对称的缺陷,监督往往显得滞后。同级的纪检监察是外在的异体监督,如果监督到位,能够有效监督"一把手",但纪检监察除了初核和派驻监督外并无其他制度性手段,如果派驻监督不能发挥"驻"的信息优势,不敢监督,同级纪检监察监督效能就难以发挥。内部监督和下级监督效果有限,他们害怕被打击报复,监督意志不强。由此带来地方、部门、单位"一把手"难以被监督的局面,成为我国监督实践的一大特色。

如何破解"一把手"监督难题?黄百炼在《"一把手"权力与权力制约监督》一书中认为,解决"一把手"正确行使权力是一个艰巨复杂的系统工程,要健全"一把手"选拔任用机制,健全民主集中制成为正确发挥"一把手"作用的决策机制,建立预防"一把手"蜕化变质的警示机制,建立对"一把手"不能始终保持"先进性"的淘汰机制,同时建立不断提高"一把手"思想业务素质的学习教育机制。作为破解"一把手"监督难题的系统思考,这确实是很有价值的观点,尤其是提出发挥民主集中制在"一把手"行使权力中功能的观点,是立足现行体制解决"一把手"监督难题的基本主张,无疑非常有价值,充分反映了我国学者对此问题的认识深度。

笔者认为,要破解"一把手"监督难题,确实是个系统工程,需要多管齐下,但关键是从有效实施民主集中制、健全有效的决策监督机制、完善错误决策责任追究制等三个方面来破解"一把手"监督难的问题。

---

[1]　黄百炼:《"一把手"的权力与权力制约监督》,中共中央党校出版社 2006 年版,第87 页。

1.强化民主集中制的权威性和有效性

民主集中制是党章和宪法确立的党和国家根本的组织制度与运行机制,是党和国家权力运作的核心制度,本身具备一定的权力制约与监督的功能,只要民主集中制被严格遵守,理性化决策是有保障的。为了强化民主集中制的权威,保证民主集中制的贯彻实行,《党纪处分条例》及《中华人民共和国公职人员政务处分法》(以下简称《政务处分法》)将实施民主集中制作为组织纪律,明确要求领导干部遵守,但民主集中制在一些地方、部门、单位徒具形式,沦为走过场,难以真正发挥制约权力、监督权力、理性决策功能。笔者认为主要存在三方面问题:一是对民主集中制的正确理解问题;二是议事决策程序健全问题;三是监督检查到位,保障其权威性有效性。

第一,要真正实施好民主集中制,首先要准确理解民主集中制。民主集中制作为党和国家运行机制,其含义表达于党章第 10 条第 5 项:"党的各级委员会实行集体领导和个人分工负责相结合的制度。凡属重大问题都要按照集体领导、民主集中、个别酝酿、会议决定的原则,由党的委员会集体讨论,作出决定;委员会成员要根据集体的决定和分工,切实履行自己的职责。"这项规定包含以下内涵:第一,集体领导与个人分工负责相结合。哪些事项属于个人分工负责范围?哪些事项属于集体领导范围?这是理解民主集中制首先要解决的问题。个人分工负责的是个人职责范围内的事项,集体领导的是重大问题。首先要明确党委(党组)成员的职责边界,这是实施民主集中制的前提和基础。所谓重大问题,主要是决策问题,一般是指"三重一大"事项决策问题,即重大发展战略、重大项目安排、重要人事任免、大额资金使用等四个方面的决策问题。其次,要准确理解民主集中制的运作机理。"集体领导、民主集中、个别酝酿、会议决定",这四个词是民主集中制的运作机理。"集体领导",即重大问题必须由集体讨论决定,不允许个人单独决定。"民主集中",即重大问题必须先履行民主讨论、审议程序,在这个基础上集中多数人意见和共识,作出决定;"集中"的主体是集体,不是个人,集中的方式,主要是投票。"个别酝酿",是指党委(党组)成员在决策议题确定后、形成集体决策前,党委(党组)成员之间采取个别谈心的形式,相互交换意见、交流思想,增加对决策议题的理解,是实施党委集体领导、充分发扬民主、进行科学决策,提高决策水平的重要环节。"会议决定",重大问题只能经由集体会议充分讨论后作出决策,按照党章第 17 条第 2 项的规定:"任何党员不论职务高低,都不能个人决定重大问题;如遇紧急情况,必须由个人作出决定时,事后要迅速向党组织报告。"最后,集体决定作出后,按照委员会成员的分工,在职责范围内执行集体决策。

第二,按照民主集中制要求制定党委(党组)议事决策规则,报上级党委(党组)批准后施行。首先,议事决策规则最重要的是党委(党组)议事决策程序化。党委(党组)立项决策的议题,必须经过调研、优选方案、专家论证、部门审核、征求公众意见等程序。其次,完整的过会材料事先发给党委(党组)成员,要求他们认真阅读、研究,提出发言意见书。再次,切实遵守会议发言规则、投票规则和异议免责制度。作为班子的领导者,党委(党组)书记应只提出决策议题,不作方向性、结论性发言,当好班长,不当家长,听取不同意见,特别要虚心听取与自己不一致甚至是反对的意见,在成员充分发言后,视大家意见分歧情况,分歧小的交付投票表决,分歧大的,继续调查研究。

第三,加强对民主集中制实施情况的监督检查。巡视机构、组织部门和纪检部门经常性地对各地、各部门、各单位民主集中制实施情况进行监督检查,发现问题要严肃处理。各级纪委会对违反党纪处分条例、不严格执行民主集中制甚至破坏民主集中制的行为进行严肃追责,以此真正树立民主集中制的权威性。

2.健全对"一把手"决策监督机制

目前对"一把手"监督的制度性渠道有:上级监督、班子内部监督、纪检监督、下级监督、党员民主监督。班子内部监督需要以民主集中制以及举报制度功能的发挥作为前提,否则内部监督不容易起到应有的作用。纪检委及其派驻机构、派驻专员,如果政治素质、业务素质高,明白自身职责所在,能起到一定的监督作用。下级监督如果举报制度功能有限,那么下级监督也不容易起到监督效果。党员民主监督要以健全的党内监督作为基础。因而,对"一把手"的监督,起主要作用的是上级监督。上级掌握"一把手"的前程和命运,有足够的手段制约"一把手"。上级是个集体,上级对"一把手"的监督职责不能泛化,需要分解到具体领导,明确每一个上级领导要监督的下级"一把手"名单,以此作为对上级领导考核和责任追究的依据之一。这一结论是党内监督主体责任的具体化。那该如何有效发挥上级监督的职能作用?

第一,明确上级监督的重点是"一把手"主导的决策。突出重点是做好工作的法宝。上级需要及时掌握"一把手"决策动态,为此,必须严格执行重大决策请示报告制度。任何违反请示报告制度的行为,均要做纪律和组织处理。"一把手"的权力主要是决策主导权,上级监督的主要任务就是监督好"一把手"主导的决策。在"一把手"按照民主集中制原则和程序正常履行决策的情况下,上级不予干预,毕竟监督不是替代,但当上级发现"一把手"搞"一言堂""形象工程""政绩工程"、违规选拔任用干部、随意支出大额资金、破坏民主集中制时,要履行监督职责,及时制止并纠正"一把手"问题,帮助其主动认识问题、改正错误。

第二,上级监督要发挥法制部门、政研室、组织部门的职能作用,帮助上级做好对"一把手"主导的决策进行科学性、合法性评估和审查。上级毕竟人手有限、时间有限、精力有限、经历也有限,管理的下级"一把手"人数多,对"一把手"的决策问题不一定能够及时、准确发觉,需要有职能部门辅助上级及时发现"一把手"决策存在的问题。职能部门发现"一把手"决策存在问题时,及时提出报告和监督意见,帮助上级履行好监督"一把手"的职责。

第三,健全纪委对"一把手"同级监督机制。党章与《党内监督条例》均授予纪委对同级党委尤其是常委会成员的监督职责,从党内法规的角度,纪委对"一把手"进行同级监督有依据。那纪委如何有效同级监督"一把手"?对于部门和单位"一把手"的监督,纪委的派驻监督有足够的权威,只需要设定必要的监督机制就可以解决对部门和单位"一把手"的监督。笔者走访一些派驻纪检组,他们要求部门和单位党组将上会讨论的议题所有材料提前送给派驻纪检组审查。派驻纪检组如果能够履行好审查职责,对部门和单位"一把手"的监督可以落到实处。问题是对地方党委"一把手"的监督,同级纪委并无有效的实施机制。笔者认为,纪委书记作为地方党委组成成员,有权参加地方党委会议,并有权获得地方党委会议材料,只需明确纪委对地方党委"一把手"主导的重大决策全部材料事前进行审查,提出审查报告,供纪委书记参考,多少可以落实对地方党委"一把手"的监督。

第四,压实监督责任。对地方、部门和单位"一把手"能够发挥实效的监督主要有上级监督、巡视监督、纪检监督、派驻监督。每一个监督均必须切实履行监督职责,该发现的问题没发现,该纠正的错误没纠正,致使出现了"一把手"错误履职,这就出现监督失职。此时除了追究"一把手"本人的责任外,还必须追究监督失职责任,以责任追究来保障职责履行。

3.建立健全和严格执行错误决策责任追究制

强化对"一把手"决策错误追责。公权力没有责任作为约束,被滥用是常事，"一把手"之所以敢独断专行，其中一个原因是追责不到位。如果因为随意决策造成国家和人民财产损失，需要有人对此承担责任，"一把手"慑于追责，就会谨慎得多，规矩得多。可见，决策责任追究制是不可缺少的重要制度安排。

第二节　监督客体的概念分析

很多研究者没有区分监督对象与监督客体，把两者混为一谈，其实监督客体与对象是两个概念，两者具有不同的内涵。

一、监督客体的概念

监督客体是指监督指向的行为，也就是监督哪些事情。一些论者混淆了监督对象与监督客体，认为两者是一样的，显然监督对象是指被监督的组织和个人，这些组织和个人有许许多多的行为，有些纯属个人私事（个人私德除外），不需要监督，而与公务相关的行为即权力行为，则需要监督。这些行为主要是三类：决策、执行、监督，其中决策是主要监督客体。

任何政治与管理行为都可分解为决策、执行与监督三项基本活动，相应地，权力也可区分为决策权、执行权和监督权，其中决策是其他两种权力运行的基础，地位更加重要。[①] 本书使用的决策、执行、监督三分法，并非单纯指行政机关内的决策、执行、监督"三权分立"，而是着眼于权力运行的基本过程和主要环节进行分类。我国不少学者也是从这个角度来认识决策执行监督的内涵，如学者郑曙村指出："按照权力运行过程的职能分工原则来配置的权力结构和体制。即按照现代管理过程所具有的决策、执行、监督等不同环节，把权力划分为决策、执行、监督三种相对独立的职能，并交由不同部门分别行使，从而形成的'三权'既相互制约又相互协调的管理职权配置形式和相互关系。从学理上说，'权力三分'的提出，其直接依据是管理过程或

---

① 陈国权、周盛：《决策腐败及其基于决策过程控制的治理》，《浙江大学学报（人文社会科学版）》2012年第2期。

权力运行过程的职能分工理论,故从这个视角定义'权力三分'论断才是符合原意的,也更科学、准确。"①当然,说是权力划分的阶段,也并非是指监督一定在最后运行。监督既可以与决策、执行相伴运行,也可以事后监督决策与执行。监督是一个事前事中事后连续的过程。学者陈国权也从组织管理的角度来论证决策、执行、监督权力三分观点,"决策、执行与监督是任何管理的三项基本活动,组织行为的专业化分离是社会分工在组织管理领域的反映,有利于管理水平的提高。从科学管理过程看,任何政治组织都需要实行决策活动、执行活动与监督活动的三事分工,决策、执行与监督三事分工是复杂政务活动提高效率、实行科学管理的必然要求"。②

在我国,不仅行政机关内行决策、执行、监督权力三分,就是在执政党、国家机关、国有企事业单位内,也存在决策、执行、监督权力三分,其中决策具有基础性地位。当然,有些机关偏重决策,如人民代表大会,有些机关偏重执行,如行政机关和司法机关。

借用当下对公权行为的一般分类,本书将监督客体分为决策、执行与监督三类客体,其中决策是主要客体,带动其他权力的运行,决策科学也最重要,决策一旦错误,执行越是坚决、监督越是有力,造成的损失就越大,越难以挽回。所以,保证科学决策、民主决策、依法决策,是政治活动的基本目标,需要重点研究。

二、权力行为的可监督性问题

研究监督客体,不能忽略了一个前提,这就是权力行为的可监督性。权力通过行为表现出来,即作为和不作为,所以权力行为的可监督性与权力的可监督性其实是一个问题。权力有没有可能被监督?需要什么条件?历史与现实告诉我们,不是什么权力都可以监督的,可监督的权力必须具备一些基本条件,否则权力不具有可监督性。

(一)权力有限性

无限的权力,无边界的权力,难以被监督。典型的如专制君主的无上权

---

① 郑曙村:《建立决策、执行、监督权力三分体制的构想》,《齐鲁学刊》2010 年第 6 期。
② 陈国权、谷志军:《决策、执行与监督三分的内在逻辑》,《浙江社会科学》2012 年第 4 期。

力,不具有可监督性,其恣意行使权力直到被无法忍受的人民推翻为止。

有限的权力首先必须满足权力因性质不同而有不同的分工。也就是说不同性质的权力不能混同。权力依其性质不同分为制定规则的权力(即决定权、决策权)、执行规则的权力(即执行权)、监督和裁判的权力。现代国家的体制区分了三种权力的性质,并由不同的国家机关掌握。1954年我国制定宪法,根据权力分工的原则,设置了人大、政府、法院和检察机关。国家权力的分工,决定了总体上我国国家权力是可控的。

从世界历史来看,古代封建皇权之所以无法被监督,就在于专制君主同时手握三种权力,自己制定规则、自己执行规则、自己裁决纠纷,必然走向言出法随、朝令夕改、人亡政息的境地。皇权的不可监督性,导致专制君主极易犯决策错误而使社会缺乏稳定发展的基础,使国家运行面临不可预测的风险,因而存在王朝"周期率"。

权力的有限性必须满足权力存在不能超越的边界。没有边界的权力实际上是无限权力。无限权力不能被监督,就必然走向腐败,造成对国家和社会的伤害。英国历史学家、理论政治家阿克顿在他的《自由与权力》中直言不讳地写道:"权力导致腐败,绝对的权力导致绝对的腐败。"[1]孟德斯鸠说:"一切有权力的人都容易滥用权力,这是万古不易的一条经验。有权力的人们使用权力一直到遇有界限的地方才休止。"[2]我国普遍推行的权力清单制度,为各种权力划定清晰的范围与边界,使我国公共权力具备可监督性。

在领导制度和权力结构问题上,我们不能忽视邓小平的总结与告诫。邓小平在1980年《党和国家领导制度的改革》指出:"权力不宜过分集中。权力过分集中,妨碍社会主义民主制度和党的民主集中制的实行,妨碍社会主义建设的发展,妨碍集体智慧的发挥,容易造成个人专断,破坏集体领导,也是在新的条件下产生官僚主义的一个重要原因。"[3]"从党和国家的领导制度、干部制度方面来说,主要的弊端就是官僚主义现象,权力过分集中的现象,家长制现象,干部领导职务终身制现象和形形色色的特权现象。"[4]造成权力过于集中的原因,邓小平认为是:"权力过分集中的现象,就是在加强

---

[1]　[英]阿克顿:《自由与权力:阿克顿勋爵论说文集》,商务印书馆2001年版,第342页。

[2]　[法]孟德斯鸠:《论法的精神》(上册),商务印书馆1995年版,第154页。

[3]　中共中央文献研究室:《邓小平文选》(第二卷),人民出版社1994年版,第281页。

[4]　中共中央文献研究室:《邓小平文选》(第二卷),人民出版社1994年版,第281页。

党的一元化领导的口号下,不适当地、不加分析地把一切权力集中于党委,党委的权力又往往集中于几个书记,特别是集中于第一书记,什么事都要第一书记挂帅、拍板。党的一元化领导,往往因此而变成了个人领导。全国各级都不同程度地存在这个问题。权力过分集中于个人或少数人手里,多数办事的人无权决定,少数有权的人负担过重,必然造成官僚主义,必然要犯各种错误,必然要损害各级党和政府的民主生活、集体领导、民主集中制、个人分工负责制等等。这种现象,同我国历史上封建专制主义的影响有关,也同共产国际时期实行的各国党的工作中领导者个人高度集权的传统有关。"①邓小平认为,"文革出现"与权力过于集中存在直接关系:"斯大林严重破坏社会主义法制,毛泽东同志就说过,这样的事件在英、法、美这样的西方国家不可能发生。他虽然认识到这一点,但是由于没有在实际上解决领导制度问题以及其他一些原因,仍然导致了'文化大革命'的十年浩劫。这个教训是极其深刻的。不是说个人没有责任,而是说领导制度、组织制度问题更带有根本性、全局性、稳定性和长期性。这种制度问题,关系到党和国家是否改变颜色,必须引起全党的高度重视。"②

按照党章,党全面领导国家机关、人民团体、国有企事业单位,以及其他社会组织,掌握中央和地方重大问题的决策权、执行和监督下级党委(党组)的权力,但各级党委与国家机关、社会团体、企事业单位组织分设,职能不同。在依法行使职权上,党与国家机关、社会组织是一致的,各级党委(党组)要按照民主集中制原则议事决策,党委委员之间存在一定的制约关系,党的各级组织受全体党员的监督,这说明党的执政权是可以被监督的。

(二)权力过程的公开性

权力能否被监督,与权力运行过程是否公开存在密切关系。如果信息封闭,暗箱操作,自然无法有效监督。权力公开,不仅是满足普通党员和公民的知情权,更是实施监督所不可少的条件。

正是考虑到权力运行公开对于监督的重要性,党与政府特别重视权力运行公开。2011年8月,中共中央办公厅、国务院办公厅印发《关于深化政务公开加强政务服务的意见》,意见要求"推行行政决策公开,逐步扩大行政

---

① 中共中央文献研究室:《邓小平文选》(第二卷),人民出版社1994年版,第288页。
② 中共中央文献研究室:《邓小平文选》(第二卷),人民出版社1994年版,第298页。

决策公开的领域和范围,推进行政决策过程和结果公开。凡涉及群众切身利益的重要改革方案、重大政策措施、重点工程项目,在决策前要广泛征求群众意见,并以适当方式反馈或者公布意见采纳情况"。中办和国办发布的这个意见要求"推行行政决策公开,坚持依法科学民主决策,建立健全体现以人为本、执政为民要求的决策机制,逐步扩大行政决策公开的领域和范围,推进行政决策过程和结果公开,完善重大行政决策程序规则,把公众参与、专家论证、风险评估、合法性审查和集体讨论作为必经程序加以规范,增强公共政策制定透明度和公众参与度。坚持依法行使权力,积极推进行政权力运行程序化和公开透明,确保行政机关和公务员严格依照法律规定的权限履职尽责。按照职权法定、程序合法的要求,依法梳理审核行政职权,编制行政职权目录,明确行使权力的主体、依据、运行程序和监督措施等,并向社会公布。严格规范行政裁量权行使,细化、量化裁量基准,公开裁量范围、种类和幅度。重点公开行政机关在实施行政许可、行政处罚、行政收费、行政征收等执法活动中履行职责情况,积极探索执法投诉和执法结果公开制度。中办和国办发的这个文件虽重点指向行政决策和行政权运行过程和结果公开,但对党务公开同样起作用。

在这个意见指导下,各地方和各级党委均建立了党务公开制度,确立了公开原则、范围、内容、方式、责任追究等制度。各地各部门的党务公开制度都要求实事求是,面向基层,面向群众,不回避矛盾,不避重就轻,内容真实、全面、具体。

应该说现行的党务公开制度建设是到位的,普通党员和人民群众是满意的,但从决策的可监督性要求来看,对于监督主体来说,党务公开要有所侧重。主要是事关决策形成的关键性信息。首先是要公开决策的背景和缘起。为什么要做这个决策?针对的主要问题是什么?其次是公开调查的情况。问题的核心、实质是什么?主要事实根据是什么?问题的成因是什么?再次要公开备选方案和公开专家论证情况。哪些专家参与了论证,论证的重点是什么,专家意见是什么,其科学根据是什么,政策法律依据何在?还有公开优选方案和依据。再就是公开公众参与情况,公众意见。最后是公开讨论和投票情况。只有对监督者公开决策的主要信息,监督者才能知情,才能采取恰当的监督行为。

（三）权力运行的程序性

权力运行不可能一蹴而就,需要一个过程,使权力运行呈现流程化。权力运行既有实体方面,也有程序方面,法律、法规对权力运行的程序都作了规定。严密的程序也是权力得以被监督的条件。权力运行程序化、流程化,可以使每一道环节均留痕,相关文件、材料作为附件存档,方便开展事中、事后监督。以权力运行最重要的决策为例,在拟决策方案提出后,需要遵循下列必备程序:

(1)公众参与。公众参与公共决策,反映自己的利益和要求,是全过程人民民主的常态。公共决策是对社会价值和利益的权威性分配,为获得社会价值分配中的有利地位,或者利益不致受损,公众均有参与的强烈愿望。决策机关必须遵循公众参与的法定程序,这是公共决策合法性、民主性的内在要求。公众缺乏有效参与的公共决策,就不容易反映公共利益,容易被决策者少数人操纵,以维护决策者私利或其代表的那个阶层的利益,进而背离公共决策的本质和要求。一般的公共决策设置了民意调查、利益集团表达、抗辩性听证等具体程序机制。如果一项拟决策议题受到公众强烈反对和质疑,说明决策不符合人民利益和愿望,该决策议题就要暂缓或取消。拟作出的公共决策首要程序就是听取公众意见,一旦公众反对意见强烈,后续程序就没必要进行。如果公众对拟决策事项赞同得多,共识度高,就可以进入后续程序。

(2)专家论证和评估。现代社会公共问题日益复杂化、专业化,决策信息不断增多,科学技术日新月异,国际交往纷繁复杂,决策呈现出大型化、多面化、综合化、系统化、复杂化的趋势和特征。一项重大决策往往涉及政治、经济、文化、社会生活多个领域,所需的知识、经验、智慧、信息,是任何决策者个人无法全然包含的,决策的复杂性与决策者的主观认识能力越来越不适应。要解决这一问题,就必须发挥专家学者和专业人员的作用。专家咨询制度就是为了弥补决策者主观认识能力的不足,保障决策科学性的程序机制。任何违背程序的简单化决策,都可能出现失误。

(3)部门论证和评估。部门掌握决策的执行,对决策事项有较为深入的理解,知道决策是否具备现实制度许可、智力支持、技术可行、政治可行、经济和财政可行、成本效益情况、资源和环境影响等,由此作出部门的分析论证。重大决策往往需要在多部门间会签。部门会签的目的其实是对决策的可行性、合法性、社会风险等签署部门意见。

（4）集体审议。公共决策事关人民群众的切身利益和长远利益,其作出必须审慎,必须在广泛调查、深入研究、充分讨论的基础上,遵守议事规则,通过投票等方式作出。

当然,具体的决策程序制度还有很多,但存在一些必须遵循的、保障最低限度科学民主正义要求的程序制度。这些程序叫法定程序。通过法定程序制度,将决策过程逐步分解,既使决策具有可操作性,也使过程监督具有可能性,还能明确决策过程中的责任,为追究决策失误责任提供了基本依据。

（四）权责相应

根据法治的一般原理和要求,权力应当与责任相一致:有权必有责,用权受监督,违法受追究,侵权须赔偿。责任包含组织责任与个人责任。依据我国目前的体制,地方党委掌握所辖区域重大问题决策权,领导地方国家机关,虽不须向地方人大承担责任,但地方党委受上级党委的监督,其权力运行出现错误时,需要承担党纪对党组织处分的责任。地方党委的决策权对象是地方国家机关或群团组织,不是普通社会组织和公民个人,因而不能被公民、法人或其他组织起诉至法院承担法律责任,但地方党委班子成员需要对其决策承担党纪责任,以及国法确定的个人法律责任,包含滥用职权等刑事责任。我国的国法与党法密织了党纪国法责任,以约束各级领导干部和公职人员,实现权责一致。

三、监察机关能不能监督行政行为?

就我国目前立法来看,行政行为主要由人大及其常委会、人民法院、上级行政机关、检察机关的公益行政诉讼进行监督。问题在于监察委能不能监督行政行为? 如果结论是否定的,意味着什么?

依据监察法,监察委监督的对象是公职人员,监督客体是公职人员依法履职、秉公用权、廉洁从政从业、道德情操,不含各级各类机关,比如监察委有权监督人大常委会机关工作人员,但无权监督人大及其常委会。也就是说监察委有权监督公职人员的职务行为、廉洁行为、道德行为,但不包括机关的行为。行政行为是行政机关署名、行政机关履行程序、行政机关承担责任的行为,按理说,既然行政机关不在监察委的监督对象范围内,那么行政机关作出的行政行为也就不是监察委的监督客体。有人对此有疑义,认为不能这么狭隘地解释,而且监察委调查的 104 个职务犯罪罪名中还包含单位犯罪,如果单位不是监察对象,单位行为不是监察客体,那怎么理解单位犯罪却是监察委的调查范围呢? 笔者认为,这里确实出现了立法不协调的问题,需要立法机关对此作出回应,在立法没有修订的情况下,本着"法不授权皆禁止"的公法解释原则,在语义解释的基础上,把行政行为从监察委员会的监督客体中排除出去。同样的分析也适用于司法行为。

这一理解蕴含了一个程序机制。也就是说,监察委可以对公职人员进行日常履职监督,事前事中监督,要求他们依法履职、秉公用权,但一旦要启动事后惩戒程序,认定公职人员违法履职、不公平行使权力,则需要有权监督的主体作出行政行为违法的认定,作为前置程序。因为行政行为合法性监督权不在监察委,而是在上级行政机关、人民法院。

第三节　监督的重点客体:决策

在决策、执行、监督三个监督客体中,决策是首要客体,重点客体,因为决定是执行监督的前提,决策一旦出问题,就是大问题,执行再坚决、监督再有力,不仅不能避免错误,反而加大错误和损失。

一、决策的概念

决策是决策者在众多方案中作出选择的行为。决策事关组织和个人的方向、前途、成就,是人类社会的基本活动,人类社会就是在一系列正确决策下获得进步。人的行为有选择就会有对错,决策也存在正确与错误之分,所以人们尽可能追求正确决策,避免错误决策。但由于主客观条件的限制,人们在做决策时往往会犯错误,作出错误的选择,会给组织和个人造成损失和灾难。因此,提高决策质量,是人类社会的不懈追求。如何提高决策质量?正确决策首先取决于决策者的素质和水平。历史上许多有名的决策是因为决策者非凡的主观能力形成的,决策者的决策能力是影响决策质量的重要因素。决策者非凡的主观能力可遇不可求,有些能力显著,更多的能力不足。为避免决策者凭感觉、直觉甚至情绪轻率决策,意气用事,力求决策客观、理性、公正,古往今来的重要组织均建立了决策制度,试图以严格程序保障理性决策,将个人理性不足的影响降到最低。这些决策制度主要体现为决策程序制度,即专家论证制度、公众参与制度、民主决策制度,依靠维护决策制度的权威性,来保证决策在民主和程序的基础上,科学、理性、公正地作出。

(一)决策的内涵

决策在人类活动中由来已久。在我国古代,就有"运筹帷幄之中,决胜千里之外"之说。《战国策》《孙子兵法》《史记》《资治通鉴》《三国志》等一大批古典文献就记载了我国古代经济、政治、军事等方面的大量决策事例、决策思想、决策场景。决策在政治活动、管理活动、经济活动、文化活动中占据重要地位,受到人们的高度关注,逐步成为科学研究的对象,发展为一门全新的科学,叫决策学,这是一门系统的、综合性的学科。(本书不打算对决策学做全面深入的介绍,而只是阐述决策的一些最基本的理论问题。)

决策是什么? 这是个众说纷纭、莫衷一是、争论很多的问题。有人说,决策就是管理,管理就是决策;有人认为,决策就是选择;还有人认为,决策是指人类社会中与确定行动目标和策略等有关的一种重要活动;也有人认为,决策就是领导"拍板"。[①] 赫伯特·A.西蒙则认为,"每个决策都包含两种要素,分别称为事实要素和价值要素",两者之间存在"是"与"应该是"的基本逻辑差异。[②] 这些命题有合理的成分,但并不完善。例如,决策就是领导"拍板"的观点,显然是没有看到决策主体的多样性,更是违背了人民群众是历史的创造者。管理就是决策的观点,显然忽视了管理还有控制的要素,显得偏颇。倒是西蒙的观点将决策分为事实要素和价值要素具有理论分析价值。依《辞海》的解释,决策是指一定的行为主体为实现一定的目标而就方式、途径、资源配置等作出的选择,即决策主体根据对事物不同方面、不同

---

① 姜圣阶、张顺江、毕全忠:《决策学引论》,中国科学技术大学出版社 1987 年版,第 1 页。

② 〔美〕赫伯特·A.西蒙:《管理行为》,詹正茂译,机械工业出版社 2004 年版,第 50 页。

层次的多种条件和联系,以及由此可能产生的多种结果之间规律性认识,同时根据人们的需要和要求,选择某种结果为目标,基于一定的条件和手段,选择合理的方案,通过实践(实施决策),使精神性的东西转化为物质性的东西。《辞海》的这种解释,比较完整、系统地阐述了决策的基本内涵。

决策是人的主观认识与现实条件之间反复选择的过程与结果。缺少了人的主观认识能力,便不成决策,因而决策的本质是人的主观认识活动,决策不能不受到人的主观认识能力的限制。按照西蒙的理解,人的认识主要是决策所依据的事实的正确认识以及决策所要实现的价值作出的正确选择。人的认识能力越高、理性能力越强、排除非理性情绪和偏见的能力越强、实践经验越丰富、对事物本质及其未来发展变化趋势的洞察越深刻,那么其决策能力越强。决策能力强的决策者,是一个国家、政党、军队、企业的宝贵财富,是一个国家软实力的表现。人的决策能力不是一天就能够提高的,而是要经过一个缓慢学习、慢慢积累、逐步发展的渐进过程。没有一个学习锻炼的过程、缺乏应有的工作历练、对岗位缺乏应有的了解、对政治经济社会文化之间联系的复杂性缺乏认识,或者缺乏基本知识和常识、缺乏正常价值观念的人,其决策能力是有限的,甚至对形成正确决策是有害的。

决策也是一项主观见之于客观的活动。一方面目标、手段的选择受制于客观条件,另一方面,决策还需要建立在对客观事物发展规律的认识上,脱离了客观条件、实际和规律,决策就流于不着边际的异想天开。决策就是将主观愿望和客观条件以及事物发展的规律联结起来的高级智能活动。正如我国一些决策学者指出的那样,按照辩证唯物主义基本原理,"决策是对未来实践的方向、目标、原则以及为坚持方向、贯彻原则、达到目标的方法与手段所作的决定"。[①] 这个定义准确揭示了决策的基本内涵,本书也采用决策的这一定义。

作为研究决策的一门科学,决策学是研究人的主观能力和客观实际这对矛盾的对立统一中,"人的主观能力如何正确地认识、驾驭和控制客观世界的运动、变化与发展,并使之给人类带来某些利益,同时又能防止近期和

---

① 姜圣阶、张顺江、毕全忠:《决策学引论》,中国科学技术大学出版社 1987 年版,第 1 页。

远期未来的不良后果的理论和方法"。[①] 现代决策学发展为一门庞大的学科体系,如基础理论方面的系统论、信息论、控制论,决策方法的运筹学、博弈论、系统分析、系统工程学、网络技术、信息处理、现代数学等,以及决策的辅助工具和手段如电子计算机、自动化技术、人工智能科学,特别是仿真技术、模拟理论与计算机技术相结合,为进行社会模拟试验、军事上的战术模拟、社会经济活动模拟等带来了先进理论和技术条件,为获得动态系统最佳选择方案、为准确预测决策可能带来的后果、为科学决策提供了强大的科学理论基础和技术手段。可以说决策学是一门跨学科门类最多、运用科学技术手段最丰富的一门综合性学科。

20 世纪以来,随着生产社会化的发展,社会生产、科学研究以及其他社会活动规模越来越大,社会系统结构愈来愈复杂,涉及因素也更多,使现代社会成为自适应、自组织的复杂系统,社会系统有一定规律可循,但也存在不可预测的变数,呈现出"蝴蝶效应"[②],从而使得人类决策活动的不确定因素与风险都相应地增加了许多,"差之毫厘,失之千里",稍有不慎就可能酿成重大的决策失误,给国家、团体或是个人,造成巨大损失,抑或错失重大机会。面对现实环境和条件复杂多变,迫使人们对如何作出正确的决策进行探索和研究。正因为决策的重要性和复杂性,决策学受到了世界各国尤其是发达国家的高度重视,投入了大量的人力物力,建立专门研究机构来深入研究决策学,并为国家和政府的决策提供参考和建议,著名的如美国成立了科学研究与发展局、兰德公司、斯坦福研究所等高级智库。我国也不甘人后,急起直追,建立起中国科学院、中国工程院、中国社会科学院、中央党校等决策研究机构和智库,为党和国家的决策提供智力支持。

(二)决策分类

决策的分类有很多方法,对于本书的研究旨趣来说,具有重要意义的分类有以下几种:

---

① 姜圣阶、张顺江、毕全忠:《决策学引论》,中国科学技术大学出版社 1987 年版,第6 页。

② 蝴蝶效应,指在一个动力系统中,初始条件下微小的变化能带动整个系统的长期的巨大的连锁反应。

1.按照决策主体的数量,分为个体决策和集体决策

个体决策是指决策主体为一个人。单个的决策主体依据个人经验和个人的主观能力,从个人的理想、意图和条件出发来选择行动的方案,指导其未来实践。个人主观能力强的,决策能力高,决策正确率也高;个人主观能力低、理性度低的,个人决策质量没保证。当然,作为决策者的个人也会找一些信任的人商量,来提高决策质量。个人决策在历史上大量存在。封建社会的地主和庄园主,以个人的主观能力进行决策,个人的决策就代表了整个庄园的决策;知县的决策就成为全县的决策,其个人的主观能力就是全县的主观能力,其个人意志就是全县的意志。作为掌握了各种最高决策权的封建帝王,"朕即国家",其个人的决策就是国家的决策,成为国家未来行动的依据,其个人的主观能力就成了国家的决策能力,决策正确,则国家强盛,重大决策错误,就会导致家破国亡。在资本主义社会,资本家的主观能力就成为企业的主观能力,其个人决策就成为企业的决策,决策正确,企业兴旺,决策错误,企业衰败甚至倒闭。个人决策的优点是较少牵制,决策效率较高。但因为受制于个人主观能力和理性程度,所以个人决策错误率较高,具有明显的局限性。尽管个人决策弱点明显,但个人决策不仅在历史上大量存在,当今社会也大量存在,大凡个人事务,主要是由个人进行决策,即使是在现代政治体系中,也不乏个人决策的情况,如行政首长负责制下,一般决策和重大决策在法律授权范围内均由其个人决策,行政首长对其个人决策承担政治责任、法律责任、历史责任和道义责任。现代国家建立行政首长负责制的同时建立决策咨询制度、决策纠错制度和问责制度,以此尽量降低个人决策的错误率及其带来的不利后果。

集体决策也叫群体决策、团体决策,是多数人在专家和智库的帮助下,经过商议、讨论甚至辩论,以多数人意见作为决策观点,以投票表决的方式作出决策。集体决策是处理重大决定性决策问题的主要方式。随着"生产和科技研究的宏大规模产生的巨额数量的动态信息,使得任何一个天才的决策者个人都无法收集、分析、整理、归纳、综合、判断并作出最后的抉择。面对现代生产的宏大和迅速变化的系统以及它与社会的复杂联系,个人手工业的决策活动方式是无能为力的,这也正是个人决策崩溃的主要原因。面对瞬息万变的复杂的宏大系统,要作出正确的、科学的决策,不但要求有高速自动化的信息收集、信息处理、信息分析、归纳与综合,而且还要求有庞

大的、密切合作的、组织有序的、各种各样的专家构成的集团发挥集体的功能。"①现今社会处于信息时代，知识大爆炸，到处充斥着海量信息，个人的主观能力受到了前所未有的挑战，加上社会的快速发展，全球经济一体化，政治经济社会生活联系越来越密切，一项重大决策往往带来极为复杂的连锁反应，决策的艰巨性、复杂性日益提高，集体决策受到重视并获得迅速发展。集体决策存在和发展的主要根据在于决策问题的复杂性，往往涉及目标的多重性、时间的动态性和状态的不确定性，这是单纯个人主观能力远远不能驾驭的。集体决策因其特有的优势得到了越来越多的决策者的认同并日益受到重视。具体来说：

首先，决策者面临的内外部环境日益复杂多变，许多问题的复杂性不断提高。相应地，要求综合许多领域的专门知识才能解决问题，这些跨领域的知识往往超出了个人所能掌握的限度。

其次，决策者个人的价值观、态度、信仰、背景有一定的局限性。一方面，这些因素会对要解决的问题类型和解决问题的思路和方法产生影响。例如，决策者如果注重经济价值，就会倾向于对包括市场营销、生产和利润问题在内的实质情况进行决策；如果格外关注自然环境，就会用生态平衡的观点来考虑问题。另一方面，决策者个人不可能擅长解决所有类型的问题，进行任何类型的决策。

再次，集体决策可以提高决策的主观能力，提高决策质量。决策相互关联的特性客观上也要求不同领域的人积极参与，积极提供相关信息，从不同角度认识问题，使问题的讨论进一步深化，对问题的认识进一步清晰，可以更充分地分析利弊、讨论可行与不可行，对决策实施可能产生的后果进行预判，对不利后果出现时的对策预案也周密详尽。集体决策的主观能力大为提高，决策的质量和正确率也得以提高。

还有，教育的普及带来的人的素质普遍提高，为集体决策的推行奠定了智力基础。"随着生产的高度发展，社会物质财富的极大增加，人们的物质生活水平极大提高，必然导致人们精神生活的丰富，智能水平的提高。唯物主义者并不否认人与人之间生理禀赋的差别，但在得到同样良好教育条件下的结果，会使社会精英分子与世人在智力上的悬殊差别大大缩小。在这

---

① 　姜圣阶、张顺江、毕全忠：《决策学引论》，中国科学技术大学出版社1987年版，第25页。

种情况下,决策者所作的决策正确与否,人们具备了鉴别的能力。真正的文明时代就是专家个人决策向集团决策过渡的完成。这一过渡也是历史发展的必然趋势。"[1]

最后,政治经济和社会领域群体决策的必然性还在于主体利益的多样性。在一个社会群体中,由于各个成员对所考虑的事物总会存在价值观念上的差别和个人利益间的冲突,因而他们对于各种事物必然会具有不同的偏好态度。将众多不同的个体偏好汇集成一个群体偏好,据此对某类事物作出群体抉择,是当今社会处理各种重大决策和分配问题的有效手段。在现代社会,民主政治和市场经济是社会发展的两大基本课题。民主政治的主要形式是投票表决,而市场机制亦即货币投票,它们都是典型的集体决策问题。尤其是市场经济制度,更要求集体决策。市场经济以每个人的权利和利益作为存在和发展的基础,每个主体的利益有共同的、互相促进的一面,也有矛盾竞争冲突的一面,利益关系的复杂性决定了政治经济和社会方面的重大决策必然影响不同人的利益要求。这些人在重大决策作出前需要有适当方式和渠道反映其利益要求和主张,集体决策如代表会议、议会决策就为反映不同利益要求提供了制度上的渠道和可能。一旦政治经济社会方面的重大决策反映了最大多数人的利益要求,这样的决策可接受性和可执行性就大为提高,整个国家的运作成本降低,运作效率提高。

2.按照决策的重要性,分为战略决策和战术决策

"战略"一词的出现是源于人类的军事实践活动。我国现存的全部兵书几乎无一例外地论及了战略。《孙子兵法》将战略叫"庙算",要求"未战而庙算胜",就是指战略上居于不败之地。德国近代军事学家克劳塞维茨在军事科学的层面上,把战略问题与战术问题进行了严格区分,他指出:"战术是战斗中使用军队的学问,战略是为了战争的目的运用战斗的学问。"[2]克劳塞维茨在《战争论》"第三篇:战略通论(On Strategy in General)"中,详细讨论了各种战略要素,尤其看重精神因素。这是克氏对战略理论的重大贡献。1986年版《简明不列颠百科全书》把战略定义为"在战争中利用军事手段达到战争目的的科学和艺术"。"随着人类实践范围和内容的不断拓展,战略

---

① 姜圣阶、张顺江、毕全忠:《决策学引论》,中国科学技术大学出版社1987年版,第26页。

② [德]克劳塞维茨:《战争论(第1卷)》,商务印书馆1982年版,第175页。

和战略决策的概念被逐渐应用于政治、经济、社会、科技、教育、外交等各领域，其外延日益扩大，内涵也日益宽泛。"①

　　所谓战略决策，泛指对于事关全局的重大问题所作出的决定和谋划，是解决全局性、长远性、战略性的发展方向、目标、行动原则等重大问题的决策。一般多由高层次决策者作出。战略决策是影响组织行为的性质、方向和前途的根本性决策。战略决策的本质首先在于全局性。"没有全局性，就没有战略决策。这是因为，全局固然由局部构成，但并非局部的简单相加，而是相互联系、相互作用的各个局部所形成的有机整体，在事物的运动变化过程中，全局总是高于局部，对事物发展起着主要的、决定性的作用。战略决策的全局性特征要求领导作为决策者必须树立全局观念。'眼界要非常开阔，胸襟要非常开阔'，做到讲全局，懂全局，谋全局。关于全局观念，毛泽东是这样阐释的：'如果某项意见在局部的情况看来是可行的，而在全局的情形看来是不可行的，就应以局部服从全局。反之也是一样，在局部的情形看来是不可行的，而在全局性的情形看来是可行的，也应以局部服从全局。'在现实生活中，那些为了所谓政绩而大搞劳民伤财的'形象工程'的领导者，便是从本届政府的任期和眼前利益出发，缺乏全局观念的一个典型例证。总之，只有按全局和局部之间的辩证规律办事，才能胸怀全局，放眼长远，着力研究和把握全局问题，同时兼顾统筹全局与局部之间的辩证关系，才能制定出具有前瞻性和战略性的正确决策。"②

　　战术决策是为了实现战略决策，解决某一问题作出的决策，以战略决策规定的目标为决策标准。战术性决策重在解决具体问题，与战略决策的区别明显：战略决策调整组织的活动方向和内容，解决"干什么"的问题，是根本性决策；战术决策调整在既定方向和内容下的活动方式，解决"如何干"的问题，是执行性决策。战略决策面对未来较长一段时期内的活动，而战术决策则是具体部门在未来较短时期内的行动方案。战略决策是战术决策的依据，战术决策是在其指导下制定的，是战略决策的落实。相对低层有全局长远性，属战略决策，相对高层有局部短期性，属战术决策。战略和战术紧密

---

①　姚静：《战略决策：现代领导的核心竞争力》，《重庆邮电学院学报（社会科学版）》2006年第5期。

②　姚静：《战略决策：现代领导的核心竞争力》，《重庆邮电学院学报（社会科学版）》2006年第5期。

联系,战略是根本,制约战术的成效和意义,战术如果缺乏正确的战略指导,战术就成为细枝末节、互不联系的单独事件。战略和战术的这一关系被历史上无数事实所证实。

笔者以历史上著名的楚汉相争为例来说明战略和战术的内在关系。楚汉之争就是继秦末农民大起义之后,项羽和刘邦之间为争夺封建统治权而进行的战争。其自汉元年(公元前206年)八月至汉五年(公元前202年)十二月,历时5年。作战兵力楚军70余万,汉军60余万。项羽勇力过人,战必胜攻必克,战术上几乎全胜,尤其是自己亲自指挥和参与的战斗,但缺乏战略头脑和战略布局,最后被包围,自刎乌江。刘邦则相反,谋划全局,战略上主动,虽每战必败,但最后一战胜利,彻底消灭项羽。刘邦的战略要点有4个:第一,刘邦重视战略后方基地建设,萧何的经营使汉军在人力物力上得到源源不断的补充,这是取得持久战胜利的根本原因。第二,拿出函谷关(今太行山脉)以东的土地拟分封给韩信、彭越、英布,以构筑反项羽战略联盟。第三,采纳陈平反间计,分化瓦解项羽内部的有生力量,离间了项羽与具有战略头脑的谋士范增的关系,以及项羽与手下忠勇兼备大将钟离眜的关系,后又派使臣说动英布反项羽,致使项羽缺乏战役指挥人才,事必躬亲,分身乏术。第四,为调动项羽,分散其兵力,摆脱固守城池、被动挨打的局面,刘邦采纳谋士辕生建议,置双方交战的核心荥阳、成皋于不顾,率军出武关,兵至宛(今河南南阳市)、叶(今河南叶县西南),攻击项羽西南侧翼,拉长项羽战线,致使项羽后勤补给线过长且暴露在后方作游击战的彭越面前,项羽由此顾此失彼、首尾不呼应,陷入两线作战,同时缺乏粮食和外援,失去了战略主动,最后陷入刘邦、韩信、彭越、英布的重围。项羽的战略失策表现在:首先,项羽在占尽优势的情形下,坑杀秦卒,激起了关中民众的反对,又入关中杀秦王子婴,火烧咸阳,追杀义帝,嗜杀成性,失去了政治感召力。其次,不善于用人,韩信、陈平、英布等豪杰都被推入到刘邦阵营,谋士范增愤而出走。再次,没有全局性的政治军事战略规划,迷信武力,不重视争取同盟,造成了自己的孤立。项羽战役指挥的成功和战略指导的失策形成了巨大的反差。楚汉相争的历史典故,生动说明了战略决策对战术决策的制约关系。

3.按照决策的结构的不同,分为常规决策和非常规决策

常规性决策也叫程序性决策(programmed decisions)、例行决策、定型化决策、确定型决策和重复性决策,是指决策者按照一定的程序和既有规则

完成既定的决策。常规决策要解决的问题是有法可依,有章可循,有先例可参考,结构性较强,重复性强的日常事务。其特点为:常规决策即针对日常的、例行性事务作出决定,其所要解决的问题经常以相同或基本相同的形式重复出现;常规决策一般依据明确的标准并有固定或相对稳定的决策程序可以遵循;通常决策层次越低,常规决策所占的比例越大,如人民来信来访的接待处理、一般办公用品的采购与供应、公务人员病假工资的核定、对交通违章者的处罚、救济金的核发等,都属于常规性决策。

随着科学技术飞速发展,常规决策表现为以自动控制为特点的现代信息管理系统,许多重复性的常规决策均已编成现成的计算机程序,供使用者随时调用。许多国家机构、企业已经建成电子数据处理系统,或者更高级的管理信息系统、管理信息决策系统,将管理信息决策系统网络化,让网络的共享人或者社会公众一起使用,这就使许多过去需要专职人员处理的常规决策实现了自动化,极大提高了经济社会运行效率。随着计算机技术快速发展,在工业生产领域尤其是航天航空领域、军事高科技领域人机合一高度自动化程序管理得到广泛运用,成为技术进步、国家科技研发实力竞争的制高点。人机合一的高度自动化程序管理还延伸到交通运输、商业、通讯、金融等经济生活的各个领域,在国民经济各领域得到深入研究和广泛运用,进而推动社会一般产品自动化程序管理,这是一场悄悄进行的决策和管理的一次大革命。这场革命还在社会管理领域、日常行政管理领域,甚至司法审判领域,得到了大量运用,极大提高了社会管理和行政管理的效率以及司法的公正性。

"为了对复杂动态系统进行控制与管理,必须进行系统设计,这就要求系统分析、仿真技术、模拟理论等一系列新理论与方法不断向前推进。"[1]"总之,常规性决策在它的方法、手段与技术不断提高的情况下,正在朝着准确性、高速性和高经济效益性方向发展。由于常规决策方法的使用所显示的威力,它的运用领域和范围也在不断扩大,这就要求进一步地研究与发展将不确定型决策化为确定型决策的理论和方法。"[2]

---

[1] 姜圣阶、张顺江、毕全忠:《决策学引论》,中国科学技术大学出版社 1987 年版,第 20 页。

[2] 姜圣阶、张顺江、毕全忠:《决策学引论》,中国科学技术大学出版社 1987 年版,第 20 页。

　　非常规性决策,也叫非程序性决策(non-programmed decisions),指决策者要作的决策是无法可依,无章可循,无先例可供参考的决策,是非重复性的、非结构性的决策。我国一些决策学者指出:"一般多属于战略型、关键性问题的决策。虽然它同常规性决策相比数量上要少些,但它在社会政治与经济的管理中却占有非常重要的地位。由于处理这类问题非常复杂,所以在历史上对于诸如国家、政治、经济、军事等重大问题的决策,多由'权势加超群的才能'作出的,很难把握这一过程的规律。近代决策研究中,有人试图把这类问题全部规范化,但实践证明,这只能是空想。因为重大战略决策问题,需要对不同的行动方案在经济上、政治上、社会上甚至心态、心理等方面做综合的全面的评价,它所考虑的因素(变量和目标)甚多,互相关系又极为错综复杂,以至需要比任何自然科学所需要的数学还要高明得多的'数学'才能解决,这是当代数学手段根本无法满足的。"[1]

　　非常规性决策针对非结构性问题。非结构性问题有一次性(偶发)、开创性(无先例)、不重复、突发、不确定等特征。它无可借鉴,难以量化,甚至不能预测,因此不能用固定程序、常规办法处理,适用的是随机的、探索性的办法,发散型的、创新的思维。非程序性决策比程序性决策更重要,它对决策者能力、才能、性格素养和知识经验,均是严峻的考验。

　　现在突发事件、群体事件比较多,如何应对,是对领导决策能力的重大考验,对突发事件应对和处置的决断即属非常规性决策。群体事件的处理过程中,可以看出决策者的经验、才能、性格等因素对这类决策有重大影响。应对突发事件、群体事件,做到临危不乱,处变不惊,科学应对,正确决策,是领导决策者应当具备的智慧和能力。我国制定了《突发事件应对法》,对于处理诸如群体性事件做了一些原则性的规定,提出了一些基本要求,为应对和处理群体性事件提供了法律上的指南。但现实的群体性事件的处理还需要在遵循法律的基本规定情况下,根据具体情况作出相应的决策。

　　4.按照决策者对事件的实际态度,决策分为积极性决策和消极性决策

　　所谓积极性决策就是决策者对现实问题抱着一种积极处理的态度,有效行使决策权,化解矛盾和问题。所谓消极性决策,就是决策者对现实问题视而不见,抱着无所谓的态度,不积极履行职权、不及时作出有效的决策,致

---

　　[1]　姜圣阶、张顺江、毕全忠:《决策学引论》,中国科学技术大学出版社 1987 年版,第 20 页。

使问题累积甚至扩大,造成难以挽回的后果。我国一些地方党委对本地发生的令人震惊的冤假错案熟视无睹,对一些有办案过错责任或领导责任的司法机关领导不做处理,消极对待,造成很大的负面影响,损害司法公信力,损害党和政府的形象。我们在看到积极性决策的同时,更应该看到消极性决策的存在。

(三)决策程序

决策制定是一个过程而不是简单的选择方案的行为,需要遵循一系列程序制度。决策程序(decision-making process)描述为九个步骤,从识别问题开始,到选择能解决问题的方案,最后结束于评价决策效果。

1.识别问题(设置议题)

决策制定过程始于一个存在的问题(problem),或更具体一些,存在着现实与期望状态之间的差异。问题找对了,即使解决方法上有所失误,这种失误也可以得到纠正或挽救;但是如果问题找错了,即使解决方案是对的,这个问题也得不到解决。

问题识别是主观的。决策是主观见之于客观的活动,这个活动首先就是对客观问题的主观认识。问题的核心和关键是什么?问题的原因何在?问题如果得不到解决会产生什么后果?准确识别问题是人的主观认识能力在决策领域的首要反映,也是反映决策能力高低的首要因素。

在对决策面临的问题有了初步识别之后,决策者就要提出到底情况怎么样、严重不严重、要不要着手解决之类的问题,将此类的问题加以提炼,就成为决策议题。决策问题成为议题之后,就能够进入决策者讨论的范围,进入决策程序。所以,社会中各阶层、各主体要运用各种手段,使他们面临的问题进入决策者视野,成为决策议题。国外的院外集团、压力集团就承担将自己代表的社会阶层面临的问题提交给国会的任务。我国各级党政机关均要调查研究,解决人民群众提出的各种问题。人大代表和政协委员承担提出各种建议和提案的任务,他们把自己了解到的各种问题以建议和提案的方式,提交给各级人民代表大会和政治协商会议,使建议和提案有可能进入各级决策视野。

作为公共决策,议题是否具有公共性,是判断决策是否具有公共属性的基础。如果议题不是为了解决经济社会发展中面临的公共问题,不是为了提高资源配置效率,不是为了使社会公共利益最大化,那么议题就不具有公共属性,进而影响决策是否属于公共决策的性质。如果议题是为了决策者个人目的或个人私利,是为了剥夺、掠夺社会多数人的利益,那么这样的决策就违反了公共决策的本质,其本质是决策腐败和决策异化。应当畅通民意表达渠道,使公共性问题能够顺畅进入决策系统,成为决策议题,使决策真正反映政治、经济、社会、文化、环境发展的规律,反映人民群众的要求,解决发展面临的各方面问题。

2.收集信息

一旦确定了需要解决的问题,设置了决策议题后,就必须对问题进行系统的分析,着手调查研究,搜集与解决问题相关的信息,并加以整理。在这个步骤,需要积累所有能够解决问题的数据资料。其数量和搜集信息的范围主要取决于问题的性质和复杂程度。信息要归类,建立数据库。准确、充分、及时的信息是决策的基础,是科学决策的保证。

3.确定决策标准

确定决策标准,即运用一套合适的标准分析和评价每一个方案。决策者需要确定出若干与决策相关的因素,然后规定出各种方案评比、估价、衡量的标准。决策评价标准就是西蒙所说的决策的价值因素即决策要追求和实现的目标、利益。当决策目标不明确,决策就没有意义。私人决策考虑的主要是私人利益最大化这个目标,公共决策就是要考虑公共利益最大化这个目标,需要对公共利益作出进一步的界定。社会公共利益最大化不能以损害部分群体利益作为代价,而是应该增进社会各阶层尤其是弱势群体利益,这是公共决策的内在要求。约翰·罗尔斯在《正义论》中谈到正义原则时指出:"社会和经济的不平等的安排应能使他们符合地位最不利的人的最大利益。"[①]公共决策只有保护和增进社会各阶层尤其是弱势群体的利益,社会才能均衡、和谐、稳定发展。所以公共决策价值评判标准有两个:公共利益最大化和弱势群体利益保护。

4.拟定可行方案

拟定可行方案主要是寻找达到目标的有效途径,因此这一过程是一个具有创造性的过程。决策者必须开拓思维,充分发挥集体的主观能动性,尽可能多地提出可供选择的方案。可供选择的方案越多,解决办法会越完善。

---

① [美]约翰·罗尔斯:《正义论》,上海译文出版社1991年版,第11页。

5.听取公众意见

备选方案实际上承载了各社会主体的价值追求和利益诉求。要使各社会主体的利益诉求能够在备选方案中得到反映,就必须要有相应的程序保障,让不同社会阶层的意见能够进入决策程序。西方国家就公共决策广泛举行的听证,就是各社会主体进入决策程序表达自己的利益和诉求,提出有利于自身利益的决策方案的法定制度。在正式程序保障下形成的备选方案,就是各社会主体利益妥协、均衡的产物,体现了社会共识,若其成为最终决策,自然促进社会均衡发展和和谐发展。我国也有制度化的各社会主体参与决策程序、表达意见的制度,如人民代表大会制度、政治协商制度、行政决策听证制度。

6.分析、评估、论证方案

备选方案拟定出后,决策者(也可以由决策者委托第三方机构)必须认真地分析每一个方案的利弊,经济技术可行性、法律上的可行性、措施的有效性、所有可能的结果,以及对不利结果的应对手段。人的主观活动制订出来的方案,还需要见之于客观环境和条件,若没有实现的客观条件,方案就没有意义,所以每一个方案均需要进行经济技术可行性的评估。每一个方案都要在一定的法律框架下才能实施,为此,备选方案要具备法律可行性,不能存在重大法律风险。每一个备选方案都要进行利弊分析,备选方案可能带来好的结果和坏的结果,有各种结果发生的可能性,尤其是影响社会稳定的结果,所以都要进行估计。在上述分析、评估的基础上,运用第三阶段确定的标准来对这些备选方案进行比较。根据决策所需的时间和其他限制性条件,层层筛选备选方案。如果所有的备选方案都不令人满意,决策者还必须进一步寻找新的备选方案。在这一阶段中,依靠可行性分析和各种决策技术,如决策树法、矩阵汇总决策、统计决策、模糊决策等,尽量科学地显示各种方案的利弊,并加以相互比较。

作为公共决策,在分析各种决策方案时,必须分析公共利益是否得到反映和表达,公共利益是否能够最大化实现。凡是公共决策违背公共利益价值取向的,均要慎之又慎,否则决策一方面有可能涉及腐败,另一方面即使没有腐败,违背公共利益的决策也会长期、持续、不可逆地损害社会公众的利益。

7.选择方案

选择方案时,就是在各种可供选择的方案中权衡利弊,然后选取其一或对一些各有利弊的备择方案优势互补、融会贯通、取其精华、去其不足，形成一个综合性方案。对于公共决策来说，必须选择公共利益最大化的方案。这一过程是决策的关键过程，有时会在方案全面实施之前，进行局部试行，验证在真实条件下是否真正可行。验证方案若是不可行的，需要修正或重新拟订方案；若可行，便可以进行全面实施。由于事物都有两面性，存在有利的一面的同时，也存在不利的一面，十全十美的决策是不存在的。

为了使选择方案过程更具理性，美国庄臣公司总经理詹姆士·波克提出管理学上的波克定理，即只有在争辩中，才可能诞生最好的主意和最好的决定。波克定理告诉人们：只有引起争论，有理由、有实据，经过深思熟虑的意见，才能保证决策者不至于落入表面上一致的小团体意见的陷阱。根据波克定理，选择方案的过程其实就是一个辩论的过程，让决策者有理有据地畅所欲言，把问题讲深讲透，非常有利于作出正确的决策。反之，未经任何程序，单凭决策者个人经验、直觉、偏好做决策，往往漏洞百出。现代社会，社会关系极其复杂，任何一项公共决策，往往牵一发而动全身，需要方方面面的观点进入决策程序而加以考虑，决策方能周全。

最后，对于选定的方案，还要考虑几种可能性，尤其是最坏的那种可能性，所谓"未虑胜先虑败"，从最坏的结果打算，进行潜在问题分析，对可能发生的潜在问题提前决策，拟定应变措施，不至于临事惊慌失措，应对失误。

8.实施方案

选择满意的方案后，决策过程还没有结束，决策者还必须使方案付诸实施。实施者必须设计所选方案的实施方法，做好各种必需的准备工作，这是实施方案阶段最重要的事情。任何完美的方案不能付诸行动，那么它们也是毫无价值的。同时，实施阶段花费的时间和成本，通常会远大于前几个阶段的总和。如果是重大决策，应落实部门、人员的监管责任，掌握方案的实施情况。尤其在关键时段、关键时点，要加强监督控制，以保证组织内实施决策方案的及时性、可操作性、正确性。

9.评价决策效果

决策者最后的职责是定期检查方案的执行情形并将实际情形与计划结果进行对比。这一过程应根据已建立的标准来衡量方案实施的效益，通过定期检查来评价方案的合理性。在方案实施过程中要不断进行追踪，发现方案运行过程中出现重大差异，决策者应查明原因、具体分析，根据具体情况区别处理:若是执行有误,应采取措施加以调整,以保证决策的效果;若方案本身有误,应会同有关部门和人员协商修改方案;若方案有根本性错误或运行环境发生不可预计的变化,使得执行方案产生不良后果,则应立即停止方案的执行,待重新分析、评价方案及运行环境后再考虑执行。

二、"三重一大"决策:以地方党委决策为视角

本书所说的地方党委指的是地方各级党员代表大会选举产生的地方各级委员会,不包括政府、司法机关以及政府各部门党委(党组)。地方党委就职能来说主要是执行职能,执行上级党委和同级党员代表大会的决定,但地方党委也具有相当的决策权,是我国重要的公共决策主体之一。以下从主体、范围、程序和要求等五个方面研究地方党委决策概念,以此作为研究决策监督的基础。

(一)作为决策主体的地方党委

1.地方党委组织和职权

要研究地方党委的组织和职权情况,需要先了解党的中央组织。按党章第10条第3项的规定,党的最高领导机关,是党的全国代表大会和它所产生的中央委员会,根据党章第23条第2项的规定,在中央委员会全体会议闭会期间,由中央政治局及其常委会行使中央委员会的职权。全国党代会和中央委员会以会议的方式来履行职权。全国党代会五年举行一次会议,每次会期为一周左右,讨论决定全党的重大问题。会议结束后,全国党代会事实上就没有活动,其重大问题决定职能由中央委员会履行。中央委员会正常情况下一年召开一次全会,每次会议讨论、决定若干件大事,会议结束之后,中央的职能,即党的最高领导机关的职能就由政治局和政治局常委来履行。由于中央政治局也是个人分工负责与集体领导相结合的组织,以会议方式行使职权,一般每月召开一次会议,因此,党中央的职能中心就地落到了政治局常委会。常委会是一个需要经常性作出决策的领导机关。党的地方组织与活动,与党的中央组织运行逻辑是一样的。

按照党章第10条第3项关于党的地方各级领导机关是这样规定的:"党的地方各级领导机关,是党的地方各级代表大会和它们所产生的委员会。党的各级委员会向同级的代表大会负责并报告工作。"从这条规定来

看,地方党委是地方党代表大会选举产生、执行其作出的决策并对其负责的机关,是地方党代表大会的执行机关,执行性是地方党委职权的特点。按党章的规定,党的地方各级委员会在代表大会闭会期间,执行上级党组织的指示和同级党代表大会的决议,领导本地区的工作,定期向上级党的委员会和同级党代表大会报告工作。地方各级党代表大会五年一次,在地方党代表大会闭会期间,地方党委承担重大问题的决策职能。根据《中国共产党地方委员会工作条例》(以下简称《地方党委工作条例》)第22条,"地方各级党委全会每年至少召开2次,遇有重要情况可以随时召开。全会由常委会召集并主持,议题一般由常委会征询党委委员、候补委员意见后确定。全会应当有三分之二以上党委委员到会方可召开"。由此可知,在地方党委会闭会期间,地方重大事务的决策权由地方党委常委会承担,所以,地方党委常委会承担大量的决策职能。地方党委及其常委会实行个人分工负责与集体领导相结合制度,以会议方式行使职权。

委员会作为决策主体的制度,叫委员会制,是合议制决策机关,是现代政党、政府的重要组织制度之一。在委员会制的运作下,委员会的决策权由一定数目委员所组成的委员会共同行使。委员会进行集体议事,多数决定的运作原则,决议以投票方式作出,这是一种民主决策形式。

委员会制的优点是能集思广益,减少失误,对问题能有较周全的考虑。同时,委员会的成员一般由各方面的代表组成,只要委员会成员有充分的代表性,委员会作出的决策就会反映社会各阶层的利益。委员会的成员大多是某个领域的专业人员,更容易做到决策的专业化。当然,有优点的同时,也存在缺点。委员会需要开会、讨论、投票,这与独任制决策机制相比,委员会决策效率会低。委员会是集体负责,这样也就没有一个人在实际上对集体的行动负责,"大家都负责"往往在实际上形成"大家都不负责"状况。在委员会中,往往是少数有影响力的人占支配地位,委员会的决议往往是主导者的意志。委员会的讨论和投票还有可能被操纵,致使名为委员会集体决策,实为个人决策。

地方党委常委会是党委会的执行机关,同时也是个议事决策机关。一般情况下,需要党委会决策的事情要事先在常委会讨论,常委会认为必要就提交党委会讨论决策。从这个意义上说,常委会其实有议题决策权和方案制定权,有很大的决策权力。

地方各级党委还要根据上级党委的提名选举产生地方同级党委书记、

副书记及常委会成员。各级地方党委书记是各级地方党委的领导人,是地方党委的第一把手,在目前的体制安排中,党委书记主要掌握人事提名权、常委会议题决定权、决策方案制订权、日常事务的处置权。地方党委书记主要职责是主持党委全面工作,保证党的路线、方针、政策、民主集中制等重要制度、上级党委与同级党代会决定(决议)在本地的贯彻实施,负责组织召开党委会、党代表大会、党委民主生活会,将党委工作中的重大问题,及时提交常委会、党委会或党代表大会讨论决定,并检查决定的贯彻执行情况。研究地方党委决策问题,绕不开地方党委书记,必须加以足够关注。

为了协助党委书记的工作,党委书记下还设有书记专题会议。书记专题会议是个什么性质的机构?《地方党委工作条例》第25条规定:"需要提交常委会会议审议的重要事项,可以先召开书记专题会议进行酝酿。书记专题会议由书记主持,副书记和其他有关常委会委员等参加。书记专题会议不得代替常委会会议作出决策。"可见,书记专题会议不是一级决策机构,是一个议事协调机构,常委私下酝酿的构想需要通过专题会议交换意见,看看大家有没有共识,主要分歧何在?有没有条件提交常委会讨论?

(二)地方党委决策原则

关于地方党委决策原则,党章第10条第5项规定重大问题实行民主集中制决策原则:"党的各级委员会实行集体领导和个人分工负责相结合的制度。凡属重大问题都要按照集体领导、民主集中、个别酝酿、会议决定的原则,由党的委员会集体讨论,作出决定;委员会成员要根据集体的决定和分工,切实履行自己的职责。"党章第17条规定:"党组织讨论决定问题,必须执行少数服从多数的原则。决定重要问题,要进行表决。对于少数人的不同意见,应当认真考虑。如对重要问题发生争论,双方人数接近,除了在紧急情况下必须按多数意见执行外,应当暂缓作出决定,进一步调查研究,交换意见,下次再表决;在特殊情况下,也可将争论情况向上级组织报告,请求裁决。"党章的这两条规定,从决策学的角度来看,有这些含义:针对常规决策,由领导个人在职责范围内依据相关规定处理,针对非常规的重大复杂问题,由领导集体通过会议讨论以民主投票的方式决策。可见,党章对地方党委重大问题决策总的原则是清楚的,这就是民主集中制,要求决策的党委会集思广益、充分讨论、投票决定。

民主集中制的决策原则与委员会制度安排是契合的。理解党委决策的民主集中制原则,具有重大的理论和实践意义。长期以来,我们对民主集中制决策原则理解不到位,实践中出现偏差,以致影响了党章的权威性,给社会主义建设事业造成损失。从党章的明确规定来看,凡属重大问题,均要集体决策,通过集体会议充分讨论,最后投票决策。只有正确理解了民主集中制的决策内涵,才不致发生重大问题个人决策,事务性、常规性问题反而搞集体决策的情况。

(三)地方党委决策范围

党的地方各级委员会既要对中央负责,落实党中央的重大决策部署,又要对地方政治、经济、社会发展负全面的领导责任。地方党委全面领导地方同级国家机关、人民团体、企事业单位,由此决定了地方党委的决策范围非常广泛,实质上是地方重大事项的真正决策中心。

地方重大决策一般是指事关地方发展全局、涉及范围广、影响深远的重大决策,是方向性、支撑性、基础性事项的决策,属于非常规性决策。决策的正确与否对于地方兴衰发展至关重要,与地方公共福祉和群众利益密切相关。可以说,地方党委重大决策的成功是地方发展最大的成功,决策的失败是攸关地方全局最大的失败,这在各地已是不争的事实。

需要地方党委决策是重大复杂问题,包括地方发展思路、战略和大政方针,重要项目规划、安排,重要人事任免,大额资金使用等四个方面。

这四个方面的决策问题,有些党内只有原则性、政策性的规定,缺乏具体规定,如关于地方发展思路、方向问题,党中央只有高质量发展、发展社会主义市场经济、实行改革开放等重大政策性、方向性、原则性的规定,至于地方如何因地制宜来制定发展思路、战略,需要地方发挥积极性、主动性,依据地方的优势和特色,去谋划发展方向和思路。地方发展方向、思路和战略问题显然是地方发展的首要问题,是地方党委决策重要事项。发展战略属于非常规性决策。再如,事关地方发展的重大项目安排,党内缺乏相应的具体规定,均需要地方党委根据地方发展战略和思路,结合地方优势和特色,去规划和安排重大发展项目,以促进地方经济和社会的发展迈上新台阶。这方面的决策也属于非常规性决策。至于地方党委对重大项目的规划作了决策,其实施问题、涉及国家机关的职权范围内的问题,如征地、拆迁、规划和建设等,这些问题属于执行法律问题,法律对其基本方面作了规定,则这些决策属于常规性决策。政策决定后,干部问题就是个重大问题,因而用人是党领导核心任务之一,是地方党委的核心职能之一,自然成为地方党委决策的范围。有关地方重要人事安排问题,虽然党内有一定的选人用人规则,如《党政领导干部选拔任用工作条例》,这个规则主要是从程序的角度来规范用人问题,具体选用什么人,要根据实际工作需要进行慎重决策。至于大额资金安排问题,有人质疑这个问题怎么成为地方党委决策的重大问题呢?确实,资金安排是政府、人大的预算要解决的问题,属于预算法范围内的常规预算事项,由财政部门提出、地方人大审核通过,就有法律效力。然而有些资金不属于常规预算,是为了落实地方党委安排的重大项目,地方党委就要求预算安排相应的资金。所以,大额资金的安排,往往与重点项目决策相联系,故地方党委就重点项目进行决策时,当然也要对相应的资金进行安排。

地方党委决策范围除了上述四个重要方面外,还有其他一些重大事项,如研究决定社会主义精神文明建设和思想政治工作中的重要问题,研究决定纪律检查、群众团体等工作中的重要问题,研究决定统一战线工作中的重要问题,研究处理重大问题的宣传策略,研究和处理辖区内重大突发事件,研究决定党风廉政建设和反腐败斗争中的重大问题,研究决定党委职责范围内需要讨论的其他重大问题。除了个人职责范围内的常规性决策事项外,都可以纳入地方党委决策范围。

(四)地方党委决策程序规则

地方党委就重大问题进行决策有既定的议事决策程序规则。这些程序规则一般经过上级党委的批准,是必须遵守的硬性制度。

就目前笔者收集到的地方党委决策程序规则来看,大体包括以下内容:

一是议事决策程序的原则性规定。包含有这些内容:党委会议事决策要认真贯彻民主集中制的原则,重要问题要集体讨论决定,在决策前要充分调查研究,听取各方面的意见,领导成员之间要充分酝酿、沟通、交换意见,取得最大共识。集体领导、充分酝酿、会议讨论、投票决定,这四项原则是主要内容。

二是地方党委议事决策的会议规则。会议规则一般包含:第一,党委会召开频率规定。党章第 27 条规定地方党委全会"每年至少召开两次",这是下限,并不表明只需开两次。有些地方党委会议规则规定每季召开一次,有时在规定的会议次数之外,如有特殊情况或急需决定的重要问题,可召开临时会议。第二,会议主持人。党委会由书记或其委托的副书记召集和主持。第三,会议参加人。一般要求党委会全体成员都要参加,党委成员因事因病不能到会的,需向会议主持人请假。有时根据议题内容可扩大列席人员,具体列席人员由会议主持人确定,这就是党委扩大会议。

三是议事决策内容方面的规定。地方党委会议讨论和决定的问题很多,包括如何落实党中央的政策和部署,如何落实上级党委的决策,如何落实同级党代表大会的决定(决议),还包括地方改革和发展的重大问题。大体上包括下列事项:研究贯彻执行党的路线、方针、政策和上级党委决策的思路、方法、步骤;研究决定党的建设中的重要问题,就地方党的政治建设、思想建设、组织建设、制度建设、纪律建设、作风建设、廉政建设等作出部署;研究本地事关发展的中长期规划、年度工作计划;定期听取党委成员对分工范围内工作情况的通报或汇报等重大事项。

四是议事程序规则。议事程序一般包括:(1)议题和材料准备。凡提交党委会议研究的议题,分管党委委员或常委要事先进行充分的论证,准备好具体意见和必要的材料。会议议题经会议主持人审定同意后,一般要在会前通知与会人员,与会人员要提前了解情况,做好发言准备。(2)议题汇报。提交党委会议研究的议题,一般应由分管的同志汇报。(3)议题讨论。一般情况下分组就议题进行充分讨论。(4)意见归纳。党委会议主持人将各位委员的意见集中、归纳,并征得各位委员同意后,作为党委集体意见。

五是投票表决程序。投票决定事项,应有三分之二以上的成员到会,以应到成员过半数通过形成决议。

六是暂缓决定程序。对重要问题如不能形成决议,除在紧急情况下必须按多数意见执行外,应暂缓决定,待进一步调查研究、磋商后,下次会议再议。

应该说,地方党委进行议事决策的上述程序规则,基本上反映了民主集中制原则和要求,对于提高决策质量和效率有保障功能。但是,我国地方党委决策程序还是存在一些值得讨论的问题,如社会公众的意见如何有效进入地方党委决策视野,专家论证程序如何得到保证、不同意见如何得到应有的讨论,决策可能存在的不利后果和风险如何防范和克服。这些问题尚没有可靠的程序保证进入决策议题、审议程序中。

(五)地方党委决策的基本要求

决策是个重大问题,不能随便作出,必须遵循必要程序,达到一定要求,才能少出错。中共中央反复强调要科学执政、民主执政、依法执政,必然要求决策科学、民主和合法。笔者认为,地方党委决策满足科学、民主、合法、廉洁、效益等基本要求,就能够团结带领地方各族人民搞好社会主义现代化各项建设事业,成功把祖国建成现代化强国。

1.民主决策

党是民族先锋队,代表人民的根本利益,一个重要要求就是党委决策必须反映人民利益和要求,具有充分的民意基础,这是民主决策的实体内涵。民主决策程序内涵:集体会议讨论、审议、投票,遵循多数人决定的原则。民主决策有民主形式要求和实质要求。民主决策的实质要求必须通过民主决策程序加以保障,因而,建立健全民主决策程序,就成为民主决策的基础和前提。

(1)民主决策程序制度

党委民主决策是发展社会主义全过程人民民主政治的必然要求,不断完善科学民主决策体制、机制和制度,使决策建立在可靠、稳定的民意基础上。民主决策有双重含义,一是民主形式决策,即必须履行民主决策的相关程序制度,必须履行听取民众意见的程序、以投票的方式形成决策结果;二是决策的民意内容,即决策内容体现、反映人民的利益和愿望,绝不能违背人民的愿望。这两者的关系是,所有民主决策程序必须要体现和保障民主决策的实质内容,仅仅是走形式、走过场,徒具民主程序外衣,而不能真正反映人民的利益和愿望的民主程序,违背了民主决策要求。

决策的民主程序是保证决策内容民主性的制度保障。没有相应的民主决策程序制度,或者不遵守民主决策程序制度,决策内容就不能保证反映人民的利益和意志。所以,民主决策的第一个要义就是建立健全民主决策程序制度。

目前,从党章到党内法规和其他党的重要文件,均要求党内决策必须实行民主集中制,要求对决策事项进行广泛调查研究、听取民众意见、决策过程充分讨论、以会议投票的方式作出决策。这是建立健全民主决策程序制度的总体要求。从操作层面来看,地方党委民主决策程序制度,除了进一步完善党委委员产生的民主性和代表性制度、进一步完善议事决策程序制度外,为了深入了解民情、充分反映民意、广泛集中民智、切实珍惜民力,还可以进一步细化和完善下列决策程序制度。

第一,社情民意反映制度。党代表人民执掌国家政权,党的决策自然要反映民意、体现民利、凝聚民智。拓宽民意反映渠道,是决策机关进行民主决策的重要前提。社情民意反映制度,主要是对社情民意反映渠道、受理机构、处理方式等作出规范。这项制度有助于党政机关迅速、准确地捕捉到复杂多变的现代社会和现代人群的思想动态、愿望诉求、活动趋势。完善社情民意反映制度,一是要把各级党代表联系群众作为反映社情民意的主要渠道,进一步完善代表提案制度。二是发挥工会、共青团、妇联等各类群团组织联系不同社会阶层群众的桥梁和纽带作用。三是发挥信访作为社情民意晴雨表的作用。四是发挥大众传媒表达群众意愿、交流社会信息、聚焦社会热点的功能。五是完善社情民意调查网络,不断整合和培养民间调查力量。在作出决策前,决策牵头或主导部门要通过多种方式广泛了解社情民意,这是公民积极参与决策过程必要程序之一。社情民意是形成决策议题的基础。只有决策议题真正建立在民众的热切期盼之上,决策的民主性才能得到保障。

第二,重大决策事项社会公示制度。对涉及公众利益决策的知情权,是公民参与民主决策的前提和基础。对同公众利益密切相关的重大事项公示有利于提高决策的透明度和公众的参与度。

第三,重要干部任免的社会公示制度。《党政领导干部选拔任用工作条例》规定了这项程序制度,目的是收集公众对拟任用领导干部的意见,进而将选人用人置于公众的监督之中,提高选人用人的社会公信度。目前拟任干部公示内容主要是拟任干部的学历经历等极为有限的信息,公示信息太少,存在进一步改进的必要,如公示配偶子女的居住、工作、任职、个人和家庭财产情况,取得的主要政绩,受到的奖惩情况等。还有就是"对公众反映的信息如何回应?是公开回应还是私下回应?"等等问题,均需要从制度方面加以健全。

第四,听证会制度。听证是听取公众意见的正式程序制度,也是公众参与决策的正式程序之一。在听证程序中,公民充分发表意见,提出建议可以帮助决策机关发现拟定的决策方案存在哪些问题并加以修正、完善。听证于民的目的就是决策利民。

（2）民主决策程序制度切实得以实行

仅有民主决策程序制度是不够的，要保障民主决策，关键是这些制度要得到切实遵守和实行。如何保证民主决策程序得到遵守和执行呢？这就要靠有效的监督。监督决策程序是否得到遵守，是决策监督的重要方面。监督民主决策程序是否切实履行也需要制度保证。

2.科学决策

党代表人民的根本利益，一个重要要求就是党委决策要体现科学精神，符合客观规律，切实可行、节约成本，提高效率，周密安排，减少决策失误，并将决策失误带来的损失控制在最小范围内。科学决策是党和人民事业顺利发展的保证，一旦重大问题出现错误决策，而且决策不折不扣地执行，就会破坏生产力，影响社会稳定，动摇党执政的经济基础、社会基础，后果不堪设想。党的事业能够从一个胜利走向另一个胜利，就得益于党在关键时刻作出了正确决策，从而克敌制胜，换言之，如果党在关键时刻决策错误，那就严重损害党的事业。

地方党委决策程序制度中，已经有一些反映科学决策要求的重要制度，如调查研究制度、专家论证制度、党委委员充分酝酿、会议讨论制度。这些制度对于保证科学决策发挥了应有的作用。但从更高要求来考察保障科学决策的程序制度，还是有完善的必要。我们认为在地方党委决策程序中，进一步规定不同意见提出并讨论的程序制度是有必要的。

不同意见具有决策价值。党章第 17 条规定："对于少数人的不同意见，应当认真考虑"，这个规定体现了不同意见的决策价值。不同意见能够揭示决策方案存在的漏洞，能够对决策方案进行多角度、多方面利弊分析，促使决策者采取客观、冷静、理性、全面考虑的态度。第一，不同意见的决策价值首先是由事物的复杂性决定的。现代社会面临的问题复杂、系统，内含多个因素，多因素之间存在密切联系，往往牵一发而动全身，决策时往往需要建立模型，逐个演算，单线思维、简单决策、直觉决策应付不了复杂的社会系统。某种决策方案，往往只有相对意义，难以全面反映事务的多方面意义，甚至反映不了事物的主要方面意义和问题。第二，不同意见的决策价值是由利益关系的差异性决定的。市场经济决定了不同社会主体利益的差异性，不同意见是由不同的利益立场所决定。很难说一部分主体利益具有正当性，其他主体利益就不具有正当性，非此即彼的决策思维，将会带来部分社会主体利益的巨大损害。第三，不同意见的决策价值也是由人的认识局限性决定的。人有认识能力,但这种认识能力受到当时条件的限制,主张某种决策方案的人,对于不同观点往往认识不足。这种认识不足,需要持其他看法的人来弥补。第四,由于决策方案有时出于领导个人私利、形象工程、个人政绩考虑提出的,此时不同意见更有价值。地方领导决策话语权很大,甚至可以主导决策,其提出的决策意见往往被通过而成为地方党委的正式决策。如果领导更多从个人角度考虑问题,而不考虑地方实际、需要和财力,为了谋取更大的政绩而大搞形象工程,大作表面文章,谋求短期效益而忽略长远、全局、整体利益,其提出的决策意见就背离了科学决策要求。此时的不同意见就有价值。

实践中大量的例子证明不同意见有决策价值。作为地方党委一项重要决策事项如开发区或者综合实验区建设,往往对不同意见没有作太多考虑而匆忙决策下来,致使大量的开发区、实验区建设决策没有真正建立在科学基础上。以一些地方出台的综合实验区建设为例,综合实验区建设实际上就是建设具有房地产、工商业、自由贸易区、物流、旅游、金融服务等综合功能的开发区。这样的开发区要建设成功是有条件的,必须要解决物流、人流、资金流的聚集和活跃问题。有些综合功能的开发区,因为先天条件不足,很难引进龙头企业,很难解决物流、人流聚集问题,因而仅有大量资金投入,并不能带来开发区建设的成功,相反,如果开发区建设不成功,投入的资金越大,带来投资本息负担越大,给财政造成的负担越重。换种思路来看问题,如果不搞这种成功可能性不大的开发区建设,就可避免带来沉重的本息负担,以及大量土地荒芜。可见,不同意见在决策中具有重大价值。

在西方国家的重大决策中,有程序制度来保证不同意见得到充分的讨论和认识,其决策价值得到了足够的重视。这个程序制度就是对抗性的听证程序、议会内部的辩论程序。比如在美国国会决策中,决策议题提出来后,必须在参议院或者众议院组织专门委员会听证会,反对党往往持相反意见,或者与决策意见存在利益冲突的利益集团委派的代表持不同意见,与执政党进行对抗性辩论。经过多轮次辩论,问题讨论充分,由议员们投票表决哪种观点更具合理性。国会决策的听证程序、国会反对党的存在以及利益集团的活动,确保了不同意见得以提出并被充分讨论。真理愈辩愈明,不同意见被充分讨论,至少可以保证议员们对决策意见的本质和实质有清楚的认识。决策意见和不同意见哪种观点更具合理性、决策意见存在的疏漏或者不利后果,以及应该怎么应对等问题,有了更深刻认识。这个过程也是集中智慧、保证决策科学的过程。虽然经过长时间的辩论会降低决策效率,但少犯错误、少走弯路,保持经济社会的平稳发展,其实也是效率。

在我国地方党委决策程序中,不同意见的提出并被讨论,除了党章的规定与异议免责制度外,没有相应程序来保障。由于党委主要领导的意见往往主导决策方向,提出不同意见,可能被认为影响班子内部团结,持不同意见的委员也可能担心以后被差别对待,而不愿意提出不同意见。因而不同意见被提出、被认真讨论、成为有价值的决策观点进入决策者视野的可能性不大。

一个好的决策程序,是能够保证决策者在决策意见之外,看到更多的观点,讨论、比较更多的观点,在比较和分析中发现更合理的观点,而且还能够对各种决策意见可能存在的问题和后果有更清楚的认识,对决策的不利后果有预防与应对安排。在现行体制的安排下,党委要集中统一行使领导权、决策权、监督权,虽然决策程序规定了集体领导、个别酝酿、充分讨论、会议决定,显然这些规定显得空泛,缺乏合理的程序制度来落实这些原则。地方党委科学决策的程序机制还需要进一步健全。

既然不同意见具有重要决策价值,地方党委决策程序又无法保证不同意见被提出和充分讨论,只能寻求体制外因素。体制外因素有两个是可以讨论的:一是专家承担不同意见论证任务;二是专门收集利益冲突者的意见。由专家承担不同意见研究,有现实可行性。现在的决策程序有专家论证程序,只需安排一部分专家承担可行性研究,一部分专家承担不可行性研究,这样多种观点就进入了决策程序。由专家承担不同意见的论证工作,可以发挥专家知识优势,弥补决策程序的不足。

为了使各种意见,尤其是利益冲突方的意见能够进入决策程序,保障决策的科学性,决策程序中还要加上一个程序,就是不同利益者意见收集和听取程序。我国立法法规定了这方面的程序,如听证会、公听会、座谈会等。2019 年 4 月 20 日,国务院发布《重大行政决策程序暂行条例》第 14 条:"决策承办单位应当采取便于社会公众参与的方式充分听取意见,依法不予公开的决策事项除外。听取意见可以采取座谈会、听证会、实地走访、书面征求意见、向社会公开征求意见、问卷调查、民意调查等多种方式。决策事项涉及特定群体利益的,决策承办单位应当与相关人民团体、社会组织以及群众代表进行沟通协商,充分听取相关群体的意见建议。"该条特别提到"决策事项涉及特定群体利益的"如何听取意见的程序制度,利益相关者基于自身利益,对决策意见的感受是最真切的,其意见对决策的科学性有很大的参考价值,保证他们的意见得以形成并进入决策程序,这是我国决策程序制度的进步。

3.依法决策

党依法执政必然要求依法决策,这是党章的要求,也是宪法的要求。党领导人民制定宪法、法律,党带头遵守宪法、法律,做守法的模范。宪法要求各政党、武装力量、各国家机关、各人民团体,均必须遵守宪法,任何违宪违法行为均必须追究。党领导的一个重要内容就是就国家和社会的重大问题进行决策。在这个过程中,宪法、法律、党内法规的规定是必须要遵循的。比如选拔任用领导干部,就必须遵守党内法规《党政领导干部选拔任用工作条例》的要求,所以地方党委决策合乎国家法律和党内法规的要求,这是依法执政的题中之义。

依法决策还有个常常被人所忽视的内容,就是应该及时决策解决问题。放任问题长期存在而不进行决策以解决问题,以致造成了工作被动和人民群众的不满,给党和国家造成负面影响,这是怠于行使决策权的不作为行为。这是我们研究依法决策应认识到的。

依法决策,既要求程序合法,也要求实体合法。比如,地方党委选人用人,需要遵循酝酿、动议、提名、讨论、考核、公示等程序要件,符合程序合法性,也要求被提名的人选具备拟任职务的条件和资格,具备实体合法性。

为保障地方党委依法决策,地方党委自 2015 年来先后成立了法规局(一些地方叫法制局),负责地方党委决策合法性论证。为更好地做到依法决策,地方党委抽象性决策(即制定规则)既要事前的合法性把关(党委法规局承担),又要事后的备案审查程序(由上级党委法规局承担)。无论是抽象性决策还是具体性决策,疑难复杂的决策合法性论证需要多部门参与:党委法规局、司法部门、政府部门的法制机构。笔者在调研中发现某县委提出商标品牌发展战略,这一地方发展战略决策就涉及法律问题,县委委托该县法院对县委决策方案进行合法性论证,法院组织业务骨干,进行周密论证,提交论证报告,从而保证了该县党委的品牌发展战略决策建立在可靠的合法性基础上。

4.廉洁决策

廉洁决策是指决策者不能利用决策权谋取个人私利,确保决策权是为了维护和实现公共利益。背离公共利益的决策目的,谋求个人利益,甚至谋取非法利益,这就是决策腐败。地方党委决策权是重要的公共权力,有权力就可能被滥用,可能出现腐败。这方面的消息在媒体上出现了很多,反腐败成果也表明,地方党委尤其是地方党委书记滥用决策权,牟取私利的情况并不少见。加强对地方党委决策的监督,预防决策腐败,就成为监督理论研究和实践中必须关注的重大课题。

第四节　监督客体:执行和监督

按照目前我国理论界对公权力运行的分类,公权力运行包括决策、执行和监督,相应的对公权力的监督也就包括三个方面:对决策的监督、对执行的监督、对监督的再监督三个方面。本节研究对执行和监督的监督。

一、执行

执行,是指将公共决策落到实处产生政治、社会和法律效果的行为,由法定主体在职责范围内按照法定权限和程序,落实抽象性决策和具体性决策的行为。前者是指对政策、法律、法规(含党内法规)的执行,后者指处理各种具体问题的具体性决策的执行,如行政处罚决定、司法判决的执行。

各种公共决策只要是合法成立,具有公信力,决策者、执行者及相关利益主体就必须无条件执行和服从。不执行或错误执行,决策就无意义,既损害决策者的权威,损害党和政府的威信,也损害社会公共利益,危害社会公共秩序。因而,决策执行与否、执行是否正确,也就成为一个重大问题。做到执行坚决、执行合法,就需要对执行进行监督。

在我国,从执政党层面来说,执行主要是执行党中央确立的路线方针政策以及重大决策部署、上级党委的决策以及本级党代表大会的决策。执行的主体主要是各级党委及其职能部门。在民主革命时期,党委也叫执委,表明其执行的特征。各级党委本质上是党内执行机构,虽然也有相当大的决策权,但这种决策权从属于执行性决策。除了党委外,党内职能部门也是党内决策执行的重要主体。党内法规需要党内职能部门如组织部门、宣传部门、统战部门、政法部门在各自的职责范围实施。

国家层面上,代议机关管决策,行政机关管执行,所以,行政机关的职责就是执行国家的各种决策,包含抽象性的法律法规,以及上级行政机关和同级代表机关作出的具体决策。执行性是行政机关职责的主要特征。国家大量的执行事务由行政机关承担,行政机关是国家最重要的执行机关。除了行政机关外,国家监察机关、司法机关也在职责范围内承担法律的执行。所以行政机关、监察机关和司法机关是国家法律实施的主要机关。

执行主体对法律法规政策等抽象性决策的执行是一个连续性、实时性、动态性过程,对具体问题决策的执行是个案执行,如行政决定、司法判决、单位党委"三重一大"决策、纪律处分决定的执行。执行是公权力的运用,涉及一系列复杂的问题,法律对执行作出了各种规范,以保证执行行为不变样。法律对执行的要求总的来说是三个:一是合法,二是时效,三是效益。

1.执行的合法性

合法执行,包括执行的依据、主体、职责、权限、程序合法,即实体合法、程序合法。不仅是国家的行政、司法要求合法性,党内法规、党内文件、党内决定的执行也要求合法性。执行的合法性,涉及大量问题,主要有:

(1)依据合法。执行的依据包含两个方面:一是抽象性、规范性的依据,如国家法律、法规,党内法规,具备合法性的各种文件。规范性文件如果没有合法性,则不具备执行的资格,该文件要被有权机关撤销。为保证执行的抽象性依据合法,党和国家建立了复杂的备案审查制度体系。二是具体行为的执行,如行政决定、司法判决、监察处置、纪律处分。具体行为的执行也要具备合法性,执行机关对其合法性要进行判断,发现不合法的,按照有关程序处理,典型的如行政执行,行政机关申请人民法院执行行政决定,人民法院要进行合法性审查,对于不合法的行政决定,裁定不予执行。我国公务员法规定了公务员的抵抗权,公务员在执行有关决定时,发现被执行的决定不合法,要及时提出异议;明知不合法而予以执行的,要承担一定的责任。

(2)主体合法。法律对公共事务的管理,分门别类进行授权,授权特定公权机关负责特定领域公共决策的执行,这是执行主体合法。判断执行主体是否合法,关键是看主体对执行事项是否有法律授权。一般而言,法律法规明确规定了执行主体,不是这个明确授权的主体来执行法律法规,就会出现主体不合法问题。具体问题决定的执行,要看法律授权情况。如行政决定,我国分裂确立由人民法院执行为原则,行政机关自己执行为例外的执行原则,除非法律明确授权行政机关执行外,全部要向人民法院申请执行,违反这个原则,就会出现执行主体错误现象。对于罚款,我国法律规定收缴主体是银行金融机构,行政机关不是收缴罚款的合法主体,所以行政机关不能收缴罚款。没有法律授权的执行就是越权。

（3）执行权限合法。不同的法律法规规定了执行法律法规的措施和手段,这就是执行权限,比如,《中华人民共和国人口与计划生育法》没有授予限制人身自由的执行权限,计生部门机关就不能使用连坐的方式来执行该法。再如,具体执行决定上写着"罚款",就不能使用没收的方式来执行。法律规定要强制拆除违法建筑的,不能以罚款来替代。超越法律授予的措施来执行的,就构成违法执行。

（4）执行程序合法。个案执行往往有法定程序可资遵循,如民事诉讼法、行政诉讼法、刑事诉讼法、行政强制法、招标投标法、土地管理法、城市房屋征收补偿条例。违反这些法定程序导致违法执行,损害当事人合法权益的,要承担国家赔偿责任。党内法规也规定了大量的执行性程序,如巡视工作条例规定的巡视程序,党纪处分条例规定的执纪处分程序,问责条例规定的问责启动、调查、报告、决定、执行程序。

2.执行的时效性

执行的时效性指的是,执行必须在规定时间内完成。法律有时效制度,超过时效,不得追究,如刑法、行政处罚法、民事诉讼法,同时规定了法律法规只能在有效期内执行,不得溯及既往,法律法规废止后不得执行。具体问题决定的执行,一般在决定书上写清楚,执行需要在此期间内完成,超越时限,将启动强制执行。没有正当理由拖延执行有关决定的,执行人员要承担相应的法律、纪律责任。

3.执行的效益性

执行行为也遵循比例原则,即执行措施符合必要、适当、适度要求,不可过度增加执行成本。制订执行方案时要研究以最小的成本和对当事人最小的损害来达到执行的目的,按照"必要、适当、适度"的要求选择执行方案。该原则形象地表示"不可以大炮打小鸟",要以成本最低、损失最小的方式执行,不得扩大当事人的损失,加重当事人负担,增加公共财务成本。执行的效益性要求花小钱办大事,反对铺张浪费,为此,执行主体要深入研究和选择执行方案。比如,建设一个公共服务设施,执行部门必须严格按照招标投标法规定的程序进行招投标,同时在相同质量的前提下尽量选择价低的材料,不得高于市场价进行采购,若违反这些要求,大手大脚搞建设,就构成违反财经纪律的行为,严重的构成腐败犯罪。在有相对人的具体事项执行中,不得随意扩大执行范围,否则造成当事人损失的,需要承担国家赔偿责任。

二、监督

监督,作为权力运行的一个环节,本身也是监督的客体,这叫对监督的再监督。我国《监察法》专章规定了"对监察机关和监察人员的监督",系统规定内外监督方式,外部监督如人大常委会对监察机关的监督,内部设立专门机构加强对纪检干部的监督。为什么监督本身也要被监督呢?因为监督权也是公权力,具有权力的本质,即扩张性、侵犯性、腐败性,所以需要对监督权予以再监督,正如我国纪检监察部门说的要清除"内鬼",防止"灯下黑"。监督人员正人先要正己。要正己除了加强学习,提高自身政治素质、业务素质外,还要将自己置于内外监督体系中,以外力的督促,促使监督人员提高素质,坚强有力地履行职责使命。

作为公权力运行其中一个环节的监督之所以要被再监督,除了权力本身具有的特点要求再监督外,还有以下原因。

1.监督的本质要求其置于被监督中。监督是指挥棒,其本意是为了矫正他人的越轨行为,如果自身就是越轨的,则无法达到矫正他人行为的目的。监督者是不是越轨,除了依靠本身的思想觉悟和业务水平来矫正外,需要其他人来监督,两个方面均不可或缺。历史上,我国古代的御史因为缺乏有效的监督,一旦皇帝昏庸,无法监督御史,御史就会不可避免地走向腐败,从而导致整个官场走向腐败,动摇封建王朝的统治。"监督监督者"不仅是历史真实问题,而且还是一个历史难题。只有人民成为国家主人,人民成为公权力的监督者,所有公权力纳入人民的再监督中,才能真正解决"监督监督者"的历史难题。

2.保证监督权依法行使。监督权的运行与决策权、执行权一样,需要在既定的轨道上按照既定的规则依法运行,任何偏离既定规则的监督行为都违背法治原则与精神,同时间接影响了其他机关依法履职,进而搞乱整个国家的法律体系,让国家和社会无所适从。要保证监督者依法履行监督职责,行使监督权限,一方面要加强监督者的法治思维能力训练,增强监督者的法律素质,同时要对监督者行为进行合法性监督。

3.防止监督者腐败。监督者承担一定的反腐败职能,本身虽未直接管理资金、资源,但办理案件过程中涉及赃款赃物,如果对赃款赃物的监督管理不到位,监督者也有可乘之机,从中牟取私利,产生腐败。监督者的权力也存在被收买的可能。监督对象为了掩盖问题,在尽量隐藏真相的同时,也可能会想尽办法拉拢、腐蚀监督人员。监督者如果陷入腐败泥淖,那整个社会道德和秩序就会崩溃。古代中国王朝的御史分肥,就是御史被所监督的地方或部门腐蚀,参与腐败,是王朝崩溃的原因之一。所以,监督者的腐败会摧毁社会的凝聚力和基本信任,使社会走向崩溃。要防止监督者腐败,必须要对监督者进行再监督。

4.防止监督者失职。监督主体或监督人员对监督权的行使有一定自由裁量权,对对象、时机、方式等方面有选择的余地,如果监督者对应该监督的对象和事项没有及时进行监督,就表现为监督失职。何谓"应该监督"?简单地说,就是重点对象的重要事项,就是所谓抓住"关键少数"。这就存在一个监督者的判断与选择问题。监督者的判断、选择错误,致使该监督的未监督,不该浪费监督资源的,却不遗余力进行监督,由于监督不到位而产生严重后果,就构成监督失职、渎职。监督失职既可以是监督主体失职,也可以是监督人员失职。监督主体对管辖权范围内应该监督的事项,没有采取监督行为,致使监督对象发生重大腐败问题或监督事项发生重大事故,出现监督失职。监督者是具体实施某项监督行为的人员,也可能出现监督失职,造成不应有的风险或事故。为避免监督主体以及监督人员失职,对监督予以再监督的机关和人员,要及早研判哪些事项需要进行监督,提醒监督主体及时采取监督行动。对监督的再监督,还包括对监督失职、渎职人员的责任追究,这与追究其他公职人员失职渎职责任是一样的。

第 五 章

监督内容与规范

　　明确了监督主体、对象和客体,监督还是无法展开,因为监督权的指向不明,监督者无法形成明确的问题意识,所以,要搞好监督工作还必须明确监督方向和侧重点,以及依照什么标准对监督客体做哪些方面的评价。这就涉及监督内容和规范。

　　监督内容指的是监督行为具体指向,针对公权行为的哪些方面,即监督的关注点、着眼点、侧重点何在。它与监督对象与客体不同,监督对象是人或组织,监督客体是监督对象实施的公权行为,监督内容侧重于监督客体某一方面的要求。即使是需要监督的公权行为,需要监督的侧重点也有很多方面:对行为是否符合政治要求的政治监督,就履职情况的监督是履职监督,对行为是否合乎宪法规定与精神的合宪性监督,对行为是否合法合理的合法性监督,对行为是否廉洁进行的廉政监督,对行为是否符合党纪政纪的纪律监督,对行为是否符合效率效益进行的效能监督,对行为是否符合道德的道德监督等等。所以,监督内容主要包含政治监督、履职监督、法制监督(合宪性监督、合法合理性监督、法律监督)、廉政监督、纪律监督、效能监督、道德监督、审计监督、财政监督、预算监督、信息公开监督、作风(行风)监督等。本书选取部分监督内容进行讨论。

　　监督内容决定了监督方向、思路、依据和监督方式,决定了监督者关注的问题。不同的监督内容,要求监督者要有不同的问题意识。监督内容虽与监督对象和监督客体相关,但毕竟存在不同的规定性,因而不能把监督对象、监督客体与监督内容混为一谈。

　　不同的监督内容,监督者据以评价的依据和标准也不同。这就是监督规范问题。所谓监督规范,就是监督者对监督客体是否符合特定要求据以评价的标准和依据。常见的监督规范有:政治性规范、宪法规范、法律规范、纪律规范、廉政规范、道德规范、作风（行风）规范。除此之外，作为评价标准，监督规范还包括经营计划确定的时间要求、效益要求、质量要求如行业标准、国家标准等。

不同的监督内容，监督规范也不相同。只有明确了监督内容，才能相应确定监督规范，所以监督内容与监督规范密切相关。本章拟对监督内容与规范一起讨论，不分别阐述。

第一节　政治监督

政治监督是指对政治理论、路线方针政策，重大决策部署落实情况的监督，以及对弊政的监督。政治监督是一个国家或政党非常重要的专项监督，西方国家也有政治监督，社会主义国家政治监督更显重要。我们首先考察西方国家的政治监督，然后对我国的政治监督做重点考察。

一、西方国家的政治监督

西方国家的政治监督主要指向执政党的政策及施政进行监督。监督主体是国会与在野党。西方国家的政体不同，政治监督也有差别。西方政治监督涉及的规范主要是程序上的规范，要求遵循议会运行的基本程序，比如政策辩论程序、议会听证程序、法案审议和通过程序。对执政党施政的实体内容进行监督，是西方政治监督的主要内容，主要监督执政党政策及施政是否符合现实情况与要求，是否能够解决问题，是否带来其他问题如社会不公平、种族歧视等等。

1.内阁制政府

内阁制政府主要由议会对政府的施政进行监督。议会的监督表现为对政府施政的赞同或反对。政府虽然是由议会中的多数党组成，但政府的施政必须要获得议会的多数支持，否则政府无法在议会通过财政预算法案，进而无法施行政策措施。所以，政府的施政是否获得议会的多数支持，就成为议会内阁制国家政治监督的主要内容。在议会通过对政府的不信任案或者不通过政府提交的预算法案两种情况下，表明议会不赞同政府的施政，此时政府要么修改预算法案,要么总辞职。议会内阁制政府的内阁成员也具有对首相和其他阁员的政治监督权。内阁成员如果不赞同政府的施政,就可以辞职,由于首相和其他内阁成员之间承担连带责任,内阁成员的辞职必然导致整个内阁辞职。议会内阁制国家的政治监督经常发生,所以,内阁制政府往往不稳定,政府的施政缺乏连续性和稳定性。

2.总统制政府

总统制国家,总统和议会均由民选产生,两者均得到选民的委托与信任,在议会不赞同政府政策措施时,议会不能以诸如不信任投票或其他方式迫使总统及其政府成员辞职,但议会对政府的政治监督始终存在。议会对政府的政治监督主要有五种方式:一是审议并批准政府提交的预算法案。政府的施政需要财政支持,如果议会不批准政府提交的预算法案,意味着议会不认可政府的施政,这是议会对政府施政的监督。如果众议院不通过预算法案,联邦政府就面临重大危机,联邦政府就要修改预算法案,重新提交议会审议,地方政府的预算法案不通过,地方政府就要关门,停止运作,直到地方议会通过预算案为止。二是议会通过法案要求政府采取某项政策或措施。如果议会对政府的施政不满意,认为政府有必要采取某项政策或措施时,议会可以通过法案,促使政府采取行动。三是议会对政府政策或措施有看法时,可以对政府政策进行辩论,并通过表明议会赞同或反对的声明。因为议会中反对党的存在,执政党的政策错误,会给反对党带来重新上台执政的机会,所以,议会中的反对党会不遗余力对执政党的施政进行监督甚至攻击,往往引起议会中激烈的政策辩论程序。四是像美国的议会中的参议会还有权以听证方式对总统的人事任免进行监督,否决总统不合理的人事提名。五是执政党的施政出现明显的错误和问题时,议会可以组成对政府弊政的调查委员会,对总统或政府的弊政进行调查。

二、我国的政治监督

我国的政治监督与西方国家以在野党和议会对政府施政进行科学性、合理性监督不同,我国实行多党合作,不存在反对党,所以我国的政治监督具有独特含义、内容和鲜明的中国特色。

从内容上看,我国的政治监督主要包括三个方面:学习宣传贯彻政治思想理论方面的监督、贯彻落实路线方针政策等大政方针方面的监督、贯彻落实党中央重大决策部署方面的监督。这三者关系密切,路线方针政策根源于政治思想理论,重大决策部署从属于路线方针政策,因而我国的政治监督首要任务就是强调学习宣传贯彻政治思想理论,只要把政治思想理论深入到各级领导干部的思想意识深处,从中央到地方就能够很好地贯彻落实依据政治思想理论制定的路线方针政策与重大决策部署。可以说路线方针政策和重大决策部署是政治思想理论的具体化。

在中国特色的政治监督中,党中央发挥核心作用。首先,党中央确立政治监督任务甚至确定政治监督的选题。党中央根据形势需要,确立政治监督具体任务与内容,这是政治监督选题。如果党中央对政治监督未作具体指示,则巡视组、纪检委可以自主确定进行某项政治监督,这是巡视组、纪检委的政治监督立项,报党中央批准后实施。其次,组织监督力量。党中央是党内监督的主要领导者、组织者,发挥党内监督主体作用,当政治监督任务明确后,党中央可以组织巡视组、督导组,或者指派纪委具体实施某项政治监督任务。再次,由巡视组、督导组制订政治监督方案并报经批准后实施。最后,发现问题,反馈问题,要求整改并检查整改情况。

1.监督学习宣传贯彻马克思主义及其中国化时代化的理论成果

政治思想理论的学习宣传贯彻是我国政治监督的重要内容。当意识形态领域政治思想理论发展创新时,党章和宪法都会及时修改,确认党的创新理论的最高指导思想地位,因此学习、宣传、贯彻创新思想,就成为公民的法定义务。党章和宪法是开展学习宣传贯彻马克思主义及其中国化时代化理论成果的政治监督的规范依据,党的理论创新成果的权威性文献,也成为政治监督必须要遵守的规范。

马克思主义与中国国情与实际相结合,在革命、建设、改革、全面建设社会主义现代化国家不同历史阶段,先后创立了毛泽东思想、邓小平理论,形成了"三个代表"重要思想、科学发展观、习近平新时代中国特色社会主义思想。马克思主义及其中国化时代化的各种理论成果,要武装群众,发挥实践的指导力、引领力,就必须要在全党全国进行学习宣传。通过政治监督,将马克思主义及其中国化时代化的最新成果,进入教材、课堂、各种刊物、各种媒体,成为各级各类学校、各级各类媒体、各级各类单位学习、宣传的重要内容,促使马克思主义及其中国化时代化理论成果进入人民的头脑中,尤其是党员领导干部的思想意识中,成为人民尤其是领导干部想问题、做决策必须遵循的价值准则和思维方式,进而在全党、全国凝聚党心、民心,形成思想一致、步调一致、行动协调的政治局面，以最大可能实现党和国家确立的发展目标。

由于领导干部在各种岗位上起关键作用，领导干部的思想意识是否跟上了形势与时代的步伐，对于党和国家的整体施政起决定性作用，所以政治思想理论首先要进入领导干部的思想意识，各级各类领导干部的培养是学习宣传贯彻政治思想理论的重中之重，因而领导干部是政治监督的重点。

2.路线方针政策的贯彻落实

路线方针政策是全党中心工作的集中体现，全党各级组织、党员，尤其是党员干部都要自觉围绕党的中心工作进行价值判断和行为选择。如党的八届二中全会制定的"鼓足干劲，力争上游，多快好省地建设社会主义"的总路线，成为社会主义改造完成后全党的中心工作，全党要围绕多快好省建设社会主义努力工作。十一届三中全会以来，党确立了以经济建设为中心，对内改革、对外开放的新时期总路线，全党要以是否发展生产力、是否改善人民生活作为一切工作成败的判断标准。党的二十大党中央确立了全面建成社会主义现代化强国的路线方针政策，要求全党为此团结奋斗。正是因为路线方针政策是全党中心工作的高度概括，具有权威性和稳定性，因而必须以全党的意志、国家的意志表现出来，成为党章、宪法的重要内容。

为了使党和国家确立的路线方针政策的贯彻落实具有可监督性，除了党章和宪法依据外，党纪处分条例、行政机关公务员处分条例、政务处分法等法律法规、党内法规，均把是否贯彻执行党和国家确立的路线方针政策明确为党纪、政纪，要求党员、公职人员，尤其是各级各类领导干部，必须牢记使命，并在履行职责中自觉贯彻落实路线方针政策。

3.党中央重大决策部署

党中央根据改革、发展、稳定、安全的需要，出台一些重大决策部署，要求各地方各部门采取有力措施坚决执行。党的十八大以来，党中央出台了诸如脱贫攻坚、环保整治、供给侧结构性改革、新冠疫情防控等重大决策部署，为了使这些重大决策部署能够得到有效贯彻执行，党中央以《党纪处分条例》《问责条例》作为依据，发挥党内监督主体责任，派出巡视组、督查组赴各地、各部门，进行细致监督检查，以求发现落实不力问题。特别是脱贫攻坚，不仅各地党委为落实党内监督主体责任，常态化巡视巡察，督促脱贫攻坚以求实效，而且各地纪检监察部门也发挥职能作用，以党中央确立的重大任务作为纪检监察的重点选题，有针对性地展开监督工作，力求督促各地方、各部门按时按质按量完成党中央的重大决策部署。

贯彻落实党中央重大决策部署,不仅是执行部门的任务,也是履行监督主体责任和监督专责部门的任务。党中央往往提出这方面的监督任务,确立政治监督选题,巡视组、督导组以此作为监督主题,制订监督方案,并组织实施。纪检监察部门也以贯彻落实党中央重大决策部署作为监督选题,经批准后组织实施。这方面的专项监督工作,是纪检监察部门的一项重要工作,以纪检监察职能来督促落实党中央和地方党委的确定的重大任务。

第二节 履职监督

履职监督,也叫日常监督,是指对监督对象的日常履职情况进行监督检查,以发现问题,促进监督对象更好地履行职责。履职监督包括两个方面:一是了解监督对象履行了哪些职责,在一定期间内做了哪些事情;二是对监督对象的履职行为是否正确进行评价,督促监督对象纠正错误的履职行为。法律对监督对象履职总的要求是依法履职、秉公用权,即合法、合理履行职责,我国监察法对此作了明确规定。

一、依法履职

法律设定公权机关,授予法定职责和权限,要求法定职责必须为。公权机关需要对法定职责层层分解,将职责落实到每一个岗位、每一个公职人员身上。每一个公职人员必须依照机关对职责的分解、落实情况,明确其职责范围、可以运用的手段、行使权限的法定事由、必须遵循的程序、监督渠道和方式,以及违背实体和程序规则应承担的责任。这就是公职人员的依法履职。

公职人员接受人民的俸禄和国家的委托,必须视职责为天职,兢兢业业、恪尽职守,履行好法律赋予的神圣职责。履职就是公职人员的日常工作,因而对公职人员的履职监督就是日常监督,这区别于对某一特定事项的专项监督。如果公职人员背弃职守,尸位素餐,甚至违背法律的根本目的执法犯法,侵害人民群众的合法权益,那就失去了法律授权目的,也失去了公职人员存在的理由。

依法履职首先要求公职人员依法定职责履职。法定职责就是法律授予的主管社会事务的范围。超过主管事务范围，属于越权履职。现代社会不同社会关系的本质不同，其运行具有特殊性、复杂性，所以法律采取分类授权、专业性授权方法，把不同的社会关系管理视为不同的业务类型，授予不同的机关进行主管，如新闻媒体与国防外交是两个完全不同的社会领域，具有完全不同的运行规律，法律调整这些社会关系的规则必然不同，为此法律就要设置不同的部门，分别授权管理职责。即使这些机关进行撤并，但业务主管本身是无法撤并的，依旧要由专业性的机构进行监管，比如食品、药品、质量、市场监督部门合并，各专业性的监管业务依旧存在，由市场监管部门相应机构承担监管职责。公职人员依法履职，首先要在法律授予的职责范围内履行职责，这是判断是否依法履职的首要标准。

其次，依法履职要求公职人员依法定权限履职。法律为了公权机关能够有效履行职责，会赋予相应的措施、手段，这就是权限。公职人员必须明确为履行其职责，他可以行使哪些权限，凡是不在法律授予权限范围内的措施、手段，公职人员均不得使用，尤其是给予限制和制裁的措施。这个是依法履职的难点所在。一些公职人员法律意识淡漠，法律知识匮乏，根本不懂只能行使法定权限，否则就构成违法履职，他们以为大盖帽一戴，就可以为所欲为，滥施手段，给社会造成法外伤害，这是违背法律授权目的的违法行为。

再次，依法履职要求依法定事由履职。公职人员即使有法律授予的某种权限，但也不能随便使用，而是必须在出现了法律设定的事由时才能使用，没有法定事由，不可行使权限。比如，法律授予公安机关在履行刑侦职责时，可以刑事拘留公民，但公安机关不能随意刑拘公民，因为法律规定了刑拘的法定事由，就是有证据证明公民涉嫌犯罪，若错误刑拘则构成刑事侦查违法，需要承担国家赔偿责任。实践中，笔者注意到一些监察人员在履行监督职责过程中使用搜查等权限，这就是没有依法定事由履职，因为搜查这一权限只能在监察对象涉嫌职务违法犯罪这一事由时才能经批准使用。

还有，依法履职要求依法定程序履职。法律授权的权限，也必须要依法定程序来行使，违背法定程序，也构成违法履职。比如监察机关行使留置的调查权限，必须履行使用留置的法定程序，在规定的时间内通知单位和家属。法律为了规范公权力的行使，设置了大量程序，有些程序对于维护公民合法权益,保障社会公平正义,发挥了很大的作用。公职人员需要对自己行使权限的程序非常熟悉,在履职过程中,严格遵循法律设定的程序,否则构成程序违法。

最后,依法履职必须受到监督和法律责任的保障。有权力就要受到监督,任何履职机关和内设部门,其公开履职行为必须载明监督渠道、方式,比如举报电话、电子网络,以方便社会公众随时举报,以社会监督来保障依法履职。公权机关和公职人员违法履职,要承担法律责任和纪律责任。公权机关违法行使职权,其履职行为会被监督机关撤销或改变,造成当事人合法权益损害的,要承担国家赔偿责任。公职人员违法履职,要承担政务处分法、行政机关公务员处分条例、《法官惩戒工作程序规定(试行)》①、《检察官征惩工作程序规定(试行)》②规定的纪律制裁。以严格的法律责任和纪律责任追究确保公权机关和公职人员依法履职,是当今世界通行做法。

笔者认为监察机关要对所有行使公权力的公职人员依法履职情况进行监督,是个困难的事情。首先,监察对象极其庞大。虽经过派驻全覆盖的机构扩张,但仍难以覆盖到所有监察对象。其次,每一个公职人员依法履职具有很强的业务性、专业性特点,有复杂的实体审查内容和标准,监察人员想精通所有监察对象的业务,几乎是不可能完成的任务。比如环境监督检查,实体上检查哪些内容,被检查项目是否合乎标准,就是一个很难的问题,非经长期的专业训练,要做好环境监督检查工作几乎不可能。再如,法官是否依法判案,就是专业法官有时很难判断,更何况非专业的监察人员、医生的履职,更是非专业人士无法理解的;即使是常见的征地拆迁,其业务性也很强,非经长期培训和实践,很难做到合法征地拆迁。再次,每一个监察对象的履职程序都非常复杂,很难被非专业人士熟悉和掌握。比如,行政监督检查程序,要履行"双随机、一公开"③的规则,以及监督检查如何开展等复杂的程序。再如土地、房屋征收程序就非常复杂,征收人员是否依法履行征收程序,监察人员正确判断的难度很大。还有招标投标程序,很多招投标程序看似合法,却掩藏着非法行为,不熟悉招标投标程序的人,对诸如非法围标、

---

① 最高人民法院于 2021 年 12 月 24 日,以法〔2021〕319 号印发。

② 最高人民检察院于 2022 年 3 月 5 日印发。

③ "双随机、一公开",是指行政机关必须履行的三项制度,即随机抽取检查对象、随机选派执法检查人员的"双随机"抽查机制,与检查结果在全国统一的市场监管信息平台上公开,以此来克服执法随意、执法扰民、执法不公、执法不严等问题。

串通投标、泄露标底等非法程序行为,是无法判断和把握的。最后,对公职人员依法履职监督的授权出现了交叉重复,监督职责难以厘清,监督失职不好追责。对于履职监督,法律一般情况下授权给单位内部监督、行业上下级监督、司法监督。同行业之间,上下级具有业务指导关系,不存在业务上的障碍,其监督具有专业性特点,比如复议监督,上下级监督是廉政监督的基本方式。如果发生履职监督不到位,究竟是机关内部、行业上级还是监察机关承担监督失职责任? 或是全部都要承担责任? 目前的法律还没有对此作出规定。

二、秉公用权

监察法使用的"秉公用权"是什么含义? 是否仅仅指程序上的中立? 要想秉公用权成为可监督的客体,必须要有明晰的内涵。秉公用权应有以下四方面的内涵:

(1)基于公共利益来行使权力。秉公用权的"公",毫无疑问含有公共利益、公共秩序的含义,公权力本来就是基于公共利益的需要而设立,为维护、增进公共利益而行使,所以,维护公共利益是秉公用权的题中之义。基于公共利益而行使权力的规则,就会使基于个人政绩而行使权力不具有合法性。树立正确的政绩观是秉公用权的必须要解决的问题。

(2)公私分明的权力观。权力不能用来牟取私利。无论身在基层或处于高位,公职人员手中都握有一定的权力,但这个权力是人民赋予的,只能用来为人民服务,对人民负责,不可用来为个人、家庭,甚至小集团牟取私利,这是基本的权力观。所以树立正确的权力观是秉公用权的前提,通过对公职人员秉公用权的监督,矫正公职人员的权力观,这是监察机关监督职责设定的重要目的。

(3)平等对待当事人的程序观。秉公用权包含公正对待、不歧视、不偏袒当事人的程序正义的含义。公权力是维持社会正义的必要手段,本质上必须中立,不能偏袒任何寻求公权力救济的当事人,任何私设公堂、偏袒一方当事人的行为,均违背公权力的本质。程序正义是现代法治的必备要素,违背程序正义要求,行为不合法。

(4)合理裁量的实体正义观。秉公用权要求在实体处理上要做到裁量合理,不可畸轻畸重,不可重罪轻判、轻罪重判。合理裁量,是公权力在面对纷繁复杂的社会矛盾和纠纷时,要采取审慎的态度,合理采取手段措施,不可"大炮打小鸟",不可无正当理由加重当事人的损害,任何政策、措施的使用,均要考虑成本、损失最小,收益最大。在面对有裁量幅度的行为时,权力机关必须根据情节,按照过罚相当、罪刑相当的原则进行合理裁量。

第三节　法制监督

法制监督是为了保障国家法律体系一性、协调性、权威性而进行多层次、多环节监督。包括:宪法监督、备案审查、合法性监督、合理性监督、法律监督等。法制监督在维护法律权威、保证社会长治久安、经济持续发展、社会和谐稳定、文化繁荣方面,具有特殊重要的作用。

市场经济发展是有条件的,这就是营商环境问题。当法律权威性不够,营商环境恶化,市场风险增大,市场主体无法建立起稳定的预期,自然无法安排投资与交易,尤其是长期投资,更无法对风险进行有效规避,投资和交易会趋弱,经济整体上就会表现为活力不足。经济要想持续发展,必须要为市场主体提供稳定的预期,使市场主体得以理性计算投资和交易收益与风险。稳定的预期来源于法律和政策的稳定性、有效性。只有稳定、有效的法律和政策才能为市场主体提供投资和交易据以发生的确定性。如果社会缺乏计算投资与交易收益与风险的确定性,市场主体的预期就无法稳定,投资、交易、创新,尤其是长期投资很难发生,由此经济与社会就失去了持续发展的动力,进而有可能走向经济衰退、民生凋敝甚至社会动荡。

稳定的预期建立在法律具有权威性、有效性、稳定性、协调性的基础上。法律若无权威性、稳定性、协调性,社会就无法建立起稳定的预期,人们的行为就无所适从,经常处于做不对、不做也不对、此时对彼时不对的状况里,社会的和谐稳定难以维系,社会运行成本将大为提高。

影响法律权威性、稳定性、协调性的主要因素是国家行为。也就是国家的立法、行政、司法与监察行为,当然公民和社会组织的行为也破坏国家法制,因而也要纳入守法与否的监督范围。只有在有效的、可靠的法制监督基础上,才能确保国家行为在法治轨道上运行,进而保证法律的权威性、稳定性、协调性,在此基础上保证经济持续发展、社会和谐稳定、国家长治久安。

为此,国家必须建立有效的法制监督体制,以确保国家行为合宪合法合理。

法制监督首先是宪法监督,以保证法律体系在宪法基础上实现统一性、协调性。其次是行政行为的合法性合理性监督,因为行政机关是执行法律的主要力量,行政机关若不正确执法,那么法律无法贯彻落实,法律权威无法树立,政府失去公信力,法律秩序就无法形成,已经建立的法律秩序也会遭到破坏。再次,司法机关守护正义,维护法律尊严。司法机关承担匡扶正义的神圣职责,司法机关以法律来评价是非,处理纠纷,惩罚违法犯罪,维护秩序,实现法律,所以,司法机关是法制监督的重要力量,监察行为的合法性。最后,监察机关承担矫正公职人员行为的职责,本身必须严格依据法律的规定行使职能,如果监察违法,其后果远比行政机关、司法机关违法严重。最后,任何公民、法人和其他组织的守法也需要监督,由检察机关承担法律范围内的监督,这就是法律监督。

一、宪法监督

宪法监督就是对立法是否合宪进行的监督。美国叫违宪审查,我国叫合宪性审查。为什么要进行宪法监督?宪法监督为什么特别重要?这就要阐明宪法是什么,宪法为什么这么重要。

宪法调整的是国家与国民之间的关系、国家机关的基本架构、国民在国家中的地位等最基本的社会关系,规定国家的目标和实现目标的主要政策,是整个社会价值共识的凝聚。也就是宪法规定了一个国家和社会基本结构、运行的基本原则,是国家和社会得以建立的基础性规范,所以宪法规范是整个法律体系的基石规范。这些规范是社会共同体赖以存在和发展的最基本条件。破坏宪法本质上是破坏国家和社会得以存续与发展的条件,其危害远不是刑事犯罪可比。宪法如此重要,促使现代国家建立起健全的维护宪法权威和尊严的监督体系。

世界上宪法监督有多种模式。典型的分类是按照宪法监督的环节分为事前的原则审、事后个案附带审、事前原则审结合事后个案审。事前的原则审典型的是我国人大及其常委会在法案表决前对法案是否合乎宪法所做的审查,叫合宪性审查。事后的个案附带审,典型的是美国的违宪审查,将国会和州立法是否违宪纳入个案附带进行违宪审查。事前原则审结合事后个案审,典型的是德国宪法法院对法案是否合宪、法律是否违宪进行审查。

事前的原则审。就是法案生效前进行合宪性审查,防止违宪的法案被通过。我国的合宪性审查就是典型。我国人大设立全国人大宪法和法律专门委员会,与人大常委会一起承担法案通过前的合宪性审查职能。全国人大宪法和法律委员会对人大审议的法案在审议过程中承担合宪性审查职能,向人大提出合宪性审查专项报告。人大常委会工作机构对常委会审议的法案进行合宪性审查,提出专项审查报告。我国之所以不叫违宪审查,而叫合宪性审查,是因为我国宪法监督的主要环节是在法案审议中、通过前,此时法案尚未生效,谈不上立法违宪问题,只存在法案是否合乎宪法原则、规定和精神问题。我国的合宪性审查的优点是经过事前审查,在立法过程中尽量消除法案违宪的可能。但由于法案尚未实施,可能带来违宪问题尚未暴露,因而我国的合宪性审查也存在事前无法充分发现违宪问题的不足。这需要合宪性审查人员提高履职能力,尽量预见到法案生效后可能带来的违宪问题,事前就采取措施,避免违宪问题的发生。

事后个案附带审。美国国会两院通过法案并经总统签署后生效,这个过程虽然也有对法案是否合宪的审查程序,如国会的"三读"审议程序、总统的批准程序,但法院无权介入法案的审查与批准程序。法院只有在法律生效后在执行过程中发生了争议,这些争议被诉请至法院裁决时,相关条款被认为违反宪法的规定或精神,由当事人附带提出违宪审查,此时法院才获得宪法解释权和违宪审查权。法院经审查认为争议条款确实违宪,就会裁定违宪条款不得适用。违宪条款无效,不影响其他条款的效力。美国的违宪审查虽然在个案审查中作出,但由于美国实行判例法,判例具有拘束力,后来的判决不得违背先前作出的违宪审查判决,由此,违宪审查由个案而取得普遍效力。美国法院凭借违宪审查取得了对国会立法的解释权、审查权、制约权,在三权分立结构中实现对立法权的制约。

事前原则审结合事后个案附带审。这个模式的典型是德国宪法法院的宪法监督。德国宪法法院对国会立法行使事前抽象原则审,对立法合宪与否进行审查把关,如果被宪法法院裁定违宪,国会不得颁布该法,把违宪问题消除在立法过程中。法案通过生效后,因为法律的实施产生纠纷,任何国家机关、当事人认为法律规定存在违宪问题,均可将案件提交到宪法法院进行审理,由宪法法院对争议条款是否违宪作出裁决。德国宪法法院就违宪问题的裁决具有判例法的拘束力,其他法院必须受宪法法院违宪问题裁决的拘束。

宪法监督的主要内容是审查法案是否违反宪法的规范性条款,是否符合限制权力保障权利这一根本立宪目的。宪法监督主要审查三个方面:一是国家权力的宪法定位;二是审查法案是否符合基本权利的宪法保留条款;三是消除法律体系内部的矛盾、冲突、不协调问题,建立以宪法为核心、内部协调有序的法律体系。

第一,关于国家权力的宪法定位,经典案例是美国联邦最高法院受理并审理的马伯里诉麦迪逊案。判决作出后成为判例法规则,联邦法院由此取得了宪法解释权和司法审查权。美国宪法及其修正案并没有对宪法解释权作出任何规定,联邦最高法院首席大法官马歇尔利用此案,明确了最高法院具有宪法解释权,并由此引申出法院对国会立法是否违宪的司法审查权。按照宪法的规定,最高法院对此案并无初审管辖权,只有上诉审管辖权,但国会 1789 年 9 月通过的《1789 年司法条例》第 13 条规定最高法院有权对政府发布禁制令(执行令)的权力,首席大法官马歇尔认为,《1789 年司法条例》第 13 条与宪法相互冲突,因为它在最高法院没有初审管辖权的情况下规定最高法院有权向政府官员发出执行令,实际上是扩大了宪法明文规定的最高法院司法管辖权限。如果最高法院执行《1789 年司法条例》第 13 条,那就等于公开承认国会可以任意扩大宪法明确授予最高法院的权力。马歇尔认为,此案的关键性问题在于是由宪法控制任何与其不符的立法,还是立法机构可以通过一项寻常法律来改变宪法。在这两种选择之间没有中间道路。宪法或者是至高无上、不能被普通法律改变的法律,或者它与普通法律处于同一水准,可以被立法机构随时改变。如果是前者,那么与宪法相互冲突的立法就不是法律;如果是后者,那么成文宪法就成为人们的荒谬企图,被用来限制一种本质上不可限制的权力。至此,宪法的神圣性已呼之欲出,司法对宪法的解释权及对立法是否违宪的判断权逻辑上得以确立。

第二,立法是否符合宪法保留条款的问题。成文宪法均规定了公民的基本权利条款。宪法的基本权利究竟是什么含义,有什么作用呢?这个是宪法监督必须要明确的问题。基本权利是国家以最高法规范认可的必须要尊重、保障、实现的权利,是国民在国家中宪法地位的标志,是立法机关和行政机关不得限制和侵犯的权利,是宪法对立法权范围提出的保留,也就是宪法保留,即基本权利条款就是宪法保留。宪法保留主要是针对立法权,是给立法权行使的范围划定界限,超越此范围即为立法违宪。之所以要在宪法上确立基本权利的根本法地位,是因为公民的基本权利是公民从事经济、社会、科技、文化活动的法律基础,也是保护和激发公民积极性、创造性的法律源泉。一旦公民基本权利在法律上被虚置,不仅个人的积极性创造性被遏制,而且会导致这个社会活力的枯竭,经济发展、科技进步、文化繁荣就很难实现。

第三,关于法律体系内部协调统一。建立宪法基础上内部协调一致的法律体系,是一项艰难的工作,需要立法机关和宪法监督机构的有效工作,也需要社会广泛参与,才能发现问题,进而改正问题。在我国由于部门立法的存在,部门为了自身利益利用法案起草的机会扩张部门权力,压缩社会空间,致使法律体系内部不协调问题比较突出。为此,合理界分国家权力与社会权利的界限、科学划分行政机关之间的权力边界,是宪法监督甚至是整个国家治理的基础。此外,法律体系内部的协调有赖于法律概念的明确和规范使用,尽量使用历史沿袭已久、内涵确定的法律概念,法律规则必须具备应有的逻辑结构,事实假定、权利义务、法律后果三要素齐备。

二、合法性合理性审查

行政机关的职能是执行法律,维护公共利益,提供公共服务,所以,行政行为要合法是国家和人民对行政机关的基本要求,也是建立和维护社会秩序的必要条件。政府行为背离法律规定与要求,就会伤害行政相对人合法权益,增加社会运行成本,如果政府大规模、长时间违法,就会破坏政府公信力,摧毁既有社会秩序,破坏法律权威,使国家失去民心民意基础。

世界主要国家均建立了对行政行为进行法律控制的基本制度,这就是司法审查制度,由法院承担对行政行为合法性控制的职能。我国法律设置了两套机制来实现法律对行政的控制:一是行政诉讼,由人民法院受理并裁判行政行为是否合法、是否合理;二是行政复议,由上级行政机关审查下级行政机关作出的行政行为的合法性合理性。

1.行政诉讼

行政诉讼由法院对行政机关作出的行政行为是否合法进行审理判决,以监督行政行为。司法审查对行政行为是异体监督,行政诉讼能够有效监督行政行为合法合理。法院按照法律对行政行为合法要件进行全面审查,要求行政行为具备主体适格、事实清楚、证据确凿、适法正确、处理适当、程序合法六大合法要件,不具备六大合法要件的行政行为会被判定不合法。

这六大审查标准反映了我国法律对行政行为合法性要求很高。随着法治政府建设实践的不断推进,我国行政诉讼正在发生可喜的改变,受案范围不断扩大,保障的权利类型不断增加,特别是把规范性文件是否合法也纳入附带审查范围,着眼于实质性化解纠纷,增加了协调和调解两种解决纠纷的方式。我国行政诉讼制度的每一次改变,都反映了我国法治政府建设的进步。行政诉讼不仅审查行政行为的合法性,也审查行政行为的合理性。行政行为的合理性不仅是行政处罚数量上显失公平的问题,还涉及行政处罚以外大量有数量关系的行政行为,如土地房屋征收补偿协议是否合理等,均纳入合理性审查范围。行政合理性审查要适用比例原则,审查行政行为的必要性、适当性、适度性,经审查认定为违反比例原则的行政行为,不具有合理性。这就要求行政机关进行科学决策,选择最恰当的实现行政目标的方式,如果方式不适当,造成当事人额外的损失,不仅是个违反行政合理性要求的问题,还要承担国家赔偿责任。

2.行政复议

作为监督行政行为合法性合理性的又一渠道,行政复议具有自身的优势,但也存在同体监督的问题。其优势在于,系统内监督具有专业性优势,能够更好地发现问题,尤其是在行政行为方式适当性的选择上,另外,行政复议在监督方式上更加灵活,可以根据复议案件的繁简程度,采取书面审查等灵活有效的监督方式。但复议监督存在同体监督的缺陷,复议机关有时从维护行政系统的威信出发,往往维持行政行为,有时复议机关担心成为行政诉讼的被告人而有意维持行政行为。如何有效发挥行政复议制度的优势,避免同体监督的不足,仍然是我国法治政府建设中需要正视的问题。

三、法律监督

守法的义务及于领土和主权范围内所有自然人、法人和其他组织。对领土范围和主权范围内所有自然人、法人和其他组织,因不守法而来的责任追究,就是法律监督。可见,法律监督与责任追究密切相关。

我国宪法将法律监督的职责授予检察机关。根据宪法和检察院组织法的规定,法律监督首先是,主要是刑法监督,由检察机关代表国家追究触犯刑法者的刑事责任。所以,检察机关的主要职能是对刑事侦查(调查)机关移送过来的刑事案件进行审查起诉和提起公诉。办理刑事案件的审查起诉和提起公诉,就是检察机关的主责主业,从这个角度说,我国的法律监督主要是刑法监督,以追究刑事责任的方式监督自然人、法人和其他组织遵守刑法。检察机关监督刑法的执行还包括立案侦查司法人员非法拘禁、刑讯逼供、非法搜查、暴力取证、滥用职权、徇私枉法、枉法裁判等 14 个职务犯罪案件。[①]

除了刑法监督外,法律监督还包括诉讼和执行监督。诉讼监督主要是对法院作出的民事案件和行政案件生效裁判是否合法、合理进行的监督。检察机关对于生效的民事、行政裁判发现确有错误,以抗诉的方式提起再审。执行监督不仅包含对法院自身作出裁判案件执行的监督,也包含对申请法院执行的仲裁文书、调解书、公证书、公证债权文书执行的监督。[②]

检察机关的法律监督职能随着法治建设实践的发展而不断拓展,充分反映了我国法治建设的成效。检察机关的法律监督职能拓展主要体现在民事环境公益诉讼、行政公益诉讼上。民事公益诉讼主要依据《民法典》第185 条规定:"侵害英雄烈士等的姓名、肖像、名誉、荣誉,损害社会公共利益的,应当承担民事责任。"此条规定了民事领域的公共利益,且规定了侵犯民事公共利益的行为必须承担责任。此条文在《中华人民共和国英雄烈士保护法》第 25 条规定的基础上,采用增加"等的"二字的方式,适当扩大了英烈保护民事公益诉讼的对象范围,包括:为了人民利益英勇斗争而牺牲的、堪为楷模的人,以及在保卫国家和国家建设中作出巨大贡献、建立卓越功勋的、已经故去的人。该规定有利于弘扬社会主义核心价值观和英烈精神,培养全社会的爱国主义精神,增强民族凝聚力,维护社会公共利益。为适应《民法典》的规定,最高人民法院和最高人民检察院于 2020 年 12 月 30 日修订了《关于检察公益诉讼案件适用法律若干问题的解释》,指导全国各级检察机关加强对民事公共利益的保护力度。

[①] 最高人民检察院:《关于人民检察院立案侦查司法工作人员相关职务犯罪案件若干问题的规定》2018 年 11 月 1 日最高人民检察院第十三届检察委员会第八次会议通过,最高人民检察院官网,https://www.spp.gov.cn/zdgz/201612/t20161220_176175.shtml,最后访问日期:2023 年 6 月 31 日。

[②] 最高人民法院、最高人民检察院:《最高人民法院、最高人民检察院关于民事执行活动法律监督若干问题的规定》2016 年 12 月 20 日发布,2017 年 1 月 1 日起执行,律师网,https://shlx.pkulaw.com/chl/d2e25275b01ee097bdfb.html? way＝textRightFblx,最后访问日期:2023 年 6 月 31 日。

环境公益诉讼即有关环境保护方面的公益性诉讼,是指由于自然人、法人或其他组织的违法行为或不作为,使环境公共利益遭受侵害时,法律允许其他的法人、自然人或社会团体为维护公共利益而向人民法院提起的诉讼。根据 2018 年 12 月 26 日修订的《检察院组织法》第 20 条第 4 款的规定,人民检察院有依据有关法律提起公益诉讼的职权,《中华人民共和国民事诉讼法》第 58 条规定:人民检察院在履行职责中发现破坏生态环境和资源保护、食品药品安全领域侵害众多消费者合法权益等损害社会公共利益的行为,有权向人民法院提起公益诉讼。

行政公益诉讼是指人民检察院在履行职责中发现生态环境和资源保护、食品药品安全、国有财产保护、国有土地使用权出让、英烈纪念设施保护等领域负有监督管理职责的行政机关违法行使职权或者不作为,致使国家利益或者社会公共利益受到侵害的,应当向行政机关提出检察建议,督促其依法履行职责,如相关行政机关拒不履行职责,检察机关可以向人民法院提起行政诉讼。行政公益诉讼促进行政机关依法行政,对于维护公共利益和秩序发挥越来越重要的作用。

四、备案审查

我国是多主体立法体制,在立法体制外还有数量庞大的规范性文件制定主体,法律之间、文件之间、法律与文件之间要实现协调统一,极其困难。我国保障法律体系之间协调统一的主要制度是备案审查制。

备案审查是备案与审查两个概念的复合概念。所谓备案,就是报备存档备查的意思,备案不是批准,也就是说,备案的法律文件不需要备案机关批准才生效,只需要在制定后一定期限内(一般是 30 日内)将备案报告、起草说明和法律文件本身一并报备案机关存档备查即可。所谓审查,即备案机关不能仅仅存档备查,还需要对备案法律文件进行审查,经过审查发现备案法律文件不具备合法性、适当性,有权改变或撤销。所以,备案审查就成为监督法律文件的一个正式制度,借以保障社会正式规范体系之间的统一性、协调性。

备案审查有众多规范依据。《宪法》《立法法》《人大常委会监督法》《地方各级人大和地方人民政府组织法》,国务院发布的《法规规章备案条例》,各级人大及其常委会发布的备案工作条例,党中央也发布《中国共产党党内法规和规范性文件备案审查规定》(以下简称《党内法规和规范性文件备案审查》),都对备案审查作了规定。这些规定,对备案审查的主体、对象、审查、处理、责任追究等作出全面规定,使备案审查工作实现了有法可依。

备案审查主体,一般实行下管一级、双重备案的主体管辖制度。比如全国人大常委会负责省级人大及其常委会制定的地方性法规(设区市人大及其常委会制定的地方性法规需要省级人大常委会批准,其效力来源于省级人大常委会)、国务院制定的行政法规、中央军委制定的军事法规、国家监察委员会制定的监察法规的备案审查。国务院负责国务院部门、省级人民政府和较大市人民政府(省会所在市、计划单列市、经济特区人民政府)的规章、地方人大及其常委会制定的地方性法规的备案审查。地方各级人大常委会负责同级人民政府制定的规章及规范性文件、下级人大及其常委会的规范性文件的备案审查。地方各级人民政府负责同级政府部门和下级政府的规范性文件的备案审查。地方各级人民政府部门出台的规范性文件,是否需要报上级政府部门备案,目前缺乏明确规定。党务系统的备案审查也实行下管一级、双重备案制度,《党内法规和规范性文件备案审查》第7条规定:"中央纪律检查委员会以及党中央工作机关、有关中央国家机关部门党组(党委)可以根据工作需要,依照本规定精神建立系统内备案制度。"依据这条,党务部门和单位出台的党内法规和规范性文件,既要报同级党委备案,也要向上级部门和单位备案。

备案审查的对象。一是法规,包含行政法规、地方性法规、军事法规、监察法规、党内法规。二是规章,包含部门规章、地方政府规章、军事规章。监察规章、党内规章目前还没有形成概念和规范体系。三是规范性文件,不具有立法主体资格的机关、单位,出台的在辖区范围内具有普遍约束力、可反复适用的抽象性文件。

备案审查原则。明确规定备案审查原则的是《党内法规和规范性文件备案审查》。该规定第3条:"备案审查工作应当遵循下列原则:(一)有件必备,凡属备案审查范围的都应当及时报备,不得瞒报、漏报、迟报;(二)有备必审,对报备的党内法规和规范性文件应当及时、严格审查,不得备而不审;(三)有错必纠,对审查中发现的问题应当按照规定作出处理,不得打折扣、搞变通。"备案审查要真正发挥监督功能,必须要落实审查这个职能,确实要改变或撤销,或者通知制定机关自行纠正不合法、不适当的法律文件,否则,备案审查达不到法制监督的目的。

备案审查方法。目前的法律、法规，规定了两种审查方法：一是备案机关主动审；二是依申请被动审。《立法法》和《法规规章备案条例》，均规定了两种审查方法。《法规规章备案条例》第9条规定："国家机关、社会团体、企业事业组织、公民认为地方性法规同行政法规相抵触的，或者认为规章以及国务院各部门、省、自治区、直辖市和较大的市的人民政府发布的其他具有普遍约束力的行政决定、命令同法律、行政法规相抵触的，可以向国务院书面提出审查建议，由国务院法制机构研究并提出处理意见，按照规定程序处理。"被动审方式，激活了社会参与备案审查的积极性、主动性，公民申请备案机关审查法律文件呈现爆炸式增长，成为维护我国法律体系内部的协调性、统一性重要力量。

备案审查内容。目前关于备案审查的法律、法规中，《法规规章备案条例》对备案审查内容作出了明确规定。该法规第10条规定："国务院法制机构对报送国务院备案的法规、规章，就下列事项进行审查：（一）是否超越权限；（二）下位法是否违反上位法的规定；（三）地方性法规与部门规章之间或者不同规章之间对同一事项的规定不一致，是否应当改变或者撤销一方的或者双方的规定；（四）规章的规定是否适当；（五）是否违背法定程序。"这条规定基本揭示了备案审查的重要内容：权限、依据、与上位法冲突情况、同位阶规范协调情况、适当性审查（即合理性审查）、程序合法性审查。《党内法规和规范性文件备案审查》突出审查内容的政治性，第11条规定："审查机关对符合审查要求的报备党内法规和规范性文件，应当予以登记，从下列方面进行审查：（一）政治性审查。包括是否认真贯彻落实习近平新时代中国特色社会主义思想，是否同党的基本理论、基本路线、基本方略相一致，是否与党中央重大决策部署相符合，是否严守党的政治纪律和政治规矩等。（二）合法合规性审查。包括是否同宪法和法律相一致，是否同党章、上位党内法规和规范性文件相抵触，是否与同位党内法规和规范性文件对同一事项的规定相冲突，是否符合制定权限和程序，是否落实精简文件、改进文风要求等。（三）合理性审查。包括是否适应形势发展需要，是否可能在社会上造成重大负面影响，是否违反公平公正原则等。（四）规范性审查。包括名称使用是否适当，体例格式是否正确，表述是否规范等。"该规定详细罗列了备案审查内容，具有很强的可操作性。

备案审查处理。《宪法》《立法法》《人大常委会监督法》《地方各级人大和地方政府组织法》《法规规章备案条例》《党内法规和规范性文件备案审查》，对合法合理、不合法不适当、与上位法冲突、同一问题不一致规定如何处理作出了规定。《宪法》和《人大常委会监督法》规定全国人大常委会对于法规不适当的规定，有权改变或撤销，地方各级人大常委会对于同级人民政府和下级人大及其常委会作出的不适当的决议、决定，有权改变或撤销。《立法法》《法规规章备案条例》对于行政法规与地方性法规冲突的，规定了由国务院提请全国人大常委会处理，地方性法规与部门规章之间对同一事项的规定不一致的，由国务院法制机构提出处理意见，报国务院依照《立法法》相关规定处理。对于不合法不合理的规章，即规章超越权限，违反法律、行政法规的规定，或者其规定不适当的，由国务院法制机构建议制定机关自行纠正；或者由国务院法制机构提出处理意见报国务院决定，并通知制定机关。对于报请备案的法律文件如何处理，只有《党内法规和规范性文件备案审查》作出了明确规定，该规定第 15 条："对审查中没有发现问题的党内法规和规范性文件，审查机关应当直接予以备案通过，并及时反馈报备机关。"对于政治性、合法性合理性存在问题的，第 19 条规定："党内法规和规范性文件存在下列情形之一，审查机关应当不予备案通过，并要求报备机关进行纠正。"这两条规定意味着，合法合理的予以备案，有问题的需要修改，并不予备案通过，这里就体现了审查把关的精神，真正发挥备案审查的监督功能。

备案审查责任追究。明确规定责任追究的是《法规规章备案条例》《党内法规和规范性文件备案审查》，前者规定的责任追究方式是"通报"，从声誉上造成制定机关的损失，促使制定机关审慎出台法律文件。《党内法规和规范性文件备案审查》第 25 条："实行党内法规和规范性文件备案审查责任追究制度。有下列情形之一，应当依规依纪追究有关党组织、党员领导干部以及工作人员的责任：（一）履行政治责任不到位，对备案审查工作不重视不部署，组织领导不力，造成严重后果的；（二）违反报备工作程序和时限要求，报备不规范、不及时甚至不报备，或者对审查机关指出的问题拒不整改或者整改不及时、不到位，造成严重后果的；（三）违反审查工作程序和时限要求，审查不规范、不及时或者出现明显错误，造成严重后果的；（四）其他应当追究责任的情形。"该条较为系统地规定了备案审查组织和人员、报备人员、整改人员违反程序规则的责任，但对于审查人员备而不审、该发现的问题没有发现、该提出纠正意见却没有提出，要不要承担责任，没有明确规定。此类实体违法的情形可以在"其他应当追究责任的情形"中涵盖。

第四节　廉政监督

对公职人员廉洁从政从业进行监督,是廉政监督。广义的廉政监督是指全体居民(含公民和非公民)和组织(含国家机关和社会组织),对公职人员和社会事务代理人的廉洁从政从业进行的监督,即监督主体多元,监督对象包含国家机关工作人员、社会组织工作人员。新加坡的廉政法律规定,在代理他人事务过程中违反廉洁义务的,也构成腐败行为。狭义的廉政监督,就是有权机关对公职人员是否廉洁从政从业情况进行监督。本书采用狭义的廉政监督含义。

廉政监督不同于反腐败调查和处置,因为廉洁的义务主体涉及所有公职人员,而反腐败调查与处置仅仅针对有证据涉嫌腐败的公职人员。两者在数量上不同,行为性质上也不同,毕竟涉嫌腐败的公职人员是少数。

一、国外发达国家的廉政监督

在发达国家廉政监督主要是对公职人员的财产公示、利益冲突审查、收受礼品礼金情况进行监督,以此保证公职人员廉洁从政。

首先,发达国家公职人员必须按时申报财产及其变动情况,以方便查询的方式公开,以方便公众查询,公众有异议的,可以向监督部门举报。财产公示制度,从公职人员的财产及其变动情况,间接反映其职务行为的廉洁性,是西方廉政监督的主要制度。

其次,利益冲突审查。公职人员的非职务行为有可能与其职务产生利益上的冲突,那么其非职务行为就要进行利益冲突审查,只有经审查确认两者不存在冲突后才能进行该项行为,防止公职人员模糊公私界限,利用其职务上的便利牟取私利,以此杜绝腐败。在美国,立法、行政、司法机关内设道德委员会,由其承担对本系统内公职人员涉嫌利益冲突行为的审查,道德委员会经审查确认不存在利益冲突后,公职人员才能进行该项行为,否则就违反廉政规则。

最后,对公职人员收受礼品礼金的严格规范。一些国家建立了公职人

员收受礼品礼金的详细规则,对违反规则的给予严厉处罚。如:

美国:政府工作人员收受外国赠送的礼品价值不得超过305美元,超过这一数额应在60天内交给政府部门,同时规定,下级不得向上级送礼品,违反者将被开除。如果收受礼品总价值超过7000美元,将对其处以3倍的罚金,并可判处15年以下监禁。

新加坡:国家公务员接受礼品金额不得超过50新元,超过部分必须上缴或者个人出资买下。

德国:德国政府规定,官员收受礼品价值不得超过50欧元,否则就要受到不同程度的纪律处分。根据收受金额数量,将受到警告、严重警告、开除公职直至追究刑事责任的处分。

英国:英国政府规定官员收受礼品价值不能超过140英镑,超过部分官员可以花钱购买。否则,未来有可能丧失领取退休金的资格。

韩国:根据韩国政府的规定,官员一年之内收受与本人业务无关的礼品总额不得超过15万韩元(约800元人民币),但不能接受与本人业务有关的礼品。

法国:法国政府规定,官员接受礼品最高限额为35欧元,超过部分必须归还赠送者,否则将受到法律惩罚。

加拿大:该国法律规定,政府官员无权收受任何礼品,所有收受的礼品都需要个人花钱买下,违反这一规定将被追究法律责任。

二、我国的廉政监督

在我国,廉政监督主要包含廉政教育、财产申报、公职人员及其家属经商办企业情况申报、官员廉政档案、述责述廉制度等。廉政建设的治本之策在于规范公权力的运行,让权力在阳光下运行,让公权力受到有效的监督制约,使公职人员不能腐。

首先是廉政教育。党委(党组)、纪委对廉政建设负主体责任和监督责任,其所辖地区或单位发生腐败案件,他们也要被问责。为此,加强对所辖范围内公职人员的廉政教育,就是党委(党组)、纪委开展廉政建设的重要工作。

其次,我国已经建立和实施处级以上干部财产申报制度。这是对处级以上官员廉政监督的重要制度。处级以上官员违反财产申报制度,要承担党纪政纪责任。我国现有财产申报制度不同于西方国家的公务人员财产公示制度。我国目前只对处级以上干部有财产申报要求,处级以上干部的财产情况内部掌握,尚没有对外公示,也没有提供处级以上干部财产查询服务。以后随着廉政建设力度不断加大,会逐步公示领导干部的财产。

再次,我国建立了领导干部个人事项报告制度,要及时报告本人及家属经商办企业的情况,以此来判断官员有没有可能利用职权或职务上影响力牟取私利。

还有,我国建立领导干部的廉政档案和廉政审核制度。根据2019年1月实施的《中国共产党纪律检查机关监督执纪工作规则》(以下简称《监督执纪工作规则》)第17条的规定,各级纪委监委要建立同级党委管理的领导干部的廉政档案,并对该级别领导干部在选拔任用时进行廉政审核,签署回复意见。根据该条规定,廉政档案记录以下内容:"纪检监察机关应当建立健全党员领导干部廉政档案,主要内容包括:(一)任免情况、人事档案情况、因不如实报告个人有关事项受到处理的情况等;(二)巡视巡察、信访、案件监督管理以及其他方面移交的问题线索和处置情况;(三)开展谈话函询、初步核实、审查调查以及其他工作形成的有关材料;(四)党风廉政意见回复材料;(五)其他反映廉政情况的材料。廉政档案应当动态更新。"

为督促领导干部培育廉政意识,提高廉洁从政从业自觉性,我国建立了领导干部述责述廉制度。《党内监督条例》第23条规定:"党的领导干部应当每年在党委常委会(或党组)扩大会议上述责述廉,接受评议。述责述廉重点是执行政治纪律和政治规矩、履行管党治党责任、推进党风廉政建设和反腐败工作以及执行廉洁纪律情况。述责述廉报告应当载入廉洁档案,并在一定范围内公开。"述责述廉按年度进行,每年在常委会(或党组)扩大会议上述责述廉,接受评议,以此强化领导干部的廉洁意识,筑牢拒腐防变的思想防线。

为了更好地进行廉政监督,及时把握公职人员财产及其变动情况,我国还需要配套进行一些制度建设。这些制度包括金融实名制、不动产实名制和统一登记制度、收受礼金(礼品)最高限额制度等。金融实名制包括银行、证券、基金等实名开户,监察机关可以不定期对公职人员的存款、汇款、股票、基金等进行监督检查。不动产实名制,可以防止公职人员以他人名义持有不动产,进而隐匿大额资产。不动产统一登记制度,就是建立全国联网的不动产信息网络,对公职人员在全国各地持有不动产情况进行查验。礼金

（礼品）最高限额制度，就是规定一次（或一年内）收受多少金额以上的礼金（礼品）构成违法，以受贿论，用以防止公职人员在人情往来中行贿受贿。这些配套制度，可以提高对公职人员的廉政监督的可操作性。

最后，加强对公权力运行的制约与监督，推动权力运行规范化、公开化，实现"不能腐"的保廉制度体系。党的十八大以来，党中央高度重视对公权力运行的制约与监督，实施了一系列体制机制改革，有力地推动了公权力运行的规范化和公开化。概括起来，创新成果主要有：

（1）加强党长期执政条件下党内监督制度建设。党长期执政地位决定，在党和国家各项监督制度中，党内监督是第一位的，党内监督失灵，其他监督必然失效。党中央旗帜鲜明坚持和加强党的全面领导，坚持和加强党中央权威和集中统一领导，把全面从严治党摆上党和国家战略布局高度，构建了党统一领导、全面覆盖、权威高效的监督体系，走出了一条具有中国特色的监督道路，这就是以党内监督为核心，各种监督协调贯通，形成监督合力。党中央坚持党和国家监督没有禁区、没有例外，强化自上而下的组织监督，改进自下而上的民主监督，发挥同级相互监督作用，让日常管理监督与党员领导干部如影随形、不留空白。深化政治巡视，建立巡视巡察上下联动的监督网，实现党委一届任期内巡视巡察全覆盖，让巡视发挥党内监督利剑作用。

（2）坚持对所有行使公权力的公职人员监察全覆盖。有权必有责、用权受监督，是权力运行的基本原则。只要公权力存在，就必须受到制约和监督。通过深化国家监察体制改革，整合机构、完善职能、创新制度，把监督对象从党员、干部拓展到所有行使公权力的公职人员。强化权力制约监督，推进公权力运行法治化，消除权力监督的真空地带，压缩权力行使的任性空间，促进国家机关依法履职、秉公用权，让所有党员、干部和公职人员习惯在受监督和约束的环境中工作生活。

（3）规范公权力运行，把权力关进制度的笼子里。权力是一把双刃剑，在法治轨道上行使可以造福人民，在法律之外行使则必然祸害国家和人民。党的十八大以来，党中央坚持思想建党和制度治党同向发力、依规治党和依法治国有机统一，把党内法规体系纳入中国特色社会主义法治体系，与时俱进完善制度，修订党章、新形势下党内政治生活若干准则、廉洁自律准则、党内监督条例、巡视工作条例、党纪处分条例、问责条例、党务公开条例等党内法规，修订宪法，制定监察法，修订刑法、刑事诉讼法、行政诉讼法等国家法律,构建起规、纪、法贯通的制度体系。围绕授权、用权、制权等环节,完善及时发现问题的防范机制、精准纠正偏差的矫正机制、强化责任担当的问责机制,把制度的笼子扎紧扎密,使制度成为硬约束。同时强化党员干部的纪律意识、制度意识、法治意识,形成尊崇制度、遵守制度的良好氛围。

(4)完善权力配置和运行制约机制。强化权力制约,合理分解权力,科学配置权力,不同性质的权力由不同部门、单位、个人行使,形成科学的权力结构和运行机制。规范党政主要领导干部职责权限,科学配置党政机关及内设机构权力和职能,完善权力运行规程,确定权力归属,划清权力边界,厘清权力清单,保证党和国家机关依照法定权限和程序行使职权、履行职责,使党总揽全局、协调各方作用充分发挥,权力运行体系更加优化协同高效。

(5)强调人民监督权力。阳光是最好的防腐剂,人民是无所不在的监督力量。党中央要求完善各类办事公开制度,强调主动公开,以公开促公正、以透明保廉洁,让暗箱操作失去空间。畅通人民群众建言献策和批评监督渠道,充分发挥群众监督、舆论监督作用,把权力置于严密监督之下。

(6)完善决策科学、执行坚决、监督有力的权力运行机制。在党的集中统一领导下,坚持决策权、执行权、监督权既合理分工又协调制约,形成科学的权力结构和运行机制。完善决策机制和程序,加强决策的调研、协商,把公众参与、专家论证、风险评估、合法性审查、集体讨论决定作为重大决策法定程序,健全决策问责和纠错机制,不断提高科学决策、民主决策、依法决策水平。提升制度执行力,健全督促检查、绩效考核等制度,确保党的路线方针政策和各项决策部署贯彻落实到位。

(7)落实责任机制,做到权责统一。落实责任是完善权力配置和运行制约机制的关键。有效权力运行机制,必须以覆盖全过程的责任制度来保证。要盯紧权力运行各个环节,完善发现问题、纠正偏差、精准问责有效机制。把日常监督和信访举报、巡视巡察结合起来,加强对问题整改落实情况的督促检查,失责必问、问责必严,督促各级党政机关和领导干部负责守责尽责。

第五节　道德监督

一、道德监督的概念

道德有内在的良心、品德，与外在的处理人际关系的道德义务两个方面。所谓外在的道德，主要是处理人与人之间关系时应遵循的伦理准则，包括义务性道德与提倡性道德。所谓义务性道德，主要是指主体在处理与他人之间关系时承担的不损害他人的义务。所谓提倡性道德，就是提倡利他行为，比如学雷锋，做好事。提倡性道德并非道德义务，不能被强制做利他行为。通过监督来提升的道德主要针对外在的义务性道德。因为内在的道德品质往往通过外在的行为表现出来，而且内在的道德也无从把握，监督缺乏可操作性，古代所谓"满口仁义道德，满脑子男盗女娼"即是也。故道德监督需要针对外在的义务性道德，这是道德监督的主要客体。

道德主体及于社会的全体居民，但对社会整体道德影响巨大的是公职人员，所以，对公职人员进行道德监督，是加强道德建设的重中之重。

道德监督中外都有，各国有自己的特点。西方对公职人员的道德监督主要是由媒体对公职人员的非道德行为进行报道，进而引发舆论关注，公职人员在舆论和选举的压力下往往选择辞职，以平息社会压力。美国虽然在国家制度上设有道德署或道德委员会，但这些机构主要职责是受理公职人员财产申报和公示，以及对公职人员的私人行为与职务行为是否存在利益冲突进行审查，是廉政监督机构，并非字面含义上监督公职人员的道德。

道德监督在我国的含义主要是指党纪政纪执纪机关、社会公众、媒体对党员、党员领导干部、公职人员、国有企事业单位工作人员的道德行为进行监督。我们要贯彻社会主义核心价值观，建设文明的现代化国家，必须重视道德建设，提高全社会道德水准。为此，首先要提高中共党员和公职人员的道德水准，因为中共党员和公职人员的道德对整个社会道德水平的提高起决定性作用。中共党员、公职人员尤其是党员领导干部道德水准低下，整个社会的道德水准不可能高。

道德监督的方法包括新闻曝光、舆论谴责和纪律惩戒。其中意义最大的是纪律惩戒。执纪部门收到有关监督对象的道德问题线索或自己在监督中发现的问题,按程序进行立案审查,经调查证实监督对象确有违反社会主义道德准则的,依照《党纪处分条例》《政务处分法》以及其他法规确立的标准进行惩戒。

根据《党纪处分条例》《政务处分法》的相关规定,中共党员和公职人员的道德监督主要是针对义务性的"三德":职业道德、社会公德、家庭美德。公职人员在"三德"上出问题,需要进行纪律惩戒。这就是我国《监察法》确立对公职人员道德情操监督的主要内涵。通过纪检监察机关对公职人员进行道德监督,规范中共党员和公职人员的道德行为,提高他们的道德水准,进而优化社会风气,提升社会整体的道德水平,建设文明的社会主义现代化国家。

违反"三德"的纪律惩戒实行法定原则。除了职业道德、社会公德、家庭美德外,党员、公职人员、国有企事业单位工作人员还存在大量的道德行为,如邻里关系不亲睦、行为举止不文明礼貌,这些非道德行为要不要惩戒?笔者认为,任何惩戒都是对惩戒对象的制裁,都会有影响惩戒对象的权益,依据不利益处分要法律授权原则,违反"三德"的纪律惩戒也要遵循法定原则,即凡是没有被《党纪处分条例》《政务处分法》、《事业单位工作人员处分规定》、《企业职工奖惩条例》所规定的处分范围,均不作惩戒处分。

二、道德惩戒的范围

我国制定了较为完整的道德惩戒的法律制度,梳理起来有以下几部法律、法规(含党内法规):《党纪处分条例》、《政务处分法》、《行政机关公务员处分条例》[①]、《事业单位工作人员处分规定》[②]。国有企业普通职工违反道德的纪律惩戒依照《劳动法》与《劳动合同法》的规定执行,国有企业管理人员违反道德的惩戒按照国务院 2024 年 5 月 21 日发布的《国有企业管理人

---

① 2007 年 4 月 22 日,国务院第 173 次常务会议通过,2007 年 6 月 1 日施行。

② 2012 年 8 月 22 日,由人力资源社会保障部部务会、监察部审议通过《事业单位工作人员处分暂行条例》,2012 年 9 月 1 日起施行,2023 年 11 月 6 日,中共中央组织部、人力资源社会保障部印发《事业单位工作人员处分规定》。

员处分条例》执行。根据现行有关规定,我国主要进行道德监督与纪律惩戒的是三种:职业道德、社会公德、家庭美德。

1.违反职业道德要惩戒

《党纪处分条例》《政务处分法》,以设定工作纪律的方式,对违反职业道德的行为进行惩戒。《行政机关公务员处分条例》第28条明确规定违反职业道德要处分:"严重违反公务员职业道德,工作作风懈怠、工作态度恶劣,造成不良影响的。"《事业单位工作人员处分条例》,以两个条款详细规定了事业单位公职人员违反职业道德的应受惩戒行为,其中第21条规定七种违反职业道德行为应受惩戒:利用专业技术或者技能实施违法违纪行为的;有抄袭、剽窃、侵吞他人学术成果,伪造、篡改数据文献,或者捏造事实等学术不端行为的;利用职业身份进行利诱、威胁或者误导,损害他人合法权益的;利用权威、地位或者掌控的资源,压制不同观点,限制学术自由,造成重大损失或者不良影响的;在申报岗位、项目、荣誉等过程中弄虚作假的;工作态度恶劣,造成不良社会影响的;其他严重违反职业道德的行为。

国有企业普通职工以企业与职工签署的劳动合同约定的劳动纪律条款作为违反职业道德的惩戒依据。国有企业管理人员违反职业道德按照《政务处分法》相关规定执行。

2.违反社会公德需惩戒的行为范围

目前的法律、法规规定较为完备。《党纪处分条例》在生活纪律条款,规定了生活奢靡、贪图享乐、追求低级趣味,造成不良影响的;违背社会公序良俗,在公共场所有不当行为,造成不良影响的;其他如吸毒、赌博、嫖娼、开展迷信活动等严重违反社会公德的行为。《政务处分法》第40条规定了公职人员违反社会公德的行为:违背社会公序良俗,在公共场所有不当行为,造成不良影响的;参与或者支持迷信活动,造成不良影响的;参与赌博的;吸食、注射毒品,组织赌博,组织、支持、参与卖淫、嫖娼、色情淫乱活动的,其他违反社会公德的行为。《行政机关公务员处分条例》第30条规定了参与迷信活动,组织迷信活动的要被处分;第31条规定吸食、注射毒品或者组织、支持、参与卖淫、嫖娼、色情淫乱活动要被处分;第32条规定参与赌博的,为赌博活动提供场所或者其他便利条件的,在工作时间赌博的,挪用公款赌博的,利用赌博索贿、受贿或者行贿的,要被处分。《事业单位工作人员处分规定》第22条规定了事业单位公职人员违反社会公德应受惩戒的行为:违背社会公序良俗,在公共场所有不当行为,造成不良影响的;制造、传播违法违禁物品及信息的；吸食、注射毒品，组织赌博，组织、支持、参与卖淫、嫖娼等色情淫乱活动的。国有企业普通职工根据企业与职工签订的劳动合同约定的条款，对职工违反社会公德的行为进行惩戒。国有企业管理人员违反社会公德，按照《政务处分法》相关规定执行。

3.违反家庭美德行为应受惩戒

《党纪处分条例》第 151 条规定了与他人发生不正当性关系，造成不良影响的要处分，利用职权、教养关系、从属关系或者其他相类似关系与他人发生性关系的要从重处分；第 152 条特别规定了家风建设的道德义务，党员领导干部不重视家风建设，对配偶、子女及其配偶失管失教，造成不良影响或者严重后果的，给予惩戒。《政务处分法》第 40 条规定了拒不承担赡养、抚养、扶养义务的，实施家庭暴力，虐待、遗弃家庭成员的，其他严重违反家庭美德的行为，应受惩戒。《行政机关公务员处分条例》第 29 条规定拒不承担赡养、抚养、扶养义务的，虐待、遗弃家庭成员的，包养情人的，应受惩戒。《事业单位工作人员处分规定》第 22 条第 4 款规定，有实施家庭暴力，虐待、遗弃家庭成员，或者拒不承担赡养、抚养、扶养义务等的，应受惩戒。国有企业普通职工按照双方签订的劳动合同的约定对职工违反家庭美德的行为进行惩戒。国有企业管理人员违背家庭美德的，按照《政务处分法》实施惩戒。

第六章

监督权限与程序

　　监督权限是实现监督的主要手段、措施。有权限才有行为，监督行为是监督权限的现实展开，缺乏监督权限，就不能作出监督行为。监督权限法定，行使监督权限要按照法定方式、步骤、顺序和时限要求进行，以此来保障和规范监督行为，这就是监督程序。

第一节　监督权限和程序的概念

一、监督权限

　　监督权限是法律、法规授予监督主体履行监督职责，实现监督目的的手段、措施、方式。监督权限非常重要，没有监督权限，监督主体无法介入、渗透到监督客体中来，监督就无从展开。比如，随着互联网的发展，我国出现了互联网金融，为保障互联网金融的健康发展，必然要对互联网金融进行监管。互联网金融与传统金融存在市场准入门槛、存贷双方资质审查等方面差异，传统金融监管方式可以适用于互联网金融监管吗？如果不能适用，互联网金融监管要如何实现？显然，互联网金融仅仅进行市场准入监管，无法满足对互联网金融的监管要求，为此必须要找到一个恰当的方式和关键环节，介入互联网金融行为，有效实施对互联网金融的监管，保障互联网金融活动的安全与效率。这个就是互联网金融监管的关键问题，目前这是互联网金融监管创新的关键一环。

任何监督都要有一定的手段,否则无法实施监督活动。法律对监督手段的设定遵循比例原则,即必要、适当、适度。设定一个权限,是介入监督客体的必要手段,非此不足以介入监督客体,监督权限不足,监督难以落实,这是设定监督权限的比例原则。监督权限恰好可以实现了解知情等监督目的,不至于过于介入、渗透监督客体,影响监督对象的正常工作,这是设定监督权限的适当原则。监督权限不能过大,否则就会导致监督者过度干预监督对象的工作,使监督对象失去工作的主动性和创造性,凡事等待监督者指示,无法自主履职,这是设定监督权限的适度原则。

法律、法规(含党内法规)设定监督权限的主要目的是帮助监督者介入、渗透监督客体,了解监督对象的基本情况,了解与监督内容相关的信息,发现其中存在的问题,督促其解决问题,并对发现的违纪违法行为人进行或启动惩戒。其中的关键是如何获得与监督事项、监督内容相关的信息,实现监督者的知情权。监督者必须要采取合适的措施,介入被监督者的行为,收集相关信息,核实相关材料,了解相关动态。这是监督的起点和基础。任何不掌握或掌握不完整被监督者相关信息的监督都不可能实现监督目的,产生监督效果。换言之,任何不自觉、不愿意接受监督的被监督者,都会想尽办法掩盖真相,阻碍信息公开,打击反映情况的知情人,甚至隐匿、毁灭证据材料。

各国法律设立监督制度,重点是充分授予获取监督事项相关信息的条件、措施和手段等权限。以美国为例,美国于1967年颁行《情报自由法》,该法对美国联邦政府各机构公开政府信息作了规定,方便议员、媒体和公众获取政府信息,尤其是预算方面的信息。参与预算过程的政府机构和国会,有责任向公众提供预算信息,每年总统的预算草案都要及时向社会公开,国会的预算文件及预算会议要公开,国会审查和辩论预算的会议也要向公众开放,公众可以现场旁听,也可以在互联网或电视上观看。1976年施行的《阳光下的政府法》,要求联邦政府机构会议公开。凡是行政机关的会议必须公开举行,允许公众旁听。政府机构的会议安排、变更情况、会议通知、拟制定的规章等内容应提前一周在《联邦登记》或其他法定刊物上公布。此外,会场应选择适当的房间,以便容纳更多的人。会议期间,允许公众或有利害关系的人旁听。会议的记录以及有关决定允许公众查阅。信息公开制度的设立,为公众和其他监督主体获取信息提供了方便。作为监督政府的国会,要监督政府某一政策或行为,有召集听证会的权限,被要求出席国会听证会的政府人员必须如实陈述事实，议员可以提出疑义，要求提供资料，出席听证的政府人员不得拒绝。国会认为有必要获取相关信息，进一步查清弊政，可以成立特定问题调查委员会，如尼克松总统任期内发生的"水门事件"被媒体曝光，国会为了解详情，成立了"水门事件"调查委员会，尼克松迫于国会弹劾压力而主动辞职。

我国法律和党内法规为保障监督的顺利进行，设置了多种监督权限。《党内监督条例》设置了巡视巡察，这是为党委（党组）履行党内监督主体责任而设定的重要监督权限，是党内监督的利剑。巡视巡察主要目的就是了解监督事项相关情况，发现监督对象存在的问题，督促问题解决。除了巡视巡察，党中央如果作出了某项重大决策部署，为了推进该项部署，往往成立督导组，对各地各部门完成部署情况进行了解、督促，发现存在的问题，予以指导解决，如先进性教育督导、政法队伍教育整顿督导。为了监督下级行政机关是否完成某项任务，国务院有督察的权限。国务院督察主要目的是了解下级行政机关完成某项政策或部署的基本情况，发现存在的问题，督促监督对象努力完成任务。国务院的部门依据相关法律的规定，有督察的权限，如环保督察。这些监督权限的设立，对于了解监督事项信息，推动工作，发挥了重要作用。

按照监督权限的功能，监督权限可以分为两类。第一类，了解核实情况类。比如巡视巡察、督察、检查、查询、复制、函询、谈话、询问、列席会议等。这些权限主要功能就是了解监督事项相关情况，核实相关材料，收集相关信息，发现存在的问题。第二类，监督处理类。这类措施，主要是在发现问题基础上，督促监督对象改正，如责令检讨、通报批评、限期整改、责令改正、监察建议、司法建议、移送线索、纠举弹劾罢免。

监督权限具有强制性。各国法律设置监督权限的目的是了解情况，收集信息，发现问题，督促改正，甚至制裁，所以监督对象不能拒绝监督权限的适用，只能配合，拒绝监督权限的适用，就是对监督的阻扰，是对组织审查的抗拒、对抗，严重的会受到制裁。

监督权限具有法定性。由于监督权限具有强制性，一定程度上会影响监督对象的行为或权益，故监督权限一般情况下是法律设定。监督权限的法定性要求人们可以在法定权限范围进行选择，要求采取适当的权限，以达成监督目的，进而保证监督行为的合法性。监督主体如果采取非法定监督权限，或者采违反比例原则，取不适当的监督权限，则会影响监督行为的合法性,如果对监督对象的合法权益造成损害,要进行国家赔偿。监督者本人因适用不适当的监督权限造成严重后果的,构成滥用职权的违法甚至犯罪行为。

监督权限应按照法定条件或法定事由适用。各国法律设定了多种多样的监督权限,监督权限的适用不是随意的,而是要根据法定事由、条件采用相应的权限。法律往往先规定事由,再规定相应的权限,事由与权限多数情况下具有对应性,除非法律赋予监督者以适用权限的裁量权。比如纪检监察机关在履行日常监督、专项监督过程中不可使用讯问、搜查、留置、扣押、冻结等权限,因为这些权限适用在有嫌疑证据证明存在职务违法或犯罪行为,经纪检监察机关正式立案,并办理适用相关权限的审批程序后。监督者不按照法定条件(即法定事由)采用监督权限,造成严重后果的,构成滥用职权的违法甚至犯罪行为。

监督主体根据实际情况和需要行使监督权限,需要事先作出计划并被批准。拿我国《监察法》来说,该法设定了检查权、查询权、复制权、谈话权、函询权等五种监督权限。这五种监督权限要根据实际情况和目的分别适用。如检查权,当监督者不掌握信息,需要了解监督对象与监督事项相关信息时,单方到监督对象工作场所强制性了解相关信息,或者虽掌握一定信息,但不知真假,需要核实时,单方到监督对象工作场所或其他场所进行核实。谈话权,当监督者已经发现一些苗头,但不构成违纪违法行为,为提醒监督对象为或不为一定行为,认识自己行为的性质与错误,经批准,与被监督者面对面对话,并予以记录存档。究竟采取何种监督权限,要根据监督工作需要,在法律、法规授权的范围内,进行自由裁量,采取适当的措施,实现监督目的。

监督者采取监督权限,如无法律授权,不可过度干预监督对象的工作,不可替代监督对象履行职务,不可损害其合法权益。如确有证据证明监督对象正在从事违纪违法行为,可建议监督对象所在单位负责人暂停其职务,严重的可责令其停职检查。

二、监督程序

监督权限的行使需要按照一定的方式、步骤、顺序和时限要求来进行,这就是监督程序。就是说,监督程序是监督权限得以展开的方式、步骤、顺序和时限。没有监督程序，一方面监督权限难以施展，另一方面监督权限可能被滥用，造成对正常工作的不必要干预甚至破坏。监督程序既是对监督权限的保障，又是对监督权限的规范和限制。监督程序是监督实体权力运行的轨道，是监督实体权力规范化的形式要件。

监督程序具有法定性。所谓法定程序，是指监督者必须要履行的程序步骤或义务，不履行这些程序步骤或义务，就会影响监督行为的合法性和监督效果。法定监督程序，是程序正义对监督实体权力的最低要求。监督程序的法定性，也意味着监督者适用何种程序来进行监督，要根据法律的规定进行，不允许置法定程序于不顾而自由裁量适用其他程序。

法定程序外，监督也不排除酌定程序。在遵守法定监督程序基础上，为更好地查清事实，更好地保障监督对象的合法权益，更顺畅地推进监督工作，监督者经批准可以采用酌定程序。所谓酌定程序，是法律、法规没有明确规定，但可以更好地查清事实，更好地维护监督对象的合法权益的程序。比如更换监督人员程序，监督组经批准成立后一般不会更换，一些监督者自恃地位优越，态度简单粗暴，不尊重监督对象人格，引起了监督对象的情感上排斥，宁肯被制裁，也不愿意配合监督，致使监督进度不如预期，在此情况下，监督组申请更换监督人员，换上善于做思想政治工作的监督人员，往往会取得较好的监督效果。

监督程序与监督权限具有对应性。不同的监督权限意味着监督程序也有差别。其中监督权限所依赖的方式是决定采取何种监督程序的关键因素。比如查询与谈话显然是不一样的监督方式，两者的展开程序也不同，谈话与检查的方式以及相应的程序不一样。当监督者确定使用何种监督权限后，必须考虑相应的监督程序，做到实体的监督权限与相应的监督程序的匹配，进而保证实体权限得以展开，同时又得以规范行使，确保监督行为合法合理。

监督程序往往需要分为不同的步骤。比如监督首先要进行立项，其次要确定监督组织（巡视组、谈话组、外调组）和人员，再次要作出、评估、批准监督方案，然后正确实施监督方案，接着是对监督信息进行审查评估评价，得出结论，明确存在的问题，最后反馈问题，提出监督处理意见并要求整改反馈。在这个程序中，尤其是要对监督的实施方式进行事前的详细计划，保证监督按计划理性地进行，而不是无头苍蝇到处乱撞的非理性行为。

监督步骤要按合乎人的认识逻辑和事务发展的逻辑按顺序展开，不可颠倒。颠倒了步骤之间的顺序,构成程序违法。人的认识有时间上的先后次序,比如,监督者必须先调查,再审查,后作出监督处理,这一顺序不能颠倒,如果监督者先作出监督处理,再取证,显然是违背了人认识的逻辑规律,就是错误的程序。监督行为的展开,必须先计划再实施,先知情再评价,先评价再做处理,这些顺序是人的认识逻辑规律的必然要求,不能颠倒。

监督步骤要有时限安排。监督必须具备效率性,否则监督就失去其存在的意义,该监督时不及时监督,错误和问题无法及时发现,能够纠正的错误也不能及时得到纠正,纵使监督主体繁多,也没有意义。监督的及时性,监督步骤的时限性,是监督本质所要求的。

监督计划必须要有明确的时限要求。目前我国监督制度建设方面还未重视对监督时限方面的规定,这是监督程序理论研究不够所致,但立法的不足,可以通过具体的监督计划和方案确定监督时限来补足。监督步骤的时限性根本上是由监督事项的进程决定的。总的要求是监督事项进展到哪一步,监督步骤就要跟进到哪一步。这是制订监督计划时必须要考虑的。监督者制订监督方案时,在划分步骤的基础上根据监督事项进展情况确定每一步实施的时间及完成任务的时限要求。监督计划或方案一经制订并批准,监督时限就具有权威性,超越监督方案确定的时限,视为监督工作失误,监督者要承担违反履职纪律的党纪政纪责任。

监督权限多种多样,本书只讨论常见的几种监督权限,如巡视巡察、监督检查、查询、谈话、函询、纠正、罢免、弹劾等权限,其他的如审计、会计检查、质询、备案审查、特定问题调查,本书就不作讨论。

第二节　巡视巡察

巡视是党内监督的一项重要制度,是中央和省(自治区、直辖市)党委按照有关规定,通过建立专门机构、开展巡行视察,对下级党组织和领导干部进行监督的制度。党章第 14 条规定:"党的中央和省、自治区、直辖市委员会实行巡视制度",《党内监督条例》第 19 条规定:"巡视是党内监督的重要方式。中央和省、自治区、直辖市党委一届任期内,对所管理的地方、部门、企事业单位党组织全面巡视。"巡视巡察是党中央、党委(党组)履行主体监督职责的权限,是上级党委(党组)了解并督促下级党委(党组)工作的重要措施,是党内监督的利器,在党内监督中发挥越来越重要的作用。

一、巡视巡察概念

党中央、中央国家机关党委(党组)和省级地方党委为了解下级党委(党组)的工作情况,推动党中央重大决策部署的实施,维护党章的权威性与党纪的严肃性,由专门承担巡视工作的机构(巡视办),围绕巡视主题,派出巡视工作组(巡视组),进驻被巡视地方、部门或单位,巡行视察,听取汇报,接受群众来信来访,下基层访谈,广泛了解情况,收集被巡视地方或单位相关信息,并对巡视事项是否符合上级部署、是否符合党章党纪进行审查,作出评价,将发现的问题反馈给被巡视地方、部门或单位,要求限期整改;还要对整改的情况进行检查落实,若发现违反党章党纪行为,移送纪委进行惩戒。巡视的主要目的是发现被巡视地方、部门单位与巡视主题相关的问题。经过巡视,问题没有被发现,过后问题暴露出来,就说明巡视工作失职。

巡视,作为党内监督利器、重要权限,有充分的规范依据。《党内监督条例》第19条规定:"巡视是党内监督的重要方式。中央和省、自治区、直辖市党委一届任期内,对所管理的地方、部门、企事业单位党组织全面巡视。巡视党的组织和党的领导干部尊崇党章、党的领导、党的建设和党的路线方针政策落实情况,履行全面从严治党责任、执行党的纪律、落实中央八项规定精神、党风廉政建设和反腐败工作以及选人用人情况。发现问题、形成震慑,推动改革、促进发展,发挥从严治党利剑作用。"该条规定巡视的主体(党中央、省级党委)、巡视的对象(党中央、省级党委管辖的地方、部门、企事业单位)、巡视内容、巡视目的,是巡视这一监督权限的直接规范依据。为使巡视工作有章可循,发挥其最佳效果,党制定并多次修改《巡视工作条例》,使巡视这一党内监督权限越来越规范,越来越有效,真正成为全面从严治党的利剑、利器。

巡视不仅在党内监督中发挥重要作用,巡视的结果在管党治党中也发挥重要作用。巡视结果往往与干部的调整存在密切关系。经巡视,发现被巡视地方、部门或单位工作到位,经济社会发展稳定有序,干部工作积极性强,人民群众满意度高,巡视组会肯定或正面评价主政的领导干部,在干部调整时上级党委往往会优先提拔重用。巡视发现地方、部门或单位工作拖拉、形式主义官僚主义现象严重、腐败盛行、民怨沸腾、经济社会发展停滞、各方面工作无法推动,说明主政地方、部门或单位的领导政治素质成问题,工作积极性不够、工作方式简单、工作思路不符合地方和单位发展要求,对这样的干部要尽快调整下来。

由于巡视工作条例将巡视范围界定为主要是政治巡视,按照政治巡视任务分为常规巡视与专项巡视。常规巡视,就是对被巡视地方或单位贯彻落实党的理论和路线方针政策、落实党章党规党纪情况、领导干部政治思想动态、选人用人情况、党风廉政建设情况、落实中央八项规定精神情况、日常履职表现、群众满意度等进行巡视。专项巡视,也叫专题巡视,是单一主题的巡视,指巡视工作领导小组按照党中央、党委(党组)的明确指示与要求,对某项工作进展情况、存在问题进行巡视。推动特定政治任务贯彻落实往往使用专题巡视,比如党的十九大以来中央巡视组对各地、各部门学习宣传贯彻落实新时代新思想进行多次的巡视,就是典型的专项巡视,对各地、各单位贯彻落实中央八项规定精神以及反"四风"情况进行巡视,也是专题巡视。

巡视的主体是党中央、省级地方党委、中央和省级部门党组。这是我们把握巡视要义的第一个必须注意的方面。也就是说,党的中央委员会、省级委员会以及中央和省级部门的党组有巡视的权力,比如教育部党组有权派出巡视组巡视部属高等学校,公安部党委有权派出巡视组巡视各省级公安部门,单纯的国家机关并没有巡视下级国家机关的权力。需要厘清的一个问题是,纪委也没有巡视的权力吗?纪委是党的组织系统,并非党委这 组织序列,纪委中也没有党委派出的党组,因而从现行《党内监督条例》明确规定看,巡视除了是党委(党组)履行主体监督责任的权限外,并非是纪委履行监督专责的权限。承担巡视任务的巡视办虽然挂靠在纪委中,纪委对巡视工作起重要保障作用,但巡视办并非是纪委的组织机构,而是党委下属组织机构。

巡视组是巡视工作具体执行的工作机构。按照《巡视工作条例》的规定,党的中央和省、自治区、直辖市委员会成立巡视工作领导小组,分别对党中央和省、自治区、直辖市党委负责并报告工作。巡视工作领导小组组长为组织实施巡视工作的主要责任人。党中央和省、自治区、直辖市委员会设立巡视组,承担巡视任务。巡视组向巡视工作领导小组负责并报告工作。巡视组实行组长负责制。

巡视方式多种多样。总的来说是巡行视察,在巡视范围内察看一切必要的场所、物品、资料,询问一切知情人员,听取相关人员汇报,查询复制相关材料,接受来信来访,对走访情况录音录像,采取必要手段获得巡视主题内的信息和资料。具体来说,有以下基本方式:听取被巡视党组织的工作汇报和有关部门的专题汇报;与被巡视党组织领导班子成员和其他干部群众进行个别谈话;受理反映被巡视党组织领导班子及其成员和下一级党组织领导班子主要负责人问题的来信、来电、来访等;抽查核实领导干部报告个人有关事项的情况;向有关知情人询问情况;调阅、复制有关文件、档案、会议记录等资料;召开座谈会;列席被巡视地区(单位)的有关会议;进行民主测评、问卷调查;以适当方式到被巡视地区或部门的下属地方、部门或者单位了解情况;开展专项检查;提请有关单位予以协助;派出巡视组的党组织批准的其他方式。

党内实行巡视与惩戒分离制度。巡视不同于执纪审查,巡视主要是了解被巡视地方或单位情况,发现问题,反馈问题,要求整改。如果在巡视过程中发现被巡视地方、部门或单位主要领导和其他人员存在严重违法违纪事实,巡视组并不直接对违纪违法行为人进行惩戒,而是将问题线索移送给有管辖权的纪委,由纪委按照惩戒程序进行惩戒。巡视与执纪审查有关,但两者是不同的社会关系,不能以巡视替代执纪审查。

巡视具有强制性。巡视作为党管党治党重要手段,是全面从严治党的利器,是加强党中央集中统一领导的有效举措,被巡视地方、部门或单位不得拒绝、干扰、阻扰。党中央指示的重大巡视项目,也是党中央作出的重大决策部署,下级党委(党组)必须认真贯彻落实党中央作出的巡视决策,不接受巡视的,视为不执行上级党组织决策部署的违纪行为,要追究党纪责任。一些地方和单位阻扰群众向巡视组反映问题,干扰巡视,本质上是不执行上级党组织作出的决策部署,构成违纪行为,需要追究党纪责任。

巡视是具有法律意义的监督行为。从行为的性质看,巡视是依据《党内监督条例》和《巡视工作条例》作出的行为,这一行为本质上是具备法律意义的监督行为。这一行为包括:法定主体(党委党组)、法定对象(下级党组织和党员领导干部)、法定依据、法定方式、法定程序、法定处理、法定效力、法定责任。巡视关系涉及的主体、对象,均有相应的权利义务,承担相应的责任。

巡视工作需要法制化。监督法、监督学要想进一步发展,就需要立足于行为类型学的研究,概括出每一类监督行为的基本特征,进而确定其规范要旨,上升到法律、法规的层面,实现监督行为法治化。巡视经党内法规加以规范,巡视行为的各个要素得以明确,进而实现法治化。党史上,《巡视工作条例》不断得到修正,反映了党对巡视工作法治化的努力。

巡视监督需要全覆盖。巡视是党中央、省级党委了解、督促下级党组织工作的重要方式,是落实重大决策部署、推动工作的有效手段,也是严肃法纪的有力武器,使用好巡视这把利剑,对于加强党的领导,实现全面从严治党具有重大意义,为此,全党要高度重视并推进这项工作。加强巡视工作目标之一就是实现巡视全覆盖。所谓巡视全覆盖,是指党中央和省级党委在五年的一个任期内,要实现对辖区内所有地方、部门、国有企事业单位一次以上的巡视,以发现问题,推动整改,实现执政目标。自党的十九大以来,党中央提出两个"全覆盖"以来,巡视工作得到了极大的发展,取得了令人可喜的效果,越来越显示其作为党内监督利器的重要地位。

专项巡视要确立巡视主题。专题巡视是单一主题的巡视。巡视主题就是在某次巡视行为中重点巡视哪方面事项,推动哪方面工作,这是巡视工作的灵魂。巡视是一项非常严肃、正式、理性的行为,具备行为目的合理性[①]要求,即在目的和手段上进行理性设计和规划。巡视必须确立合理的目的和任务,漫无目的巡行视察显然与巡视理性化要求不符。巡视目的由巡视主题框定,缺乏巡视主题,巡视方案也无法制订,巡视就会丧失头绪,自然无法收到巡视监督的效果。因此,专题巡视必须要确定巡视主题,明确巡视的任务。专项巡视主题与当前主要政治任务存在密切联系,所以党委(党组)如果认为某一方面工作特别重要,需要加大推动力量,就会把这些工作作为专项巡视主题,要求巡视组组织实施。

常规巡视也要明确巡视主题、目的、任务。常规巡视是多主题巡视,围绕党的全面工作,对巡视对象执行党章和其他党内法规,遵守党的纪律,落实党风廉政建设主体责任和监督责任,落实中央八项规定精神、反"四风"等情况进行巡视。同时着力发现以下问题:违反政治纪律和政治规矩,存在违背党的路线方针政策的言行,有令不行、有禁不止,阳奉阴违,拉帮结派等问

---

① 马克斯·韦伯对社会行为的四种分类:目的合理性行为、价值合理性行为、情感或情绪行为、传统行为。目的合理性行为,本书指的是把对外界对象以及他人行为的期待作为达到目的的手段,并以最为有效的途径达到目的和取得成效。

题;违反廉洁纪律,以权谋私、贪污贿赂、腐化堕落问题;违反组织纪律,违规用人、拉票贿选、买官卖官,以及独断专行、软弱涣散、严重不团结等问题;违反群众纪律、工作纪律、生活纪律,搞形式主义、官僚主义、享乐主义和奢靡之风等问题;派出巡视组的党组织要求了解的其他问题。

巡察,也是党内监督的一项重要制度,《党内监督条例》第 19 条规定:"省、自治区、直辖市党委应当推动党的市(地、州、盟)和县(市、区、旗)委员会建立巡察制度,使从严治党向基层延伸。"巡察除了在主体上与巡视存在差别外,其他与巡视是一样的,巡察的主体是地级和县级党委会,所以巡视与巡察一并使用,称为巡视巡察。

二、巡视制度的历史变迁

党一贯重视巡视制度。早在建党初期,党的二大章程就规定:中央执行委员会得随时派员到各处召集各种形式的临时会议,此项会议应以中央特派员为主席。1925 年 10 月,中央扩大执行委员会通过的《组织问题议决案》明确提出:"应当增加中央特派巡行的指导员,使事实上党对于区及地方实行指导全部工作。"特派巡行指导员,即巡视员的前身,其任务主要是指导工作。1927 年 11 月中央通过《最近组织问题的重要任务议决案》,首次提出"应当开始建立各级党部的巡视指导制度"。巡视指导制度,第一次提出"巡视"两个字,其任务是指导,而不是监督。1928 年 10 月,中央发布《中央发布第 5 号——巡视条例》,初步尝试建立巡视制度,1931 年 5 月,对试行条例进行修订,通过《中央巡视条例》,这是党内首部巡视条例。民主革命时期,党长期处于白色恐怖下,巡视工作客观上很难进行,虽然制定了巡视条例,但巡视工作开展不多。

新中国成立后,巡视制度一度中断。改革开放后,巡视制度逐步得到恢复。1990 年 3 月,党的十三届六中全会通过的《中共中央关于加强党同人民群众联系的决定》提出,中央和各省区市党委可以根据需要派出巡视工作小组,对有关问题进行监督检查。1996 年 3 月,中央纪委制定了《中共中央纪委关于建立巡视制度的试行办法》,对巡视干部的选派,巡视组的任务、职权、纪律和管理等方面作出明确规定。此时的巡视作为纪委主管的一项监督工作。2001 年 9 月,党的十五届六中全会通过的《中共中央关于加强和改进党的作风建设的决定》明确指出,"中央和各省、自治区、直辖市党委要逐步建立巡视制度,把下一级领导班子特别是主要负责人的廉政勤政情况作为重要内容,进行监督检查"。该决定明确巡视是党中央和地方各级党委的监督制度。2002 年 11 月,党的十六大报告指出:"改革和完善党的纪律检查体制,建立完善巡视制度。"这是全国代表大会作出的报告正式提出建立巡视制度。2003 年,《中国共产党党内监督条例(试行)》将巡视制度确定为党内监督的十项制度之一。同年,中央纪委、中央组织部正式组建巡视工作专门机构。2007 年 10 月,党的十七大报告明确提出:"健全纪检监察派驻机构统一管理,完善巡视制度。"党的十七大党章修正案明确规定,"党的中央和省、自治区、直辖市委员会实行巡视制度",这是新中国成立后党章第一次规定巡视制度。2009 年,党中央制定《中国共产党巡视工作条例(试行)》,中央纪委、中央组织部将巡视组和巡视工作办公室分别更名为中央巡视组和中央巡视工作领导小组办公室。31 个省(区、市)和新疆生产建设兵团党委相继成立巡视工作领导小组。

党的十八大以来,以习近平同志为核心的党中央高度重视巡视工作,习近平总书记多次发表重要讲话,对加强和改进巡视工作提出要求。中央和各省(区、市)党委聚焦党风廉政建设和反腐败斗争,发挥巡视制度的利剑作用,发现问题,形成震慑,为推进全面从严治党,推动党的先进性纯洁性建设、党的群众路线教育实践活动、"不忘初心、牢记使命"主题教育,发挥了重要作用。2015 年 8 月,党中央在总结巡视工作经验的基础上,根据巡视工作的新要求,对巡视工作试行条例作了修订。修订后的《巡视工作条例》,成为巡视制度的基础性规范依据,为新时代党的巡视工作提供了基本遵循。2016 年修订《党内监督条例》,再次规定巡视巡察作为党委(党组)履行党内监督主体责任的重要权限。2017 年 7 月,中央对《巡视工作条例》再次作了修改,明确中央对巡视工作主要是政治巡视的新要求,增加了"政治巡视",同时要求在州地县建立巡察制度。2017 年 10 月,党的十九大党章修正案,将巡视工作作为党的组织制度列为第 14 条,为巡视工作提供了制度保障和根本遵循。2024 年 2 月,中共中央印发修订后的《巡视工作条例》,再次修改了巡视工作条例,强调继续坚持政治巡视定位,把"两个维护"作为根本任务,推进政治监督具体化、精细化、常态化,强化巡视整改,压实整改责任,完善整改机制,用好巡视成果,深化标本兼治。

随着全面从严治党不断深化,力度不断加强,巡视制度主要功能是加强上级党委对下级党组织的领导,尤其是强化党中央对全党的集中统一领导。

越是强调党的领导,强调党中央的集中统一领导,巡视制度的地位越重要,发挥的作用越大。

巡视工作是一项专业化程度很高的工作。为提高巡视工作质量,巡视在历史变迁中逐步从党委成员(执委)承担巡视工作,演变为巡视工作机构和巡视工作专门人员承担巡视工作,巡视工作专业化水平不断提高。根据2015 年修订的《巡视工作条例》,要求巡视组工作人员应从有丰富党内监督经验的领导干部中选拔,整体性提高了巡视工作专业化水平。在有丰富党内监督经验的专业巡视人员的推动下,巡视工作实现常态化、专业化、高质量、高效率运转。

三、巡视程序

1.专项巡视程序

党中央和党委(党组)为了更好地推动某项工作,或者推动落实某项重大决策部署,指示巡视工作领导小组,要求开展专题巡视来推动工作,贯彻落实重大决策部署。此时,专项巡视就会被启动。

(1)成立巡视组。巡视工作领导小组接受党中央、省级党委指示后,成立多个巡视组,挑选有与巡视主题相关的专业特长和巡视工作经验的人员进入巡视组,指定巡视组负责人。

(2)巡视组委派专人制订并报批巡视方案。巡视组委派专人制订巡视工作方案,报巡视组负责人批准。巡视工作是一项高度理性的工作,必须提前做好计划、安排和部署,形成详尽的巡视工作方案。这是巡视能否取得成效的基础。所以,有专业特长,且有巡视工作经验的巡视人员,是制订好巡视方案的条件。

(3)进驻被巡视地方、部门或单位,告知巡视目的和任务,要求认真配合。

(4)实施巡视方案。查阅、复制相关资料,听取汇报,找人谈话,接受来信来访,要求相关部门予以协助等,按照计划好的巡视方案认真实施,同时做好工作记录、拍摄工作。

(5)巡视组汇总材料,分析巡视情况,发现问题,形成巡视报告,对存在的问题提出处理建议。

(6)巡视组向巡视工作领导小组提交巡视报告,汇报巡视情况、问题和处理建议。

(7)巡视工作领导小组研究巡视发现的问题及处理建议,并向派出巡视组的党组织汇报。

(8)派出巡视组的党组织要及时研究巡视工作领导小组的情况汇报和问题处理建议,批准处理意见,研究并决定巡视成果的运用。

(9)巡视组根据党组织的决定,对被巡视地方、部门或单位反馈巡视发现的问题,有针对性地提出整改意见。

(10)被巡视地方、部门或单位提出整改方案并经巡视组同意后实施整改。

(11)被巡视地方、部门或单位将整改落实情况向巡视组提交报告。

(12)违纪违法线索移交。巡视组在巡视过程中发现被巡视地方或单位领导干部存在违法违纪行为,经巡视工作领导小组批准,将违纪违法线索移交给纪委进行调查处理,对责任人进行惩戒。

2.常规巡视程序

常规巡视需要立项。在党委(党组)没有明确提出巡视任务的情况下,巡视工作领导小组要积极发挥职能作用,针对党的建设存在的突出问题,向党委(党组)提出巡视工作请示报告,经上级党组织批准后组织实施。此为常规巡视立项。

常规巡视立项后,成立巡视组。常规巡视也需要明确巡视的任务、方向和重点,为此,巡视组首先的工作程序是,向同级纪检监察机关、政法机关、组织、审计、信访等部门和单位了解被巡视党组织领导班子及其成员的有关情况。在了解情况后,明确巡视的重点和方向,制订巡视方案,报巡视组负责人批准巡视方案。然后进驻被巡视地区、部门或单位,向被巡视党组织通报巡视任务。巡视组按照《巡视工作条例》规定的工作方式、权限和巡视方案,开展巡视工作。巡视工作结束后,巡视组应当形成巡视报告,如实反映了解的重要情况和问题,并提出处理建议。巡视工作领导小组应当及时听取巡视组的巡视情况汇报,研究提出处理意见,报派出巡视组的党组织决定。派出巡视组的党组织应当及时听取巡视工作领导小组有关情况汇报,研究并决定巡视成果的运用。经派出巡视组的党组织同意后,巡视组应当及时向被巡视地方、党委党组织领导班子及其主要负责人反馈相关巡视情况,指出问题,有针对性地提出整改要求。被巡视党组织收到巡视组反馈意见后,应当认真整改落实,并限期将整改情况报告给主要负责人,再由其组织落实情况报告,报送巡视组,巡视组有疑义的,可以组织核查。巡视组按照批准的问题线索处理方案,向纪委移送有违纪违法行为的问题线索。

巡视工作相关主体要按照《巡视工作条例》的规定履行程序义务。派出巡视组的党组织和巡视工作领导小组应当加强对巡视工作的领导;纪检监察机关、审计机关、政法机关和组织部门、信访等部门及其他有关单位,应当支持配合巡视工作,积极反馈问题;巡视工作人员应当严格遵守巡视工作纪律;被巡视党组织领导班子及其成员应当自觉接受巡视监督,积极配合巡视组开展工作;党员有义务向巡视组如实反映情况。被巡视地区(单位)的干部群众发现巡视工作人员有违反巡视纪律的,可以向巡视工作领导小组或者巡视工作领导小组办公室反映,也可以依照规定直接向有关部门、组织反映。

第三节 检 查

检查,也叫监督检查,是个重要的监督权限、监督方式,很多法律法规对此作了规定。如《人大常委会监督法》,对人大常委会执法检查作了规定,《预算法》授予财政部门对预算执行情况进行监督检查,《审计法》授予审计机关对国家机关和国有企事业单位财政财务收支情况进行监督检查,市场监管法律法规对市场监督检查作出规定,《税收征收管理法》对税务稽查作了规定,《食品质量安全法》授予市监部门对食品质量和安全进行监督检查,《农产品质量安全法》授予农业部门对初级农产品质量和安全进行监督检查,《行政监察法》对检查及其程序作了规定,国家《监察法》授予监察机关以监督检查的职权,安监部门有权对安全生产进行监督检查,消防部门有权对消防设施和安全进行监督检查,住建部门有权对建筑质量进行监督检查,国资委有权对国有企业经营、国有资产保值增值与资产处置情况进行监督检查。《党内监督条例》授予党内监督主体监督检查权,《巡视工作案例》授予巡视组监督检查权。所以,检查或监督检查是我国法律、法规授予监督主体一项重要监督权限。

一、检查的概念

检查,就是监督者对被监督者现场(工作场所或其他场所)进行单方强制性了解、核实与监督事项相关的事实、文件的行为。这里的关键词,一是现场或场所,二是单方,三是强制性,四是了解或核实事实或文件。这些是检查这一行为的构成要素。

检查权,就是监督者对被监督者现场(工作场所或其他场所)进行检查,形成检查报告,被监督者不得拒绝的权力。检查权是众多法律、法规设定,众多监督机关、执法机关被授予的执法权限,是法律运行取得事实方面证据或其他信息的重要机制,也是信息在社会与国家之间流动的重要机制。

由于检查往往与事实相关,与法律处理不直接相关,往往不引起诉讼、复议以及其他形式的责任追究,故理论和实践对检查权关注、研究不够,相关理论成果较少。

检查权对于党政机关尤其是税务、审计、财政等部门履行职责非常重要。我国现行《税收征收管理法》①第 54 条规定,"税务机关有权进行下列税务检查:(一)检查纳税人的账簿、记账凭证、报表和有关资料,检查扣缴义务人代扣代缴、代收代缴税款账簿、记账凭证和有关资料;(二)到纳税人的生产、经营场所和货物存放地检查纳税人应纳税的商品、货物或者其他财产,检查扣缴义务人与代扣代缴、代收代缴税款有关的经营情况;(三)责成纳税人、扣缴义务人提供与纳税或者代扣代缴、代收代缴税款有关的文件、证明材料和有关资料;(四)询问纳税人、扣缴义务人与纳税或者代扣代缴、代收代缴税款有关的问题和情况;(五)到车站、码头、机场、邮政企业及其分支机构检查纳税人托运、邮寄应纳税商品、货物或者其他财产的有关单据、凭证和有关资料"。这条法律授予税务机关对纳税资料、应税商品、应税劳务、货运资料及经营情况的检查权,是税收征管的必要权限,具有强制性,被检查单位或个人不得拒绝。

现行《审计法》②第 36 条规定:"审计机关进行审计时,有权检查被审计单位的财务、会计资料以及与财政收支、财务收支有关的业务、管理等资料

---

① 2015 年 4 月修订。
② 2021 年 10 月修订。

和资产,有权检查被审计单位信息系统的安全性、可靠性、经济性,被审计单位不得拒绝。"该条明确授予审计机关对审计资料的检查权,被检查单位应保证资料的及时性、真实性、完整性。可见,检查权是审计监督的基础和保障。

党内监督的检查往往是在"纪律检查"语境下使用。也就是说,纪检部门是执纪的专门机关,有权对党组织和党员尤其是党员领导干部遵守党纪情况实施检查,这是纪检部门的执纪检查权。在检查过程中纪检部门发现党组织、党员、党员领导干部存在违纪行为,就启动执纪审查程序,追究党纪责任。

检查方式多种多样。主要是到现场或特定场所进行查看、检验、检测,这个是检查这种监督方式的主要特点。法律、法规规定的检查方式主要有:现场查看、巡回查看(巡查)、现场核实、现场检验、现场抽样、检验样品、现场听取汇报、现场询问、现场复制录制相关资料、现场制止并处理违法违纪行为、现场移送违法违纪行为线索等。

现场查看就是监督人员无论是日常检查、例行检查、专项检查还是接到举报线索现场核实,均需要到现场查看,对看到的情况进行记录、拍照、录像、复制,形成现场检查笔录和其他资料。检查人员向监督主体提交现场检查报告。

现场核实就是对于被监督单位提交的材料是否真实、合法、合标准,监督人员赴现场查看、核对、核实,被检查单位不得拒绝。如对统计数据的核实、纳税资料的核实、成套设备引进是否达到技术标准的核实、自查自纠材料的核实、整改实施情况的核实、举报线索是否真实,都需要到现场核实。检查人员根据现场核实情况写出报告。

现场检验就是在现场使用一定工具或设备对监督客体的一定状况进行检验检测。如建筑质量监督检验、消防安全监督检验、酒驾醉驾酒精检测、农产品是否农药残留超标检测等,建筑物质量,均需要在现场对被检物品、场所实施检验检测,以获取真实数据或信息,形成现场检测报告。

巡回查看,主要用于日常监督检查,对需要在一定区域巡回查看规定的事项,如广告发布、违章停车、占道经营,由监督人员进行来回查看,发现问题要向监督主体报告。

现场抽样,是指现场按照一定规则抽取样品,对抽样情况进行记录、登记造册,由监督人、被监督人签字确认。在产品质量、农产品质量监督中,现场抽样是广泛采用的监督检查方式。

样品检验,就是将现场抽取的样品送往有资质的机构进行检验检测,由检验检测机构提出报告。这种检查方式在产品、食品药品监督中广泛使用,是市场监督检查的基本方式。

现场听取汇报,是指监督人员在检查现场听取被监督者对某项工作情况、事件或事故发生发展及结果的汇报,了解被监督单位的工作情况,进而发现问题。人大常委会对"一府一委两院"进行法律监督,有时需要到现场听取被监督单位的汇报;安全生产监管部门在发生安全生产事故时要到现场听取相关人员的汇报。

现场询问,是指监督人员对被检查单位在场人员进行询问,了解相关情况,并进行记录,由询问人和被询问人签字确认。现场询问这种检查方式,广泛运用在市场微观监管领域。

现场复制录制相关资料,是指监督人员在检查现场发现与监督事项相关的资料并予以复制,对相关活动进行录像,甚至对现场检查全过程进行录音录像。复制录制现场发现的各种资料、物品,作为进一步监督的基础,是检查行为的一项基本方式。

现场制止违纪违法行为,是指监督人员在现场检查时,发现有违法违纪行为,必须立即制止并采取措施防止损害发生或避免损害扩大。这是监督检查工作所具有的内在的纠正错误功能。监督人员如果具备法定职责和权限,就要对现场发现的违法违纪行为在没有立案的情况下进行现场立案,依据法定程序进行处理,甚至给予制裁,比如适用简易程序对违法行为进行行政处罚。现场立案后,需要事后补办审批手续。

现场移送违纪违法行为线索,是指监督人员在不具备法定职责的情况下,将现场发现的违纪违法行为线索移送给有法定处理职责的机关,由法定职责机关进行处理,并可以要求处理机关将处理情况反馈给监督检查机关,以维护纪法的权威。

检查按照目的和任务的不同,可以分为日常检查、例行检查、验收检查、联动检查、专项检查。日常检查,就是监督主体对一定范围内的监督事项进行日常巡查,如巡警在特定巡逻范围内进行巡逻,查看是否有违反治安管理的行为,巡警从事的就是日常检查工作;市场监管部门或其委托的第三方机构在市场每天从事食品质量安全检测工作,是市场监管必须要实施的日常检查工作。例行检查,是指按照一定时间周期或惯例确定的频率对特定工作或场所进行检查,典型的如消防例行检查,人防设施安全及适用性例行检查。验收检查是指某一项工作是否按质按量按期完成进行检验检测,以确定是否完工,是否合格,是否验收,即最终工作成果的检验检测,确定其是否达到法定的或约定的要求和标准。联动检查是指几个部门联合参与监督检查,共同组成联合监督检查组,或者各自承担某项专业性监督工作,典型的联合检查就是纪委监委与审计组成联合检查组,对脱贫攻坚战中扶贫资金的使用进行联合检查,取得了很好的效果。专项检查是指对某项特定工作进展及完成情况进行的监督检查;环保督察,就是对环境保护进行专项监督检查;人大的执法检查,也是专项检查;安监部门对安全生产监督检查,宣传部门对各地各单位实施意识形态责任制进行专项检查;检察机关对超期羁押进行专项检查,政府法制部门对各执法单位是否制定裁量基准制度和执法文书说明理由制度进行专项检查。专项检查对于推动专项工作具有重大意义。

从属性上说,检查既是一项行政执法行为,也是一项监督行为。一般的行政法教科书并不认为行政机关实施的监督检查是一项行政行为,理由是行政监督检查并不产生行政法上的效果,但是很多行政法本身却规定了监督检查条款,明确规定行政机关具有监督检查的法定权限,行政机关在法定职责范围内行使权限的行为,如果不是行政行为,那行政行为就会脱离法律控制。我们知道法律行为的依据就是权利义务,分为行使权利行为和履行义务行为,对于行政机关来说,只要法律有授权,行政机关行使职权履行职责的行为,应该是法律行为,即行政行为,因为该行为有职权依据。行政机关的监督检查行为究竟会不会产生法律效果?本书认为,会产生法律效果,一种是否定的效果,如启动制裁,一种是肯定的效果,即默认或给予表彰或奖励。行政机关的行为是否是行政行为不能以是否具有纳入行政诉讼受案范围来确定。

监督检查也是一项监督行为。典型的如《行政监察法》明确规定了检查及其程序,行政监察机关具有法定检查权限,行政监察机关行使检查权的行为,就是法律规定的监察行为。这一行为也产生法律效果,或者否定的效果,如启动监察调查,追究当事人的政纪责任,或者肯定的效果,即默认监察对象当前状态,或给予表扬或奖励。《行政监察法》废除后,替代的《监察法》,虽没有从权限的角度规定监察机关有检查权,但《监察法》第11条第1款规定:"对公职人员开展廉政教育,对其依法履职、秉公用权、廉洁从政从业以及道德操守情况进行监督检查",这个"监督检查",无疑是《监察法》授予监察机关以检查权。

检查主体具有法定性。主体的法定性是,由于监督检查具有专业性,一般由有业务机关或有资质的专业机构行使,如环保监督检验、建筑质量监督检验、产品质量监督检验,非专业机构无法胜任。

二、检查程序

检查是一项高度理性行为,在目的和工具方面需要仔细选择,力求最小投入实现最大效果。从专项检查的本质及相关制度设计来看,专项检查程序分为以下步骤:

1.专项检查选题与立项

找准专项检查项目是做好专项检查工作的前提。一般情况下,专项检查工作要围绕全党中心工作这个大局、重大决策部署的推进以及人民群众反映强烈、热切期盼的问题来确定。比如脱贫攻坚中扶贫资金支出及其腐败问题,纪检监察机关多次作为专项检查的立项。统计机关对地方报送统计资料的真实性问题可以进行专项检查立项,核实第一手统计数据真实性,推动统计数据的客观性、针对性、有效性。

对于专项监督,党中央往往会出题,各级纪委监委在党中央明确专项检查选题基础上精心组织实施。比如,党中央多次要求以"钉钉子"精神抓中央八项规定精神的贯彻落实,各级纪检监察机关多次立项实施专项检查中央八项规定精神落实情况,有力推动党中央决策部署落到实处。各级纪委监委往往围绕党中央或地方党委确定的工作重心来确定专项监督选题,以此推动落实党中央和地方党委确定的重点工作。各级人大及其常委会,根据宪法、全国人民代表大会组织法及人大常委会监督法的规定,有执法检查的法定职责,执法检查的第一步就是执法检查选题。选题一般围绕党中央确定的工作重心,以及人民群众的热切要求选取恰当的法律执行情况进行专项检查,因而执法检查选题就成为人大及其常委会开展执法检查的关键一环。各级人民政府有层级监督职能,找准专项检查选题,可以推动如优化营商环境专项工作落到实处。

确定专项检查选题后,就要进行专项检查立项。监督检查立项有临时立项和年度立项。按照党中央或地方党委指示,需要对年度计划中未安排的监督工作进行监督检查,由监督主体集体会议决定立项,就是临时专项检查立项。各级纪委监委为配合党委中心工作,经常性接受党中央、地方党委的安排,进行临时专项检查立项。年度专项检查立项就是监督主体在年度工作计划中作出安排的检查立项,如人大及其常委会的执法检查立项一般在人大年度工作计划中确定,各级纪委监委、审计部门一般也在年度工作计划中对需要专项检查的工作作出安排。对于中央、地方或部门立项的大型建设项目,为保证建设项目进程中的廉洁问题,各级纪委监委可以就该建设项目进行专项监督检查立项,直到该建设项目竣工验收。这种专项监督检查立项,可以改变一些纪委监委没有举报就不会监督的工作状态,主动发挥监督职能作用,推动党和政府的重点工作,抓好廉政建设。

2.成立专项检查组

监督主体在专项检查立项后,根据监督检查事项的业务特点,组织有业务专长的监督人员,成立专项检查组。成员要具备监督检查经验和检查事项专业知识。欠缺专业知识和业务能力的人不要参与检查组,否则很容易被监督对象蒙骗,发现不了问题,影响整体监督效果。

3.制订并批准专项检查方案

专项检查组成立后,委派业务能力强的人员制订专项检查方案。专项检查方案要根据检查事项的业务特点来评估:"检查的重点场所是什么? 关键环节是什么? 重要资料在哪里? 询问的关键人物是谁? 听取哪些单位、领导人的汇报? 视察哪些单位? 提取哪些资料?"建设项目的专项检查方案,必须预估腐败的关键环节、人物、主要证据材料,发现腐败迹象的主要线索,这些问题对于做好专项检查方案很重要。可以说,专项监督检查搞得好不好,方案的制订是基础,所以专项检查组要高度重视方案的制订。

方案制订出来后,由专项检查组进行研究讨论,提出完善意见,尽可能做到方案可行、细致、有效。方案修改完善后报监督机关领导批准。方案须经批准,就体现了监督机关的意志,方案取得了合法性和权威性,就必须得到执行。这是监督行为严肃性、权威性、规范性必然要求。

4.确定专项检查范围或对象

专项检查是对检查对象的干预,增加检查对象的工作负担,因而,慎选并恰当确定检查对象,就成为一个必不可少的程序,尤其是市场监督检查。2015 年 8 月发布的《国务院办公厅关于推广随机抽查规范事中事后监管的通知》中要求在全国全面推行"双随机、一公开"的监管模式,即在监管过程中随机抽取检查对象,随机选派执法检查人员,抽查情况及查处结果及时向社会公开。"双随机、一公开",避免市场监管部门对市场主体的不公正、不恰当和过度干预,提高监管的公正和效率。专项检查还要从社会反映问题集中的角度来确定检查对象,以更好地发挥监督检查的功能。当然专项检查范围与对象如何确定,在制订专项检查方案时就要规划清楚。

5.实施专项检查方案

专项检查组按照方案要求认真开展专项检查工作,做好工作记录、讯问笔录、检查笔录,复制相关资料,对重要检查场所和事项进行录音录像。需要抽取样品的,做好现场抽样笔录及抽样清单,交在场人员签字确认。需要现场检验检测的,做好相应笔录、录像、检验检测结果确认。需要委托第三方检验机构检验检测的,做好样品封存手续,签发委托函。对于现场检查发现的问题,及时做好证据提取和记录工作。

6.形成专项检查报告

专项检查组对检查过程、形成的材料、发现的问题、整改意见、处理或移送建议,形成书面报告,由专项检查组负责人批准后向监督机关提交。

7.问题反馈与整改

专项检查报告经监督机关批准后,专项检查组向被检查单位反馈存在的问题,并提出整改意见。被检查单位根据反馈的问题形成整改方案,报专项检查组同意后实施整改方案。

8.通报与全行业整改

专项检查发现的问题具有普遍性,那就要在全行业、全系统通报,要求对照检查结果自查自纠,并引以为鉴,使专项检查的成果得到运用,实现全行业、全系统治理的目的。

第四节　查　询

查询就是以查看询问的方式获取监督信息。监督是以充分的信息作为基础的,查询恰恰是成本低、效率高的获取监督信息的方式,所以很多法律法规规定了查询这一监督权限。我国以前的《行政监察法》规定了查询,现行《监察法》第 23 条规定：监察机关"根据工作需要，可以依照规定查询、冻结涉案单位和个人的存款、汇款、债券、股票、基金份额等财产。有关单位和个人应当配合"。本节探讨查询的基本种类。

一、查询个人事项信息

巡视巡察、廉政监督时，需要对领导干部个人申报事项和资产情况进行查询和核实，在经批准的情况下，监督人员可以查询领导干部个人及家庭成员信息，如个人教育经历、任职经历、婚姻情况、家庭成员情况、家庭成员经商办企业信息，以及个人资产信息，如股票、债券、资金、房产、汽车。发现领导干部未按照规定进行个人事项报告的，可以提请纪委监委进行相应的处理，发现实际资产与申报财产不符的，可以提请纪委监委启动核实程序，甚至惩戒程序。查询社会交往信息，就是对领导干部社交圈进行了解和掌握，查看其有没有密切来往的朋友尤其是异性朋友，这些朋友的身份与职业，以及往来之间发生了什么交易。从领导干部的朋友圈来判断领导干部从政从业的廉洁性，在发现领导干部有不当行为时，及时提醒。可见，个人信息查询权，是巡视巡察、廉政监督必不可少的监督权限。

个人信息，从法律上说，涉及《民法典》确立的个人信息保护。虽然领导干部也是《民法典》的保护对象，但领导干部不仅仅是自然人，而且是公职人员，有法定的廉洁义务，对党和国家有公开个人信息的义务，因此，监督机关经法定程序查询领导干部的个人信息，不存在法律上的障碍。西方国家，官员是公众人物，法定范围内的个人信息必须按照规定向社会公开，不仅监督机关依法可以查询，公众也可以查询。

二、查询决策信息

公权力运行的决策、执行、监督三环节中，决策是前提和基础，因而加强对决策的监督是重中之重。对决策监督的起点就是掌握决策的背景，了解决策酝酿信息、调研信息、征求意见信息、论证信息、会议纪要，为此监督机关必然要有对决策信息的查询权。

查询人查询前，先制订查询方案，确定需要查询的单位、该单位作出的某个或某些或某个时期的决策资料，报经批准后实施查询。查询人应两人以上,说明查询意图,要求被查询单位密切配合,按照要求及时提供要查询的完整资料,如会议纪要、审议的材料、决策程序方面的资料、听取公众意见材料、专家论证材料、个别酝酿方面的材料、人事提名与考察方面的材料、纪委对被提名人的廉政审核方面的材料、任免公示方面的材料、书面或口头提出的不同意见方面的材料、投票表决的材料。查询到的资料,查询人认为有必要的可以复制。

查询人查询到决策资料后,要进行阅读与研究。要从必要性、可行性、科学性、实体与程序合法性等方面研究决策存在的主要问题,根据查询过程、结果、发现的问题、对问题的定性、处理建议,写出报告,交监督机关或相关领导审查、批准。

被查询决策信息单位应当对提供的资料及时性、真实性、完整性负责。隐匿、伪造、毁灭决策资料信息的,属于滥用职权行为,要承担法律或纪律责任。

三、查询机关企事业单位金融机构账户

审计、财政、税务等机关行使监督权,检查机关企事业单位财务、会计、统计、预算、决算方面的资料,需要对检查资料的真实性进行核对。最佳的核对渠道就是去金融机构对账,为此就需要查询被检查单位在金融机构的账户,以此验证被检查资料的真实性,所以查询权对于审计、税务、统计、财政部门正常履职非常重要。

2021年10月修订的《审计法》第37条规定:"审计机关经县级以上人民政府审计机关负责人批准,有权查询被审计单位在金融机构的账户。审计机关有证据证明被审计单位违反国家规定将公款转入其他单位、个人在金融机构账户的,经县级以上人民政府审计机关主要负责人批准,有权查询有关单位、个人在金融机构与审计事项相关的存款。"这条规定,授予审计机关对被审计单位、相关单位、个人在银行或非银行金融机构账户的查询权,以验证公款被非法划转。

2015年修订的《税收征收管理法》第54条第6款规定:"经县以上税务局(分局)局长批准,凭全国统一格式的检查存款账户许可证明,查询从事生产、经营的纳税人、扣缴义务人在银行或者其他金融机构的存款账户。税务机关在调查税收违法案件时,经设区的市、自治州以上税务局(分局)局长批

准,可以查询案件涉嫌人员的储蓄存款。税务机关查询所获得的资料,不得用于税收以外的用途。"法律明确授予了税务机关对涉税企业、个人金融机构账户的查询权,使税务机关可以全面客观地了解涉税企业、个人各项税务资料,为税务机关有效履行职责给予了法律上的保障。

查询程序有实体条件和程序要件的要求。实体上,审计、财政、税务等机关在监督检查过程中发现确需要核实有关财务会计信息,所谓核对财务、会计资料的真实性、合法性;程序上,必须经有权机关或领导人批准,持批准文书进行查询,否则金融机构有权拒绝。企事业单位在金融机构开设的账户是企事业单位经营管理自主权范围,非经法定事由,非经法定程序,不得被随意查询、冻结。

四、查询关联公司、影子公司、关联交易

对领导干部、国有企业经营管理者进行廉政监督,非常重要的一环就是掌握监督对象是否拥有用以牟取私利的影子公司、关联公司、空股公司,是否与这些公司存在关联交易。领导干部不得经商办企业,这是国家法律、党内法规明确规定的党纪政纪,但有些领导干部无视廉洁纪律,抱着侥幸心理,为牟取私利,成立影子公司(注册资料上未载明领导干部,但领导干部是实际控制人),或者自己能够控制的关联公司(即领导干部对公司的经营管理有一定的控制权),或在公司虽未持股但却分利的空股公司,并以影子公司、关联公司、空股公司的名义从事工商业活动,或与自己所在的公司、企业从事关联交易,借以牟取私利。影子公司、关联公司、空股公司的存在,严重破坏了市场竞争的公平环境,败坏党风政风,也是领导干部和国有企业经营者腐败的重要渠道。所以,加强廉政监督,必须要查清楚领导干部及国有企业经营管理者的影子公司、关联公司、空股公司情况。

查询公司注册资料很容易,但要查清公司实际控制人情况,就非常复杂。要求查询人有丰富的经验,且掌握足够的资料和信息。首先从大额、长期的关联交易入手,查询关联交易公司的基本情况、关联交易情况、产品与服务市场价格情况、招标投标信息、公司会议纪要、股东表决和分利情况,若发现如产品与服务交易价格高于市场价且缺乏合理理由等蛛丝马迹,可以顺藤摸瓜,在有足够嫌疑证据时,可以移送调查。其次,在查询领导干部个人资产时,如发现领导干部有超过其正常收入很多的可疑资产,就需要对领

导干部的收入来源进行追踪,由此可以发现财产来源线索,直至追踪到相关公司。最后,对领导干部的家属、亲属、密切关系人的经商办企业情况进行查询,在发现存在关联交易情况下,追踪可疑公司,直到查清领导干部与这些公司的真实关系。

当然,要查询领导干部与国有企业经营管理者的影子公司、关联公司、空股公司及其关联交易,是一项庞大的系统工程,要求各级纪委监委及其派驻机构、派驻专员,积极发挥职能作用,认真做好廉政监督的各项工作。

程序上,查询企业的交易情况,需要事先制订详细可行的查询方案,经过申请和批准程序,持批准文件,才能查询关联企业的交易资料,否则构成对企业经营自主权的侵犯。查询人对查询得到的资料要进行研究,作出判断,写出查询报告,对进一步的工作给出建议。查询报告交相关机关或领导审查批准。

五、查询大数据

随着信息技术的发展,人类行为很多方面可以数字化,相关信息可以被数据库记录下来。这些记录分门别类加以收集整理就成为可以利用的大数据,如金融大数据、不动产交易和抵押大数据、网上购物大数据、线上支付大数据、人际交往大数据、医疗大数据、汽车交易大数据等。利用电子信息系统查询大数据方便又快捷,大数据为人类的各项活动提供了分析、判断、决策的依据,极大提高了人类活动的效率。

大数据同样可以服务于人类的监督行为。与监督行为密切相关的是市场交易大数据、金融活动大数据、人际交往大数据、资产买卖大数据、决策信息大数据、信访举报大数据、各类执法大数据、关联公司及关联交易大数据、跨境资金转移大数据等,从这些大数据中,可以发现监督对象的违纪违法甚至犯罪线索。利用好大数据,可以极大提高监督的效率效能,拓宽监督领域,增强履行监督职责的能力。

从我国目前大数据情况来看,方方面面的大数据有了极大丰富和发展,但重大决策数据库并未广泛建立。一些党政机关和国有企业领导对"三重一大"决策,尚停留在"三拍"①决策层次,决策无依据、无论证、无程序、无比较、无借鉴、无书面资料,没有建立决策信息系统,不依靠决策数据库。为推进科学决策、民主决策、依法决策,推进决策程序化、数字化,强化对决策的监督,建立决策数据库是有效途径。各部门建立的决策数据库,互相之间建立共享机制,可以方便监督部门访问和利用共享决策数据库,提高监督效率。

查询大数据要履行审批程序。监督者需要事先制订查询方案,提出书面申请,经有关领导批准后,方可查询大数据。查询人对查询到的大数据要登记备案,签字确认,对查询到的大数据承担不扩散、不泄露、不出售的法定义务。查询人若不履行这些程序义务,导致国家秘密、商业秘密、个人隐私泄露的,承担法律责任。

第五节 谈话函询

谈话、函询是纪委开展监督工作的重要方式,是纪委重要监督权限。谈话、函询既是纪委在日常监督中发现问题进行监督时使用,也是纪委处置问题线索的一种方式。

一、谈话、函询的概念

谈话指以谈话、约谈等口头的方式对谈话对象进行提醒、告诫,警示其苗头性问题,要求其认识问题,改正错误。函询指以书面函件的形式对被函

---

① 三拍决策,即非程序性决策,表现为:一是拍脑袋决策。决策者不下基层了解,不搞实地调查,不用数据说话,不征求各方意见,遇事只凭个人脑袋,随意、简单决策,完全不顾社会事务的复杂性、政策的系统性和严密性。二是拍胸脯保证。政策一出,如有人问:"如何保证政策行之有效?"决策者对决策不明就里,为保证决策落实,就只能用"拍胸脯"作保证,来获取群众的信任和支持。三是拍屁股走人。随意"拍脑袋"而出的决策,运作起来与预期目的相去甚远,甚至造成严重后果,但决策者却不敢更不愿意承担随意决策的责任,只好"拍屁股"走人。"三拍决策"严重浪费人力物力,浪费国家资源,寒了老百姓的心,后果极其严重。

询人的相关问题进行询问核实,各级党委(党组)、纪律检查机关和组织(人事)部门针对群众反映的党员领导干部政治思想、道德品质、廉政勤政、选人用人等方面的问题线索,可以用书面形式对被反映的党员领导干部进行函询,要求其如实提供说明。

谈话制度来源于《党内监督条例》。《党内监督条例》第21条规定:"坚持党内谈话制度,认真开展提醒谈话、诫勉谈话。发现领导干部有思想、作风、纪律等方面苗头性、倾向性问题的,有关党组织负责人应当及时对其提醒谈话;发现轻微违纪问题的,上级党组织负责人应当对其诫勉谈话,并由本人作出说明或者检讨,经所在党组织主要负责人签字后报上级纪委和组织部门。"该条规定对谈话的适用条件、基本程序作了规范,是党内开展谈话的基本遵循。

巡视巡察也涉及谈话。《巡视工作条例》第23条第2款规定:"与被巡视党组织领导班子成员和其他干部群众进行个别谈话",这个谈话是巡视方式之一,服务于巡视巡察工作,即了解情况。当巡视结束,巡视组认为有必要与被巡视地方和单位党组织负责人谈话的,作出谈话建议,批准后由党组织指定的人进行谈话。

谈话往往使用在违纪行为轻微,可以不进行纪律处理的情况下。党组织或者纪检机关、组织人事部门在干部日常监督管理,或者党内集中教育活动、领导班子换届、领导班子民主生活会、年度考核、巡视等工作中,对领导干部的苗头性、倾向性问题以及其他需要引起注意的情况,与本人谈话进行提醒。谈话提醒不是党纪处分和组织处理,主要目的在于对党员干部存在的苗头性问题或倾向性问题揭示其警醒,注意纠正,严格自律,防止小毛病演变成大问题。领导干部在接受提醒谈话时,必须认真对待、如实回答,不得隐瞒、编造、歪曲事实和回避问题,不得追查反映问题人员,更不得打击报复。对违反者,根据情节轻重,给予组织处理;构成违纪违法的,移送有关部门依纪依法处理。谈话提醒也属于监督执纪"四种形态"中的第一种形态"红脸出汗""咬耳扯袖"。

谈话作为党内监督的重要方式,因其及时、灵活、程序简便,因而被广泛运用,成为党内监督"四种形态"之一。"四种形态"是《党内监督条例》第7条规定的:"党内监督必须把纪律挺在前面,运用监督执纪'四种形态',经常开展批评和自我批评、约谈函询,让'红红脸、出出汗'成为常态;党纪轻处分、组织调整成为违纪处理的大多数;党纪重处分、重大职务调整的成为少数;严重违纪涉嫌违法立案审查的成为极少数。""约谈函询"中的约谈就是谈话,可见,党内监督绝大部分问题,只要处于萌芽阶段,没有造成严重后果,均可使用谈话方式进行监督,督促解决问题。

谈话有提醒谈话和诫勉谈话两种。上级党组织、纪委、组织部门,发现领导干部有思想、作风、纪律等方面苗头性、倾向性问题的,有关党组织负责人应当及时对其提醒谈话;发现轻微违纪问题的,上级党组织负责人应当对其诫勉谈话。

诫勉谈话具有一定问责性质,适用的实体条件比较严格、规范。2005年1月中共中央办公厅发布《关于对党员领导干部进行诫勉谈话和函询的暂行办法》,该办法第3条对诫勉谈话适用的条件作出规定,"党员领导干部有下列情况之一的,应当对其进行诫勉谈话:(一)不能严格遵守党的政治纪律,贯彻落实党的路线方针政策和上级党组织决议、决定以及工作部署不力;(二)不认真执行民主集中制,作风专断,或者在领导班子中闹无原则纠纷;(三)不认真履行职责,给工作造成一定损失;(四)搞华而不实和脱离实际的'形象工程''政绩工程',铺张浪费,造成不良影响;(五)不严格执行《党政领导干部选拔任用工作条例》,用人失察失误;(六)不严格执行廉洁自律规定,造成不良影响;(七)其他需要进行诫勉谈话的情况。"适用诫勉谈话时须严格掌握这些条件,不滥用诫勉谈话这一监督权限。

谈话函询还是纪委处理反映党员干部问题线索的方式之一。2019年1月中央办公厅发布修订后的《监督执纪工作规则》,其第21条规定:"纪检监察部门应当结合问题线索所涉及地区、部门、单位总体情况,综合分析,按照谈话函询、初步核实、暂存待查、予以了结四类方式进行处置。"问题线索是纪委发现问题,确定监督事项的依据之一。各级纪委接收举报、上级或其他部门、巡视巡察移交的问题线索,需要进行处理,"谈话函询"就是处理问题线索的方式之一。纪检机关针对收到的问题线索,跟被反映人谈话,让被反映人讲清自己的问题,以此确定线索是否有必要进一步核实。作为问题线索处理方式的"函询",就是针对收到的问题线索,纪检机关给被反映人发函,请被反映人对被反映的问题给出书面解释。纪检机关对问题线索中反映的带有苗头性、倾向性、一般性的问题,及时通过谈话或函询方式进行处置,目的是抓早抓小、动辄则咎,防止党员干部由小错酿成大错,小问题变成大问题。

可见,作为问题线索处置方式之一的谈话函询,有适用的法定条件,即苗头性、倾向性、一般性的问题,而不是严重违纪违法犯罪的问题线索。如果是严重违纪违法犯罪问题线索,那就不能将举报的问题反馈给被举报人,否则就构成泄露案件信息的违纪行为。

二、谈话函询程序

谈话除了实体条件外,还要遵循相应的程序。提醒谈话的程序规则如下:首先,制订提醒谈话方案,方案的重点是围绕苗头性问题存在不存在,被谈话人对这些问题的认识,被谈话人对改变认识和行为的态度,上级党组织可以提供的帮助和建议。其次,提醒谈话方案报有关负责人审批。再次,组成一定级别的谈话人员,实施谈话方案,并做好记录,被谈话人核对谈话记录,并签名确认。最后,报告与备案。谈话记录存入个人廉政档案,同时向上级党组织负责人和组织部门报告或备案。

关于诫勉谈话程序,《关于对党员领导干部进行诫勉谈话和函询的暂行办法》第 4 条和第 5 条作了原则性规定,其中有"诫勉谈话时,应当向谈话对象说明谈话原因,认真听取其对有关问题的解释和说明,指出需要注意的问题,并要求其提出改正措施"。"纪律检查机关和组织(人事)部门应当采取适当方式,对诫勉谈话对象存在的主要问题的改正情况进行了解。对于没有改正或者改正不明显的,应当根据党委(党组)的意见,予以批评教育并督促改正,或者作出组织处理。"从这两条规定来看,诫勉谈话的主要程序可以概括为:首先,制订并批准诫勉谈话方案,方案中要明确被诫勉人存在的主要问题。其次,实施诫勉谈话方案,做好谈话记录。再次,听取被谈话人的意见,要求其提出改正措施。还有,组织部门、纪检部门要了解改正情况,对于改正不明显的,督促改正,或作出组织处理。最后,诫勉谈话材料归入被谈话人廉政档案,在诫勉期内不得提拔重用。

采取谈话方式处置问题线索,要遵循必要的程序步骤。首先,拟定谈话方案,按程序报批,对需要谈话的下一级党委(党组)主要负责人,应当报纪检机关主要负责人批准,必要时向同级党委主要负责人报告。其次,组成谈话人员。谈话由纪检机关相关负责人或者承办部门主要负责人进行,可以由被谈话人所在党委(党组)或者纪委(纪检组)主要负责人陪同;经批准也可以委托被谈话人所在党委(党组)主要负责人进行。再次,谈话应当在具备安全保障条件的场所进行。还有,谈话过程应当形成谈话记录,谈话后可视情况由被谈话人写出书面说明。最后,谈话后 30 日内,根据谈话情况,写出谈话报告,对问题线索核实情况作出说明,报纪委负责人批准并报案件管理部门备案,谈话记录存入被谈话人廉政档案。

以函询方式处置问题线索的程序如下:纪检机关以办公厅(室)名义发函给被反映人,并抄送其所在党委(党组)主要负责人。被函询人应当在收到函件后 15 个工作日内写出说明材料,由其所在党委(党组)主要负责人签署意见后发函回复。被函询人为党委(党组)主要负责人的,或者被函询人所作说明涉及党委(党组)主要负责人的,应当直接回复发函的纪检机关。根据《监督执纪工作规则》,纪检部门收到函询回复后 30 日内,由承办部门写出情况报告和处置意见后报批,根据不同情形作出相应处理:(一)反映不实,或者没有证据证明存在问题的,予以采信了结;(二)问题轻微,不需要追究纪律责任的,采取谈话提醒、批评教育、责令检查、诫勉谈话等方式处理;(三)反映问题比较具体,但被反映人予以否认且否认理由不充分具体的,或者说明存在明显问题的,应当再次谈话函询或者进行初步核实。初步核实是线索处置的另一种方式,在涉嫌违纪、职务违法和职务犯罪问题线索比较具体、具有可查性,需要追究纪律和法律责任的情况下采取的线索处置方式。最后将函询材料存入个人廉政档案。

被谈话函询人的程序义务。《关于对党员领导干部进行诫勉谈话和函询的暂行办法》第 9 条作了规定,"党员领导干部接受组织诫勉谈话和函询,要如实回答问题,不得隐瞒、编造、歪曲事实和回避问题,不得无故不回复组织函询,不得对反映问题的人进行追查,更不得打击报复。对违反者,应当进行批评教育,情节严重的给予组织处理或者纪律处分"。被谈话函询人必须要恪守对组织诚实义务,对解决问题抱积极态度,这是被谈话函询人的义务,违反该义务,严重的要承担纪律责任。

第六节　纠　正

发现问题,纠正问题,促进管理、优化服务,改善公共场所和设施,是监督的要旨和目的,因而纠正行为及其权限依据的纠正权,就是监督概念的必要组成部分,是监督理论研究的不可缺少的内容。

一、纠正权的概念

纠正权,是监督机关针对被监督单位或个人存在的违法、失职、不当、低效、不规范、设施不完善等问题,要求监督对象纠正、改变错误行为或完善设施的监督处理措施,包括现场制止违纪违法行为、责令停止违纪违法行为、责令改正、限期整改、改正建议、提出纠正案等。

任何处分、处罚、判刑,只是制裁,制裁不等于改正,不能替代改正违纪违法行为,因而,纠正权依据就在错误行为本身,只要有错误行为存在,就必须改正错误行为,这是监督本质的必然要求。如《党内监督条例》第17条第2款规定:"上级党组织特别是其主要负责人,对下级党组织主要负责人应当平时多过问、多提醒,发现问题及时纠正。领导班子成员发现班子主要负责人存在问题,应当及时向其提出,必要时可以直接向上级党组织报告。"纠正不仅用于监督结束后正式提出的纠正建议,还贯穿于监督的整个过程,尤其是日常监督中,发现问题就要及时提出并纠正。

监督机关在履行监督职责过程中会发现大部分被监督单位或个人合法勤谨履职,但确有少部分单位或一些领导干部疏于、怠于甚至故意违法、不当履职,出现严重的失职渎职,此时监督机关要对此违法失职行为在调查、了解基本事实基础上作出一系列纠正处理。监督机关若不纠正监督对象的偏差,监督就失去意义。

我国有时把纠正称为整改或限期改正。凡是监督方面的立法,均有制止违纪违法行为、要求整改、限期改正、责令整改、监督建议等监督处理意见,尤其是各种监督建议在我国立法中大量存在,如司法建议、检察建议、监察建议、纪检建议,这些就是立法中明确规定的监督权限:纠正权。

行使纠正权要满足实体要件。首先来看主体要件。除了现场制止违纪违法行为由监督人员作出外,其他纠正行为的行使主体是监督机关。也就是说,行使纠正权是一项严肃的公权行为,必须要由具备资格的法定机关,经过一定审议程序来行使,确保纠正的内容正确、可行。如果监督机关提出的纠正意见本身就有问题,与正确的做法存在偏差,行使纠正权的结果反而远离正确履职。行使纠正权的事实依据必须是客观存在的偏差。偏差主要是指行为违法或失职,实际作业与计划的进度与目标存在差距、实际质量与技术标准存在差距等。对这一偏差,监督者需要进行一定的调查核实,获取一定的证据,证明偏差是客观存在的,不是想象的,更不是捏造的。这些证据要经过一定程序的审核,要在监督机关集体会议上研究确认。在认定偏差的基础上,监督机关要认真研究偏差的性质、成因与后果,对偏差本身要有深刻、正确的认识,提出的纠正意见要有针对性、可行性、有效性。可以说,纠正意见本身的质量,决定了行使纠正权的效果。行使纠正权,提出纠正违法或失职行为的意见,必须具备合法性合理性、可行性。也就是说,纠正权目的在于纠正偏差,纠正意见本身必须要依据法律、法规作出,不仅要明确指出正确行为是什么,而且要根据法律依据对纠正意见的正确性进行论证,表明纠正意见具备合法性,具有说服力和可接受性。

二、现场制止违纪违法行为

监督者在现场进行监督检查时发现违纪违法行为,必须采取一定的手段,叫停这个行为,不使其继续发展,如不立即制止,则会造成严重危害后果,致使国家、集体、公民利益难以挽回损失。现场监督检查人员在制止违法违纪行为的同时,要立即向监督主体报告,有时还要采取一定的强制措施,封存或扣押违纪违法物品,并展开调查取证工作,查清违纪违法行为事实,收集违纪违法行为证据,写出现场监督检查报告,向监督检查机关提出进一步处理建议,比如建议立案查处。这就是现场制止违纪违法行为,体现了监督的过程监控内涵。

现场制止违纪违法行为,适用在现场监督检查过程中发现违纪违法,因事出突然和紧急,在来不及立案的情况下,立即采取措施,制止违纪违法行为进一步发展或蔓延,制止危害后果的进一步发生、发展、扩大。例如,林业监管人员发现有人在盗伐林木,如不尽快制止盗伐行为,盗伐行为还会继续,损害后果就会扩大。水利监督检查人员发现有人在河边盗采河沙,必须立即制止盗采河沙行为,并对盗采的河沙就地予以封存。市场监管人员发现有人在销售假冒伪劣产品,必须立即采取措施,制止销售这些产品,并对假冒伪劣产品予以封存或扣押。环保监督检查人员发现化工厂在偷排污水,若不立即制止,必造成进一步污染环境的后果。

监督者在监督检查过程中,现场发现违纪违法行为尽快予以制止,不能放任该行为继续存在,这是纠正权的首要权能。纠正的起点或基础,就在于制止违纪违法行为,然后采取进一步的处理措施,如立案调查、追究责任。

三、责令停止违纪违法行为

责令停止违纪违法行为,是指违纪违法行为处于持续状态,经监督机关查证属实,并经监督机关内部审核、讨论、决定,以机关的名义正式作出的纠正决定。责令停止违纪违法行为往往与对违纪违法行为的制裁在同一法律文书中一并作出并送达。

责令停止违纪违法行为,是纠正权行使的常用方式,我国大量法律、法规、党内法规对此作了规定。如《城市规划法》《建筑法》均规定了未经规划许可、施工许可的违法建设,监管部门在调查取证,查明事实基础上,经过法定程序,作出责令停止违法建设的监督处理决定。我国《证券法》对于证券(股票、债券)的发行实体与程序作了严格规定,如果有企业未经许可擅自发行证券,证券监管部门在调查取证基础上,经过法定程序,作出责令停止违法发行证券的行为,并对这种违法行为进行制裁。

在党内监督中,党组织或纪检机关发现党的组织或党员正在实施违纪行为时,如党员领导干部违法经商办企业,有权责令其停止正在实施的违纪行为。这是一种具有强制性的纠正措施,目的在于减轻违纪行为造成的后果,以避免给党、国家和人民的利益造成损失。责令停止违纪行为的纠正措施,可以在纪律处分决定上合并作出,也可以单独作出。

与现场制止违纪违法行为不同,责令停止违纪违法行为有严格的实体和程序规则。在实体上,需要以监督机关的名义作出责令停止违纪违法行的决定,行为依据上需要足以认定的违纪违法事实,需要对违纪违法事实正确定性,需要援引相关法律条款,才能作出责令停止违纪违法行为的监督处理。在程序上,需要立案,经过调查取证,经过内部审查和决定程序,才能作出责令停止违纪违法行为的监督处理决定。

四、限期整改、督促整改、责令改正

监督机关在巡视巡察、日常检查、专项检查、受理投诉举报、处理其他部门移交问题线索时,发现被监督单位或个人存在问题,除了对造成问题的直接责任人进行责任追究,对有领导、监督职责的领导问责外,还必须要对单位或个人存在的问题提出限期整改、责令改正要求。《党内监督条例》第41

条规定："党组织对监督中发现的问题应当做到条条要整改、件件有着落。整改结果应当及时报告上级党组织,必要时可以向下级党组织和党员通报,并向社会公开。"该条是对党内监督发现问题的整改要求。

整改,整顿改正之义,有系统性重构、改造的含义。限期整改,就是监督机关发出限期整改通知书,规定整改期限,明令被监督单位或个人在某一期限内针对监督发现的问题,分析问题的成因,提出相应的整改方案,报监督机关同意后,在限定期限内完成整改工作。也就是被监督单位或个人对履职或完成某特定任务的重要性认识不足,缺乏清晰的工作思路和有效的资源配备,致使工作与预期产生较大偏差,此时被监督单位或个人需要认真查摆问题,分析原因,提出有针对性的改正方案,方案被同意后,要在一定期限内完成整改任务。限期整改,着重于被整改单位或个人对问题、性质、原因、对策的深层次、系统性思考,甚至要反思、重构局部甚至整体工作,争取问题得到根本解决。可见,限期整改的目的是发挥被监督单位认识问题、解决问题的积极性、主动性,所以,限期整改后的效果往往更持久。

限期整改所针对的问题,并不需要完整的证据来证实,只需要有一定证据,揭示问题存在、展示问题的性质就可以。监督机关可以在分析问题及其严重程度基础上,发出书面限期整改通知,明确提出整改要求,包括整改措施落实情况的反馈与监督检查。

被监督单位或个人提出整改方案后,监督机关需要进行认真审查,研究整改单位是否认可存在的问题,对问题性质认识深刻不深刻,对产生问题的原因认识准确不准确,提出的对策措施有没有针对性、可行性、持续性,整改规划的时间节点合理不合理。监督机关经过认真审核整改方案,认为方案确实可行,即可以书面或口头回复整改单位。

监督机关要按照整改方案确定的时间节点,去检查整改措施落实情况,发现整改力度不到位、整改进度缓慢、整改成效不明显的,需要提醒整改单位,加强整改方案的落实,如果发现整改方案存在问题,需要提醒整改单位,修改、完善整改方案。

督促整改,就是监督部门虽未明确提出整改期限,但以经常过问的方式,促使被监督单位或个人整改。督促整改措施来源于《监督执纪工作规则》的第13条:"党委(党组)在党内监督中履行主体责任,纪检监察机关履行监督责任,应当将纪律监督、监察监督、巡视监督、派驻监督结合起来,……对发现的问题分类处置、督促整改。"督促整改是党委(党组)、纪检监察机关在履行主体责任和监督专责过程中,对发现的问题进行督促整改、经常性过问,促使问题得到解决。

责令改正是对违纪违法行为的处理措施之一。被监督单位或个人的违纪违法行为被监督管理部门经过立案、调查取证,查证属实,此时监管部门经过内部审核、决定程序,作出并送达法律文书,明令要求被监督单位或个人予以改正,责令改正的命令被放在监管处理的第一条,同时对该违纪违法行为进行制裁。责令改正的纠正措施适用在被监督单位或个人对其违纪违法行为认识是清楚的,如何正确行为也是清楚的,对不予改正引发的后果是也是清楚的情况。被监督单位与个人如果拒不改正行为,将会引发进一步制裁。

五、监督建议

被监督单位在履职过程中,反复出现某一问题,且这个问题不仅仅是某个职员的个人问题,主要是政策出偏差,对某方面工作重要性认识不足、重视不够,程序不完善,工作思路不清晰不严谨,资源配置不充分,工作效率低下,习惯性不作为,致使问题成堆,积重难返。

监督机关在巡视巡察、审查调查、日常检查、专项检查、投诉举报、谈话函询、其他部门移送的线索中,反复发现某一问题,这些问题并非简单重复出现,而是有深刻的根源,可能是单位运作的制度性漏洞、单位实施的政策性偏差,或者属于监督对象职责范围内涉及其他当事人同类事情可以类案①处理的问题而没作同样处理。在查清事实、分清责任,追究相关责任人责任的同时,监督机关要提出监督建议,促使被监督单位认识问题,发掘问题根源,从政策上、程序上、工作思路、工作作风上、资源配置上思考问题、解决问题,寻求从根本上解决积重难返问题的办法。

1.纪检建议

纪律检查建议简称为纪检建议,来源于《监督执纪工作规则》第19条:"纪检监察机关对监督中发现的突出问题,应当向有关党组织或者单位提出纪律检查建议或者监察建议,通过督促召开专题民主生活会、组织开展专项检查等方式,督查督办,推动整改。"纪律检查建议是执纪监督的重要权限,

---

① 类案处理是指同类案件按照同一规则或标准作出同样处理。

是各级纪委主动履职的重要抓手。

各级纪律检查机关承担纪律检查和执纪审查的专责,在执纪过程中,发现被监督单位纪律意识淡漠、民主集中制落实不力、领导一言堂、班子内部不团结、民主生活会不正常召开、廉政问题频发、履职不力、不作为现象突出、"四风"①问题高发频发、群众投诉集中意见强烈等问题。其发生原因除了有党员领导干部个人思想认识问题,比如不理解民主集中制的运作机制,更多、更深的是制度性、程序性、思想性、作风行风问题。

纪律检查机关通过系统梳理问题,分析问题的根源。如果问题是由于制度漏洞,制度或政策理解不到位导致执行不力,单位财务管理漏洞,民主集中制没有发挥应有作用,不按程序议事决策,作风行风问题普遍,关键人物、关键岗位、关键环节缺乏有效的制约和监督,在严肃追究直接责任人、问责领导人的前提下,纪律检查机关发出纪检建议书,要求被监督单位严肃认真分析问题根源,完善相关制度,认真贯彻落实民主集中制,解决突出的"四风"问题、堵塞财务漏洞,加大个人事项报告制度执行力度等。

程序上,监督执纪人员根据各方面反映来的问题线索展开初核和进一步调查,发现了被监督单位确实存在问题,在查清基本事实并准确定性基础上,认为仅仅对个别领导进行纪律处分不足以从根本上解决问题,需要从内部制度、办事程序、处理问题的政策、深化领导人对有关制度和政策问题的认识等方面解决问题,于是提出监督处理意见,建议纪检机关向被监督单位发出纪检建议书。纪检建议书是一项严肃的执纪行为,需要经过纪检委内部审核和集体审议通过,加盖纪检机关公章。

在纪检建议书里,可以要求被监督单位提出落实纪检建议、推动整改情况的专项报告。如果纪检建议提出的意见在被监督单位产生了较好的效果,而且针对的问题具有普遍性,那就要把针对个别单位的纪检建议,推广到全系统、全行业同类问题的治理中,尽量扩大纪检建议的应用范围,促进行业治理效果改善。

2.监察建议

监察建议是《监察法》第 45 条第 5 款规定:"对监察对象所在单位廉政建设和履行职责存在的问题等提出监察建议。"监察建议是监察处置的一个方面,具有法律效力的监察行为,受建议单位规定期限内若无异议,必须按

---

①　党员领导干部存在的官僚主义、形式主义、享乐主义和奢靡之风,简称"四风"。

照建议内容进行整改,并以报告的形式向制发监察建议的监察机关回复整改情况。无故不接受不执行监察建议的,需要承担相应的政纪责任。

监察机关在调查监察对象职务违法、职务犯罪过程中,发现监察对象所在单位存在廉政、履职不力、制度不健全等管理漏洞和问题,监察对象所在单位如不认真查找制度问题,堵塞漏洞,类似问题会反复发生。具体来说,下列情形可以提出监察建议:拒不执行法律、法规或者违反法律、法规,应当予以纠正的;有关单位作出的决定、命令、指示违反法律、法规或者国家政策,应当予以纠正或者撤销的;给国家利益、集体利益和公民合法权益造成损害,需要采取补救措施的;录用、任免、奖惩决定明显不适当,应当予以纠正的;依照有关法律、法规的规定,应当给予处罚的;需要完善廉政建设制度的;需要完善裁量基准制度的;需要简化或健全程序制度提高办事效率的;应当主动公开政务信息而未公开的;等等。

制发监察建议必须履行严格的审批程序。监察建议在制发主体、制发流程、行文内容等方面都有严格要求。有权制发监察建议书的主体是各级监察委员会及其派驻或者派出的监察机构、监察专员。制发监察建议首先由承办部门调查核实相关证据,在查清事实,准确定性基础上起草文稿,报分管领导、主要负责人审批签署后,印发相关单位,并抄送相关单位主管部门。派驻或派出监察机构、监察专员提出监察建议,应当同时抄报派出机关。对指定管辖案件,由承办监察机关起草监察建议,并报请上级监察机关同意后,交给有管辖权限的监察机关提出。

监察建议书有格式要求。写明被建议单位基本情况,监督、调查所认定的事实、证据、法律依据,明确下发监察建议书的缘由及提出的具体建议等。监察建议的内容要有理有据,切实可行,能够让被建议单位充分理解,可以具体操作,契合实际工作。为体现监察建议的严肃性,监察建议书须写明监察建议生效的时间、对监察建议异议的提出时限、监察机关收到异议的回复时限等。

随着我国监察体制改革日益推进,监察法逐步完善,国家监察委员会会适时出台规范监察建议的法律文件,为各级监察机关履行监督职责,行使监察建议权限,提供规范依据。

3.检察建议

检察建议是《检察院组织法》第21条规定:"人民检察院行使本法第二十条规定的法律监督职权,可以进行调查核实,并依法提出抗诉、纠正意见、检察建议。有关单位应当予以配合，并及时将采纳纠正意见、检察建议的情况书面回复人民检察院。"该条授予人民检察院检察建议的提出权。为规范各级检察机关行使检察建议权，最高人民检察院于2018年12月通过了《人民检察院检察建议工作规定》，该规定共5章32条，规定了检察建议的概念、类型、适用范围及办理程序，为各级检察机关办理检察建议提供了基本遵循。

关于检察建议的概念，该规定第2条指出，"检察建议是人民检察院依法履行法律监督职责，参与社会治理，维护司法公正，促进依法行政，预防和减少违法犯罪，保护国家利益和社会公共利益，维护个人和组织合法权益，保障法律统一正确实施的重要方式"。检察建议是检察机关行使国家法律监督权的一种重要方式，是检察机关主动履职的抓手。

检察建议的主要类型有：再审检察建议；纠正违法检察建议；公益诉讼检察建议；社会治理检察建议；其他检察建议。

检察建议的适用范围包括三个方面：第一，诉讼活动监督过程中提出检察建议。人民检察院在履行诉讼活动的法律监督职责中发现有关执法、司法机关具有下列情形之一的，可以向有关执法、司法机关提出纠正违法检察建议：人民法院审判人员在民事、行政审判活动中存在违法行为的；人民法院在执行生效民事、行政判决、裁定、决定或者调解书、支付令、仲裁裁决书、公证债权文书等法律文书过程中存在违法执行、不执行、怠于执行等行为，或者有其他重大隐患的；人民检察院办理行政诉讼监督案件或者执行监督案件，发现行政机关有违反法律规定、可能影响人民法院公正审理和执行的行为的；公安机关、人民法院、监狱、社区矫正机构、强制医疗执行机关等在刑事诉讼活动中或者执行人民法院生效刑事判决、裁定、决定等法律文书过程中存在普遍性、倾向性违法问题，或者有其他重大隐患，需要引起重视予以解决的；诉讼活动中其他需要以检察建议形式纠正违法的情形。

第二，行政公益诉讼过程中，提出检察建议。人民检察院在履行职责中发现生态环境和资源保护、食品药品安全、国有财产保护、国有土地使用权出让等领域负有监督管理职责的行政机关违法行使职权或者不作为，致使国家利益或者社会公共利益受到侵害，符合法律规定的公益诉讼条件的，应当按照公益诉讼案件办理程序向行政机关提出督促依法履职的检察建议。

第三，向其他单位提出完善社会治理的检察建议。人民检察院在办理案件过程中发现社会治理工作存在下列情形之一的，可以向有关单位和部门提出改进工作、完善治理的检察建议;涉案单位在预防违法犯罪方面制度不健全,落实不到位,管理不完善,存在违法犯罪隐患,需要及时消除的;一定时期某类违法犯罪案件多发、频发,或者已发生的案件暴露出明显的管理监督漏洞,需要督促行业主管部门加强和改进管理监督工作的;涉及一定群体的民间纠纷问题突出,可能导致发生群体性事件或者恶性案件,需要督促相关部门完善风险预警防范措施,加强调解疏导工作的;相关单位或者部门不依法及时履行职责,致使个人或者组织合法权益受到损害或者存在损害危险,需要及时整改消除的;需要给予有关涉案人员、责任人员或者组织行政处罚、政务处分、行业惩戒,或者需要追究有关责任人员的司法责任的;其他需要提出检察建议的情形。

检察建议的提出和落实程序。检察官在履行职责中发现有应当提出检察建议情形的,应当报经检察长决定,对相关事项进行调查核实,做到事实清楚、定性准确。检察官一般应当在检察长作出决定后两个月以内完成检察建议事项的调查核实。检察官调查核实完毕,应当制作调查终结报告,写明调查过程和认定的事实与证据,提出处理意见。检察官认为需要提出检察建议的,应当起草检察建议书,一并报送检察长,由检察长或者检察委员会讨论决定是否提出检察建议。经调查核实,查明相关单位不存在需要纠正或者整改的违法事实或者重大隐患,决定不提出检察建议的,检察官应当将调查终结报告连同相关材料订卷存档。被建议单位对检察建议提出异议的,检察官应当立即进行复核。经复核,异议成立的,应当报检察长或者检察委员会讨论决定后,及时对检察建议书作出修改或者撤回检察建议书;异议不成立的,应当报检察长同意后,向被建议单位说明理由。被建议单位应当落实检察建议提出的整改要求,若被建议单位在规定期限内经督促无正当理由不予整改或者整改不到位的,经检察长决定,可以将相关情况报告上级人民检察院,通报被建议单位的上级机关、行政主管部门或者行业自律组织等,必要时可以报告同级党委、人大,通报同级政府、纪检监察机关。符合提起公益诉讼条件的,依法提起公益诉讼。

六、纠正案

纠正权来源于我国明清时期六科给事中驳正违失的职权。孙中山先生认为独立的监察机关专门行使监察权,是应该继承和发扬的传统,因而提出

"五权宪法"思想。1927 年成立的南京国民政府,颁行宪法,设定监察院这一宪法机关,独立行使监察权。1946 年国民政府制定的《宪法》继续赋予监察院作为独立监察机关的宪法地位,具有同意权①、弹劾权、纠举权、纠正权、调查权、审计权。台湾地区现行宪制性规定、"监察院组织法"、"监察法",规定了台湾地区监察机构具有弹劾权、纠举权、纠正权、调查权、审计权。其中纠正权是台湾地区监察机构履行监督职责的重要权限。

根据台湾地区所谓宪制性规定,台湾地区监察机构由"监察委员"组成,同时得按台湾地区行政管理机构及其各事务主管部门的工作,分设若干委员会,调查一切施政,注意其是否违法或失职。若委员会认为其有违法或失职行为时,得经各有关委员会的审查及决议,向台湾地区行政管理机构或有关事务主管部门提出纠正案,促其注意改善。台湾地区"监察法"②第 24 条规定:"'监察院'于调查'行政院'及其所属各级机关之工作及设施后,经各有关委员会之审查及决议,得由'监察院'提出纠正案,移送'行政院'或有关部会,促其注意改善。"可见,纠正权是台湾地区监察机构向台湾地区行政管理机构及其所属各级机关提出纠正台湾地区行政管理机构及其所属机关违法或失职专门文案,以督促台湾地区行政管理机构及其所属各级机关改正的监督权限。在台湾地区,军队由台湾地区领导人"统帅",故台湾地区监察机构可以提出纠正案的方式督促军队改正违法或失职行为。除了台湾地区行政管理机构所代表的行政系统外,台湾地区监察机构不能对台湾地区立法机构、司法机构、考试机构提出纠正案。

纠正案提出的主体是监察机构。纠正案只是台湾地区监察机构对行政系统施政的一种看法和态度,具有建议性质,是一种柔性权力,是柔性监督,不具有刚性制裁后果。台湾地区"监察法"第 25 条规定:"(接到纠正案后之处理)'行政院'或有关部会接到纠正案后,应即为适当之改善与处置,并应以书面答复'监察院',如逾二个月仍未将改善与处置之事实答复'监察院'时,'监察院'得质问之。"行政系统不答复改善或处置情况,台湾地区监察机构后续的程序性行为即质问,而非制裁。

纠正案的对象是行政机关,并非某个或某些行政人员。这个是纠正权

---

① 1946 年《中华民国宪法》规定,司法院长、副院长、大法官,考试院长、副院长、委员,由总统提名,监察院同意后任命。

② 1992 年修订。

与纠举权、弹劾权不同之处。纠正案针对的是台湾地区行政管理机构及其所属行政机关的违法或失职行为，即作为与不作为。因为行政行为是以行政机关的名义对外发生法律效力，所以，纠正案针对的对象只能是台湾地区行政管理机构所属的行政机关。如果"监察委员"在调查过程中发现确实有个别行政人员违法行使职权，则可以启动纠举或弹劾程序。

纠正案的提出程序。首先是"监察委员"调查核实证据或有关材料。纠正案先要对台湾地区行政管理机构及其所属各级行政机关的违法或失职行为进行调查，收集该行为的证据，或者核实有关材料，认定违法或失职行为的基本事实，论证该行为的违法性。承担调查任务的"监察委员"的工作质量决定了纠正案的分量，因为一旦形成调查报告后，"监察委员会"基本上是听承担调查任务的"监察委员"的汇报，台湾地区监察机构其他相关委员会也是听提出纠正案的"监察委员会"的汇报，很难有人去真正核实相关事实和证据。台湾地区监督机构曾存在多次监察机构因纠正案质量不高而撤回纠正案的情况。其次，纠正案的审查。负责调查的委员会经过调查，提出调查报告，提出纠正案的处理意见，以及纠正案文本，交台湾地区监察机构相关委员会审查，以投票的方式作出纠正案的决议。再次，台湾地区监察机构向违法或失职行政机关正式提出纠正案。台湾地区所谓的"监察法"并未规定纠正案的异议程序及复决程序，接受纠正案的行政机关即应处理。最后是纠正案的落实、反馈及质问程序。接受纠正案的行政机关应该作出改进行为或改善设施，预期两个月未书面答复的，台湾地区监察机构可以提出质问。

第 七 章

监督奖励与惩戒

　　监督要有权威性,必须要以奖励和惩戒作为后盾,否则,监督将难以发挥作用。法律设立的奖励与惩戒是以人趋利避害的本能作为基础。人在趋利与避害的选择中往往更关注避害,所以各国法律规定的制裁条款远远多于奖励条款,甚至很多法律,没有规定奖励,却规定了大量制裁条款。基于立法的现状,本书将监督惩戒问题作为讨论的重点。

　　监督奖励与诉诸惩戒是监督主体掌握的一项重要监督权限,是保障其他监督权限得以施展的手段。所以,对奖励和惩戒的研究,主要围绕奖励和惩戒的方式和程序两个方面进行。

第一节　监督奖励

一、监督奖励的概念

　　各类监督主体在履行监督职责过程中,除了发现问题,督促纠正,甚至移送问题线索外,还会发现大量守法守纪、恪守职责、为民服务的好单位、好官员、好党员、好公民。对于谨守职责、克勤克俭、奉公守法、为民服务,特别是作出重大贡献的行为,监督者要如实记录、如实反映、广为宣传,并且按照规定,加以通报,予以奖励。

　　党的二十大报告第 15 部分"坚定不移全面从严治党,深入推进新时代党的建设新的伟大工程",特别提到要"发挥政治巡视利剑作用,加强巡视整改和成果运用"。这里说的巡视成果运用,既包括巡视巡察发现有问题的党员领导干部需要组织调整、谈话、责令检查等监督处理,也包括巡视巡察发现表现好的党员领导干部,给予奖励,予以提拔重用,以正面激励广大领导干部担当作为,努力工作。

奖励,是对日常监督、专项监督表现好的单位或个人予以嘉奖,在组织调整时运用监督成果,予以重用,以激励监督对象更好地履行职责的监督措施。制度建设,必须正确认识和处理正面激励与反面惩戒的关系,既重视以奖励发扬人性善的一面,也注重以惩罚来遏制人性恶的一面,两者都重要,不可偏废。奖励,是人们趋利避害的行为取向的内在要求,鼓励人们做好人好事,激发人们行善的内在动力,促使人们自觉做好本职工作。我国立法既考虑对公职人员的奖励,也重视对公职人员的惩戒。

《公务员法》规定了对公务员的奖励。《公务员法》第8章专章规定对公务员的奖励,第51条明确规定,"对工作表现突出,有显著成绩和贡献,或者有其他突出事迹的公务员或者公务员集体,给予奖励"。该条规定了公务员奖励的条件,"表现突出,有显著成绩",奖励的对象是"公务员个人或集体",但奖励的实体条件太过模糊。该法第52条详细规定了对公务员个人或集体进行奖励的十项情形,为奖励公务员提供了依据。这十项情形包含履职表现突出,以及作出其他重大贡献。履职表现需要通过考核来确定,考核是一项重要监督制度。明确规定考核作为监督制度的是《党内监督条例》第22条:"严格执行干部考察考核制度,全面考察德、能、勤、绩、廉表现,既重政绩又重政德,重点考察贯彻执行党中央和上级党组织决策部署的表现,履行管党治党责任,在重大原则问题上的立场,对待人民群众的态度,完成急难险重任务的情况。"公务员考核也是对公务员履职情况的监督,所以,监督往往伴随奖惩。

党内监督的巡视巡察成果运用也要体现奖励和惩戒并举的精神。2024年2月发布的《巡视工作条例》第36条第3款规定:"把巡视整改落实情况纳入被巡视党组织领导班子和领导干部年度考核重要内容,把巡视发现的问题以及整改落实情况作为领导班子建设和干部考核评价、选拔任用、管理监督的重要参考。"这条规定包含两个方面的内容:巡视结果显示表现好的领导干部在考核评价、选拔任用中要优先考虑,予以重用;巡视结果显示表现不好的领导干部不仅不能提拔重用,对不适合现职的干部还要进行组织调整或组织处理,在党内考核中做到赏罚分明,激发广大党员干部干事创业的积极性。

信访工作具有监督地方和部门的功能,故信访考核也是对地方和部门工作成效的一个反映,所以信访监督的成果也要体现奖惩并举的要求。《信访工作条例》第 39 条规定:"各级党委和政府应当以依规依法及时就地解决信访问题为导向,每年对信访工作情况进行考核。考核结果应当在适当范围内通报,并作为对领导班子和有关领导干部综合考核评价的重要参考。"信访是干部考核的重要参考,考核结果好坏要区别对待,该条第 2 款规定:"对在信访工作中作出突出成绩和贡献的机关、单位或者个人,可以按照有关规定给予表彰和奖励。"明确规定对信访工作作出成绩和贡献的机关、单位或个人给予表彰和奖励,以激励机关、单位或个人继续努力做好信访工作。

奖励的方式多种多样。有定时奖励,也有及时奖励;有物质奖励,也有精神奖励,还有职级晋升的奖励。各种奖励中要以精神奖励为主。我国《公务员法》第 51 条对考核优秀、作出突出贡献的公务员的奖励方式作了明确规定:"对工作表现突出,有显著成绩和贡献,或者有其他突出事迹的公务员或者公务员集体,给予奖励。奖励坚持定期奖励与及时奖励相结合,精神奖励与物质奖励相结合、以精神奖励为主的原则。"日常监督表现好,到年度考核评比时给予年度奖励(定期奖励),专项监督表现好的个人和集体,要给予及时奖励。实际工作中,把监督成果与物质奖励、精神奖励以及职级晋升相结合,会对公职人员的工作积极性产生巨大影响,因而监督理论研究和制度建设需要重视奖励对于推动工作的正面促进作用。

二、监督奖励的程序

监督奖励也要以程序来保障,一方面使监督奖励具备可操作性,同时以程序保障奖励的公正性,使奖励的效果更能服众,让广大公职人员认为只要努力做好工作,就会得到奖励甚至晋升,这会极大改善政治生态,促进国家的现代化建设。

(1)形成并公开监督奖励方案。监督主体视某项监督的重要程度,预先指派专人,拟定详细、可行的奖励方案,经内部讨论、审核的基础上,报有权的机关或负责人审批。被批准的方案在监督实施前要以适当方式在一定范围内公开,使所有监督对象知悉。

（2）监督主体公开监督成果。这是奖励的依据和基础。监督成果最好以量化的指标体系来表达最终成果，以此保证监督成果具有客观性、公正性，在此基础上进行奖惩，能促进工作，改善政治生态和营商环境。监督成果一般情况下要在一定范围内公开，让所有监督对象能够知情。2015年8月，国务院办公厅发布了《国务院办公厅关于推广随机抽查规范事中事后监管的通知》，要求在政府管理方式和规范市场执法中，全面推行"双随机、一公开"的监管模式。这个"一公开"，就是抽查情况及查处结果及时向社会公开，国务院要求加快政府部门之间、上下之间监管信息的互联互通，依托全国企业信用信息公示系统，整合形成统一的市场监管信息平台，及时公开监管信息，形成监管合力，也使得监管结果信息具有公信力。

要公开的监督成果信息主要包括两个方面：一是日常监督年度考评信息，二是专项监督信息。比如信访监督的结果信息，往往按照年度进行排名和公开，由于信访监督信息实现了量化打分的功能，加减分均有统一的标准，可以进行排名，所以，信访监督结果的排名和公开得到各地方和部门较高认可度。专项监督结果，要作为奖惩依据，也要尽可能进行量化、打分、排名，在一定范围内公开。

（3）选定、审核并公示奖励对象。监督主体根据监督结果情况，选取监督结果优良的集体或个人，拟定奖励名单，经过内部讨论，并经分管领导审批后，进行公示。公示期间若收到异议材料，需要启动复核程序，核实异议材料的真假，如果异议成立，则取消奖励。

（4）由有权机关批准奖励，并由组织人事部门予以实施。奖励名单公示期结束后，监督主体根据公示情况，经过内部会议讨论决定，确定正式奖励名单，报有权机关审批。审批结果出来后，正式公开奖励名单及所获奖项。奖励名单公开后，交由组织人事部门执行，奖励材料送同级纪委，存入公职人员廉政档案。

监督奖励有时间上的要求，一般以一年为时间要求，不可过于密集开展监督奖励，否则会产生相反效果，使得监督对象为此疲于奔命，影响正常履职。

第二节 监督惩戒

监督过程中会发现问题和偏差,甚至违纪违法行为,需要对监督对象进行批评教育,责令检讨,严重的追究违纪违法行为的责任。追究违纪违法行为的责任,就是监督惩戒。监督惩戒就是监督者直接或诉诸专门的惩戒机关对监督发现的违纪违法行为按照法定程序予以惩罚制裁,以教育本人和其他人以免再犯的制度。惩戒有直接惩戒和间接惩戒两种模式。直接惩戒,就是由监督者直接给予违纪违法人以申诫、降级、撤职等处分,以及选举者对被选举人的罢免。间接惩戒是指监督者诉诸专门的惩戒机关实施惩戒,包括移送问题线索、弹劾、纠举等方式。

一、直接惩戒与间接惩戒

直接惩戒,也可称为监惩合一或惩监合一,是指监督主体直接行使惩戒权,对被监督者的违纪违法行为进行惩戒。间接惩戒,也可称为监惩分离或惩监分离,是指由监督主体将违纪违法行为人诉诸专门的惩戒机关,由惩戒机关依照惩戒程序进行惩戒。

监惩分离是多数国家和地区的选择。比如美国实行国会监督政府和司法的制度,国会众议院发现合众国高级官员存在违法或失职或犯罪情况的,可以组成调查委员会或委托独立检察官进行调查,众议院根据调查结果并经投票通过的情况下,向参议院提起弹劾案,弹劾案由参议院审理,经参会议员三分之二多数通过弹劾案,被弹劾的官员要被免职。被免职官员如果构成叛国、受贿或违反治安管理法,要被定罪审判,则继续履行刑事检控程序。可见,在美国监督与惩戒是分离的。在我国台湾地区,监督与惩戒也是分离的,台湾地区监察机构在巡回区巡查发现有法定范围内的公职人员违法或失职的,或者公众投诉公职人员违法、失职的,或者经其他渠道发现公职人员违法、失职的,"监察委员"在调查基础上,有权启动弹劾程序,将违法、失职公职人员提交给司法机构公务员惩戒机关进行审查、惩戒,构成犯罪的,同时提交给刑事诉讼机构进行刑事追究。

我国既有直接惩戒制度,也有间接惩戒制度。党章第 42 条规定,承担党内日常监督的党支部,对党员违反党纪需要进行纪律处分的,由支部大会讨论决定,报党的基层委员会批准。党支部是党员的日常监督主体,由支部大会行使违纪党员的纪律处分权,这是直接惩戒。《党纪处分条例》对于违纪党组织和党员,由行使党纪监督权的纪律检查委员会按照纪律处分程序进行惩戒,这是直接惩戒,虽然纪律检查委员会内部实行职能分工,存在一定的监督与惩戒的分离。我国的《监察法》,由承担对公职人员进行监督职责的监察委对职务违法的公职人员按照监察程序进行惩戒,这也是直接惩戒,虽然监察委内部实行监督和惩戒分离。我国 2007 年实施的《行政机关公务员处分条例》规定,对违反行政纪律的行政机关公务员由行政机关进行惩戒,这是直接惩戒。《巡视工作条例》规定巡视机构对发现的违纪违法线索不直接进行惩戒,而是要将问题线索移交给纪检监察机关或政法机关,按照相应的程序进行惩戒,这是监惩分离。

我国实行直接惩戒为主,间接惩戒为补充的监督惩戒制度,有自身鲜明的特色。首先,《党纪处分条例》和国家《监察法》确立的是直接惩戒制度,这是我国惩戒制度的主体。但作为党内监督重要渠道的巡视巡察机构,发现被巡视巡察单位存在违法违纪行为时,可以要求限期整改;发现党组织或党员领导干部违纪违法甚至犯罪线索时,巡视巡察组经批准有权将问题线索移送给专门执纪机关进行惩戒,巡视巡察机构没有执纪惩戒的职责。《巡视工作条例》第 24 条第 2 款明确规定:"巡视组依靠被巡视党组织开展工作,不干预被巡视党组织的正常工作,不履行执纪审查的职责。"这说明巡视监督与执纪审查分离。《信访工作条例》规定,信访部门收到对官员的举报,要将举报件移送到纪委监委进行处理。这说明信访监督与违纪处理是分离的。

随着我国法律、党内法规逐步健全,总体上的直接惩戒转化为纪检监察内部监惩分离。长期以来,党的纪律检查委员会是一个监督与惩戒合一但偏重惩戒的组织,这在 2017 年 1 月中纪委发布的《中国共产党纪律检查机关监督执纪工作规则(试行)》中体现明显。该试行规则直接规定纪委对各种来源的问题线索的初核、调查、审理、决定程序,将监督等同于执纪办案,监督职能几乎消解,但是 2019 年 1 月中央办公厅颁布《监督执纪工作规则》,试行规则被废止,新的工作规则把"监督检查"作为第 3 章予以规定,把党章规定的纪委第一职责落到实处。这样的规定把监督与执纪审查在纪委内部区分开来,监督过程中发现的违纪问题,如同巡视巡察移送来的问题线索一样,由案件监督管理机构进行线索处置,需要惩戒的,按照立案、调查、审查、决定的办案程序处理,这样就在纪委内部实现了监督与惩戒分离,是监惩有限分离制度。《监察法》规定纪检监察合署办公,同样实行内部监惩机构分离、职能分离制度,即对行使公权力的公职人员监督与违法惩戒在职能上作适当分离。

为适应《监察法》授权监察委全权调查处置公职人员职务违法和犯罪的立法状况,2018 年 12 月修订的《公务员法》,既规定了监惩合一,又规定了监惩分离,但两者适用范围不同。该法第 57 条规定:"机关应当对公务员的思想政治、履行职责、作风表现、遵纪守法等情况进行监督,开展勤政廉政教育,建立日常管理监督制度。对公务员监督发现问题的,应当区分不同情况,予以谈话提醒、批评教育、责令检查、诫勉、组织调整、处分。对公务员涉嫌职务违法和职务犯罪的,应当依法移送监察机关处理。"该条前部分规定是公务员所在机关对公务员违纪行为的直接惩戒,该条后部分规定是纪检监察机关对公务职务违法和犯罪的间接惩戒。

为什么我国实行直接惩戒的纪检监察机关要通过内部职能分离实行有限监惩分离制度?这类似于司法领域的控审分离。一般而言,在司法领域实行检控与审判的分离,是为了保证审判者的独立判断与公正裁决。这一原理其实也适用于对公职人员的惩戒,因为惩戒对公职人员来说,也是对身份、地位的处分,严重影响到公职人员本身的权益,所以惩戒权尽可能由中立的机构行使,是惩戒本质所要求。因此,制度设计时应尽可能提高惩戒权的中立性。

二、移送

我国监督主体众多,但惩戒职责主要由有调查权的纪检监察机关及其派出机构、派驻专员、单位内设纪检监察室承担。单位内设纪检监察室负责对本单位内部普通党员、非监察对象的违纪行为进行调查取证,向单位提出惩戒建议。

在惩戒分离或有限分离制度下,从事监督的机关、巡视巡察机构或纪检监察机关内设监督机构①,在履行职责过程中发现,或者监督成果显示存在违纪违法行为,需要进行惩戒的,要将问题或问题线索移送给惩戒机关进行执纪审查、监察调查。比如纪检监察机关内设的监督机构、审查调查机构发现的问题线索要移送给案件监督管理机构进行线索处置,需要惩戒的,履行立案、调查、审查、决定的惩戒程序。

巡视巡察过程中和巡视结束后,巡视巡察机构发现违纪违法问题线索要移送给惩戒部门,构成犯罪的,要将问题线索移交给刑事追诉机关处理。《巡视工作条例》第30条规定:"对巡视发现的问题和反映党员、干部涉嫌违纪违法的问题线索,巡视工作领导小组办公室和巡视组依据干部管理权限和职责分工,按程序分别移交纪检监察机关、组织部门或者有关单位。"巡视组向被巡视的党组织提出处理建议,主要是解决巡视发现的问题,行使的是纠正权,而不是追究责任人责任的惩戒权。

信访机关对于检举控告类信访件,要及时移送给纪检监察机关处理。《信访工作条例》第30条规定:"对信访人提出的检举控告类事项,纪检监察机关或者有权处理的机关、单位应当依规依纪依法接收、受理、办理和反馈。"检举控告类信访件是反映被信访人存在的问题或问题线索,信访机关要在法定期限内将收到的检举控告类信访件,移交给纪检监察机关或政法机关进行处理,并要求受移送机关反馈处理情况。

纪检监察机关内部职能机构在履行职责过程中发现的问题线索,要向案件监督管理机构移送或备案。根据《监督执纪工作规则》第20条第3款规定:"监督检查部门、审查调查部门、干部监督部门发现的相关问题线索,属于本部门受理范围的,应当送案件监督管理部门备案;不属于本部门受理范围的,经审批后移送案件监督管理部门,由其按程序转交相关监督执纪部门办理。"这是监惩分离的内部模式。

其他执法机关在监督过程中发现的问题线索要按照监惩分离要求进行移送。《监督执纪工作规则》第20条第2款规定:"巡视巡察工作机构和审计机关、行政执法机关、司法机关等单位发现涉嫌违纪或者职务违法、职务犯罪问题线索,应当及时移交纪检监察机关案件监督管理部门统一办理。"

---

① 在目前纪检监察机关内设专门从事监督的机构有党风政风监督室、监督检查室、纪检监察干部监督室。审查调查部门在办理公职人员职务违法或犯罪案件过程中,也会接触到大量问题线索,按照规定也要向案件监督管理室移送。

罢免权、撤职权与惩戒权并行不悖。人大对其选举产生的领导干部行使罢免权、人大常委会对其任命的领导干部行使撤职权,不影响纪检监察机关对人大及其常委会选举或任命官员行使惩戒权。监察法并没有把人大及其常委会选举或任命的官员的惩戒排除在监察法的管辖外,因而人大行使罢免权、常委会行使撤职权后,上列人员违纪违法问题线索都要移送到纪检监察机关。纪检监察机关行使惩戒权后,不影响人大行使罢免权、常委会行使撤职权。

可见,纪检监察机关以外的国家机关、党群部门,发现有关公职人员职务违法或犯罪的问题线索,均需要向纪检监察机关移送问题线索。这是职权法定法治原则必然要求。因为法律授予纪检监察机关以职务违法犯罪的专属调查权、处置权。

三、弹劾

我国古代御史监察最核心的就是弹劾制度,官阶较低的御史,有上疏弹劾皇帝以下百官的权力,弹劾权对于净化官僚风气、维护封建统治秩序,发挥着重要作用。西方国家的代议机关或其他特定机关在监督过程中发现有重要官员(如总统、副总统、大法官)或其他官员违法、失职甚至犯罪,要启动免去其官职的惩戒程序,这就是弹劾。弹劾是世界多数国家宪法确立的一项免除高级官员或其他官员职务的一项制度,是代议机关或其他法定机关掌握的一项重要监督权限。我国宪法没有规定人大及其常委会的弹劾权,但规定了人大的罢免权以及常委会的撤职权。

弹劾制度起源于美国,世界第一部成文宪法即美国宪法规定了弹劾制度。美国宪法第 2 条第 4 款的规定:"总统、副总统及合众国政府之文官,受叛国罪、贿赂罪或其他重罪轻罪之弹劾并判定有罪时,应予以免职。"弹劾的对象合众国高级官员,如总统、副总统、联邦法官和内阁部长等,军职人员和国会议员不适用弹劾的规定。弹劾主要针对在职官员的官职处分,因而其不是一种刑事审判,而是一种政治审判。弹劾判决的效力,一般仅限于免职以及褫夺当事人担任有荣誉、有责任、有薪酬公职的资格,弹劾案的处理不影响依据法律所必需的刑事审判,但刑事审判应在弹劾之后进行,弹劾审判认定无罪的,不能交付刑事审判。弹劾审判和刑事审判分开的意义在于把政治和法律分开,司法不直接涉及政治问题。美国宪法规定对总统等高级官员的弹劾制度既作为立法机关制约行政机关的一种手段,也是作为监督者的议会一种必要权限,监督者缺乏弹劾权限,则无法威慑监督对象,进而影响监督的权威与效果。因此,在弹劾程序中,作为监督者的众议院是弹劾案的发起人、提出者,参议院充当弹劾案的审判者,行使弹劾案的审判权,这体现了监惩分离原则。

弹劾案的程序分为众议院的提出与参议院的审判两个部分。以弹劾总统为例,首先众议院启动调查程序,或组织调查委员会,或委托独立检察官,对被弹劾官员涉嫌违法、犯罪的基本事实和证据进行调查。其次,由众议院司法委员会表决通过弹劾条款。再次,由众议院全体会议进行辩论并表决,如超过 1/2 的议员赞成弹劾,弹劾案成立,该议案即呈参议院。最后,参议院的审理程序是:(1)参议院司法委员会负责接受双方证据;(2)由联邦最高法院首席法官主持审理过程,100 名参议员为弹劾法庭的法官;(3)众议院以其司法委员会主席为代表担任控方,白宫则组成辩护团,双方进行控辩;(4)控辩结束后,联邦最高法院首席法官就弹劾指控按姓氏字母顺序一一点名询问每个参议员"有罪"或者"无罪",如果有 2/3 以上的参议员,就任何一项指控回答"有罪",总统即被弹劾,被弹劾者将终身不得担任任何公职。如果犯有刑事罪行,在其恢复普通平民身份后由普通法院进行审理。如果被认定为"无罪",总统可以继续完成其任期。在美国历史上,总统的弹劾程序共启动过三次,即约翰逊案、克林顿案和特朗普案。在著名的"水门事件"①之后,尼克松在众议院准备启动弹劾程序之前已经辞去总统的职位。2019年 8 月对时任总统特朗普的弹劾案是最近一次弹劾案。2019 年 8 月,有举报者声称特朗普在 7 月份与乌克兰总统的一次电话过程中,企图从乌克兰寻求帮助来抹黑政治对手。美国媒体报道称,在给乌克兰总统打电话的至少一周前,特朗普告诉白宫官员暂缓向乌克兰提供近 4 亿美元的军事援助。特朗普在事件曝光后称,此举是因为担心美国对乌克兰的援助超过欧洲国家。而负责弹劾调查的人员认为此举涉嫌利用职权向乌克兰施压,影响2020 年选举,扣押对乌军事援助还可能损害国家安全,而特朗普试图对此

---

① 在 1972 年美国总统大选中,为了取得民主党内部竞选策略的情报,1972 年 6 月 17 日,以美国共和党尼克松竞选班子的首席安全问题顾问詹姆斯·麦科德为首的 5 人潜入位于华盛顿水门大厦的民主党全国委员会办公室,在安装窃听器并偷拍有关文件时,当场被捕。由于此事,众议院拟启动弹劾程序,尼克松迫于弹劾压力于 1974 年 8 月 8 日宣布辞职,从而成为美国历史上首位因丑闻而辞职的总统。

进行掩饰。2019 年 12 月 18 日,在美国华盛顿,众议院针对特朗普的弹劾条款进行投票,由民主党人掌控的众议院表决通过两项针对总统特朗普的弹劾条款,正式指控他滥用职权和妨碍国会。2020 年 1 月 21 日,美国国会参议院开始正式审理特朗普弹劾案,2020 年 2 月 5 日,美国国会参议院投票否决了针对特朗普的两项弹劾条款,特朗普未被定罪。

四、纠举

我国古代御史监察制度设有纠举权,由御史对不法和贪腐官员进行纠举。御史台的台院侍御掌纠举权,纠举百官,整肃官纪。御史监察的纠举权被 1946 年国民政府宪法所继承,成为监察院的重要职权。

我国台湾地区相关规定确立了一项急速处理违法或失职公务员职务的制度。为了弥补弹劾案从提出到惩戒旷日耗日,手续较繁的缺陷,"监察委员"或监察使发现公务员(包括军官)有违法或失职行为,认为有急速处理之必要时,可以书面形式提出纠举,移送被纠举人员的主管长官或上级长官,促其作出处分决定,予以惩戒。如受案长官置之不理,"监察委员"可将纠举案转变为弹劾案,送台湾地区监察机构审查,如需弹劾、惩戒,受案不理的长官亦应负连带责任。可见,纠举与弹劾明显的区别在于纠举提出的便捷性,"监察委员"或监察巡回区的监察使一人便可提出纠举案,快速处理违法或失职公务员。

纠举案程序分为调查、审核、提出、处分、异议、转为弹劾。监察委员或监察使对于公务人员的违法或失职行为应进行调查,后书面提出纠举案。清华大学聂鑫教授梳理了纠举程序,"至于纠举权的行使程序,根据'非常时期监察权行使暂行办法'第 2 条规定,'监察委员或监察使对于公务人员违法或失职行为,认为应速去职或其他急速处分者,得以书面纠举'。纠举案须交由'监察院'院长审核,再向被纠举人主管长官或上级长官提出;监察使于监察区内行使纠举权,则于呈报'监察院'的同时直接向被纠举人主管长官或上级长官提出。纠举案提交给被纠举人主管长官或上级长官后,相关长官须立即决定裁撤或其他处分。如认为不应处分的,应说明理由并立刻回复。若相关长官在收到纠举案 1 个月内不处分,又不说明理由,或虽回复却缺乏正当理由的,'监察院'可以不经一般弹劾案的审查程序直接将该纠举案转为弹劾案,移付惩戒机关。上述相关长官于被弹劾人受惩戒时,应同负责任。"①这个程序,包括纠举案提出、纠举案处理、纠举案转弹劾、被纠举人的上级官员承担责任四个程序步骤。

五、罢免

虽然我国《宪法》没有规定弹劾、纠举制度,但宪法及人大常委会监督法确立了罢免和撤职制度,对被选举或任命官员的违法或失职行为,宪法与法律也确立了追究责任、免除职务的制度。

为什么我国宪法要确立罢免而不是弹劾制度?有三个原因。第一,罢免与弹劾制度具有本质的不同。罢免与选举对应,凡因选举获得的授权,可由罢免而收回,选举者对自己选出的代表或官员可以罢免方式收回其委托的权力。也就是说罢免关系只存在于选举与被选举之间,凡是不具备选举与被选举关系的,不适用罢免。而弹劾则不要求弹劾者与被弹劾者之间存在选举与被选举关系。比如美国总统、副总统,是选民选举产生,并非国会选举,但国会依据宪法行使监督权时可以使用弹劾措施。第二,我国宪法之所以没有确立弹劾制度,是我国人民代表大会制度决定的。宪法规定,人民直接选举基层人大代表,组成基层人民代表大会并产生基层政权组织,基层人民代表大会逐层选举上一级人大代表,组成上一级人民代表大会,并由各级人民代表大会选举产生各级国家机关领导人,每一层的代表以及各级国家机关的领导均由选举产生,因选举而产生的授权,皆可因罢免而取消授权。而弹劾制度主要是代议机关对行政机关和司法机关的牵制手段,这一权力配置与运行原理与我国的人民代表大会制度不符,我国的人民代表大会制度只有单向的监督,不存在平行、双向的监督,即人民代表大会选举产生的国家机关不能监督人民代表大会。第三,罢免与弹劾两种制度运行逻辑不同。罢免制度一般表现为自下而上的监督,而弹劾制度表现为一种平行监督。如人民对人民代表的监督、人民代表对国家机关工作人员的监督。我国《宪法》第 77 条规定:"全国人民代表大会代表受原选举单位的监督。原选举单位有权依照法律规定的程序罢免本单位选出的代表。"弹劾制度是基于分权与制衡理论,是平行主体之间的监督,往往表现为立法机关对于行政机关或司法机关主要官员的监督。

①　聂鑫:《中西之间的民国监察院》,《清华法学》2009 年第 5 期。

　　我国宪法规定的罢免包含对国家机关领导人的罢免和对人大代表的罢免。本书分别论述。

　　《宪法》分多个条款规定了对各级国家机关领导人的罢免。《宪法》第65条第3款规定了全国人民代表大会对其选举产生的全国人大常委会委员的罢免："全国人民代表大会选举并有权罢免全国人民代表大会常务委员会的组成人员。"第63条规定了全国人民代表大会对其产生的国家机关领导人的罢免权："全国人民代表大会有权罢免下列人员：（一）中华人民共和国主席、副主席；（二）国务院总理、副总理、国务委员、各部部长、各委员会主任、审计长、秘书长；（三）中央军事委员会主席和中央军事委员会其他组成人员；（四）国家监察委员会主任；（五）最高人民法院院长；（六）最高人民检察院检察长。"第103条第2款规定对地方各级人大常委会委员的罢免："县级以上的地方各级人民代表大会选举并有权罢免本级人民代表大会常务委员会的组成人员。"第101条规定了地方人大对地方国家机关领导人的罢免："地方各级人民代表大会分别选举并且有权罢免本级人民政府的省长和副省长、市长和副市长、县长和副县长、区长和副区长、乡长和副乡长、镇长和副镇长。县级以上的地方各级人民代表大会选举并且有权罢免本级监察委员会主任、本级人民法院院长和本级人民检察院检察长。选出或者罢免人民检察院检察长，须报上级人民检察院检察长提请该级人民代表大会常务委员会批准。"

　　对人大代表的罢免。《宪法》第77条规定对全国人大代表的罢免："全国人民代表大会代表受原选举单位的监督。原选举单位有权依照法律规定的程序罢免本单位选出的代表。"第102条规定对地方人大代表的罢免："省、直辖市、设区的市的人民代表大会代表受原选举单位的监督；县、不设区的市、市辖区、乡、民族乡、镇的人民代表大会代表受选民的监督。地方各级人民代表大会代表的选举单位和选民有权依照法律规定的程序罢免由他们选出的代表。"除了宪法的上述规定外，《全国人民代表大会组织法》《地方各级人大和地方各级人民政府组织法》对选举和罢免分别作了具体规定。

　　关于罢免程序。罢免程序包括罢免案的提出、审议与通过，相关程序在《全国人民代表大会组织法》与《地方各级人大和地方各级人民政府组织法》中作了规定。关于对中央国家机关领导人罢免案的提出和审议，《全国人民代表大会组织法》第20条作了规定："全国人民代表大会主席团、三个以上的代表团或者十分之一以上的代表，可以提出对全国人民代表大会常务委员会的组成人员,中华人民共和国主席、副主席,国务院和中央军事委员会的组成人员,国家监察委员会主任,最高人民法院院长和最高人民检察院检察长的罢免案,由主席团提请大会审议。"罢免案的通过,《宪法》第 64 条第 2 款规定:"法律和其他议案由全国人民代表大会以全体代表的过半数通过。"关于对地方各级国家机关领导人的罢免案的提出、审议,《地方各级人大和地方各级人民政府组织法》第 31 条分 5 款作了详细规定:"县级以上的地方各级人民代表大会举行会议的时候,主席团、常务委员会或者十分之一以上代表联名,可以提出对本级人民代表大会常务委员会组成人员、人民政府组成人员、监察委员会主任、人民法院院长、人民检察院检察长的罢免案,由主席团提请大会审议。乡、民族乡、镇的人民代表大会举行会议的时候,主席团或者五分之一以上代表联名,可以提出对人民代表大会主席、副主席,乡长、副乡长、镇长、副镇长的罢免案,由主席团提请大会审议。罢免案应当写明罢免理由。被提出罢免的人员有权在主席团会议或者大会全体会议上提出申辩意见,或者书面提出申辩意见。在主席团会议上提出的申辩意见或者书面提出的申辩意见,由主席团印发会议。向县级以上的地方各级人民代表大会提出的罢免案,由主席团交会议审议后,提请全体会议表决;或者由主席团提议,经全体会议决定,组织调查委员会,由本级人民代表大会下次会议根据调查委员会的报告审议决定。"关于地方各级国家机关领导人的罢免案的通过,该法第 25 条作了规定:"地方各级人民代表大会进行选举和通过决议,以全体代表的过半数通过。"

参考文献

1.《习近平谈治国理政》(第一卷),外文出版社 2014 年版。

2.《习近平谈治国理政》(第二卷),外文出版社 2017 年版。

3.《习近平谈治国理政》(第三卷),外文出版社 2020 年版。

4.《习近平谈治国理政》(第四卷),外文出版社 2022 年版。

5.《马克思恩格斯选集》(第一卷),人民出版社 2012 年版。

6.《马克思恩格斯选集》(第二卷),人民出版社 2012 年版。

7.《马克思恩格斯选集》(第三卷),人民出版社 2012 年版。

8.《马克思恩格斯选集》(第四卷),人民出版社 2012 年版。

9.《列宁选集》(第一卷),人民出版社 1995 年版。

10.《列宁选集》(第二卷),人民出版社 1995 年版。

11.《列宁选集》(第三卷),人民出版社 1995 年版。

12.《列宁选集》(第四卷),人民出版社 1995 年版。

13.《毛泽东选集》(第一卷),人民出版社 1991 年版。

14.《毛泽东选集》(第二卷),人民出版社 1991 年版。

15.《毛泽东选集》(第三卷),人民出版社 1991 年版。

16.《毛泽东选集》(第四卷),人民出版社 1991 年版。

17.《马克思、恩格斯、列宁、斯大林论政治和政治制度》,群众出版社 1983 年版。

18.《邓小平文选》(第一卷),人民出版社 1994 年版。

19.《邓小平文选》(第二卷),人民出版社 1994 年版。

20.《邓小平文选》(第三卷),人民出版社 1993 年版。

21.中央文献研究室:《邓小平关于建设有中国特色社会主义论述摘编》,中央文献出版社 1995 年版。

22.江泽民:《论党的建设》,中央文献出版社 2001 年版。

23.中央文献研究室:《江泽民论有中国特色社会主义(专题摘编)》,中央文献出版社 2002 年版。

24.《胡锦涛文选》(第一卷),人民出版社 2016 年版。

25.《胡锦涛文选》（第二卷），人民出版社 2016 年版。

26.《胡锦涛文选》（第三卷），人民出版社 2016 年版。

27.王惠岩：《政治学原理》（第二版），高等教育出版社 2006 年版。

28.朱日耀：《中国政治思想史》，高等教育出版社 1992 年版。

29.曹德本：《中国政治思想史》，高等教育出版社 2012 年版。

30.张恒山、李林、刘永艳、封霞丽等：《法治与党的执政方式研究》，法律出版社 2004 年版。

31.［美］赫伯特·A.西蒙：《管理行为》，詹正茂译，机械工业出版社 2004 年版。

32.［美］古德诺：《政治与行政》，丰俊功译，北京大学出版社 2012 年版。

33.［英］阿克顿：《自由与权力》，侯健、范亚峰译，译林出版社 2014 年版。

34.［美］罗伯特·达尔：《论民主》，李风华译，中国人民大学出版社 2013 年版。

35.［美］斯蒂芬·P.罗宾斯、大卫·A.德森佐：《管理学原理》，毛蕴诗译，东北财经大学出版社 2004 年版。

36.［美］汉密尔顿、杰伊、麦迪逊：《联邦党人文集》，程逢如译，商务印书馆 1980 年版。

37.［德］克劳塞维茨：《战争论》（第 1 卷），时殷弘译，商务印书馆 2016 年版。

38.姜圣阶、张顺江、毕全忠：《决策学引论》，中国科学技术出版社 1987 年版。

39.夏书章、王乐夫、陈瑞莲：《行政管理学》，中山大学出版社 2003 年版。

40.徐能毅：《无产阶级政党党内监督问题研究》，党建读物出版社 2000 年版。

41.陈振明：《公共政策分析》，中国人民大学出版社 2003 年版。

42.孙耀军：《西方管理学名著提要》，江西人民出版社 2002 年版。

43.［美］克罗格·彼得森、克里斯·刘易斯：《管理经济学》（第三版），吴德庆译，中国人民大学出版社 1998 年版。

44.马作武：《中国法律思想史纲》，中山大学出版社 1998 年版。

45.王寿林：《权力制约和监督研究》，中共中央党校出版社 2007 年版。

46.吴振钧：《权力监督与制衡》，中国人民大学出版社 2008 年版。

47.吴丕、袁刚、孙广厦：《政治监督学》，北京大学出版社 2007 年版。

48.张建明：《党内监督机制研究》，光明日报出版社 2008 年版。

49.谢志高：《党内监督概论》，中国方正出版社 2004 年版。

50.刘书林：《党的领导与民主监督》，中央编译出版社 2008 年版。

51.尤光付：《中外监督制度比较》，商务印书馆 2003 年版。

52.汤唯、孙季萍：《法律监督论纲》，北京大学出版社 2001 年版。

53.邬思源：《中国执政党监督体系的传承与创新》，学林出版社 2008 年版。

54.邓频声等：《中国特色社会主义权力监督体系研究》，时事出版社 2011 年版。

55.黄百炼：《"一把手"的权力与权力制约监督》，中共中央党校出版社 2006 年版。

56.黄百炼：《遏制腐败——民主监督的程序与制度》，人民出版社 1996 年版。

57.中央纪委法规室、监察部法规司:《国外反腐败廉政法律法规选编》,中国方正出版社2002年版。

58.季正矩:《通往廉洁之路——中外反腐败的经验与教训研究》,中央编译出版社2006年版。

59.黄晓辉、陈诚:《国家权力监控机制比较研究》,人民出版社2009年版。

60.毛宏生:《当代中国监督学》,中国人民公安大学出版社2008年版。

61.甄贞等:《法律监督原论》,法律出版社2007年版。

62.周卫东:《廉政理论研究》,中央编译出版社2005年版。

63.李秋芳、杨海蛟:《反腐败思考与对策——中国社会科学院惩治和预防腐败体系理论研究论文集》,中国方正出版社2005年版。

64.季卫东:《腐败控制论》,中国方正出版社2000年版。

65.最高人民检察院职务犯罪预防厅:《国际预防腐败犯罪法律文件选编》,法律出版社2002年版。

66.[法]孟德斯鸠:《论法的精神》,张雁深译,商务印书馆2019年版。

67.刘海年、李林、张广兴:《依法治国与廉政建设》,中国法制出版社1999年版。

68.林喆:《权力腐败与权力制约》,法律出版社1997年版。

69.胡建淼:《论公法原则》,浙江大学出版社2005年版。

70.侯志山:《外国行政监督制度与著名反腐机构》,北京大学出版社2004年版。

71.李雪勤:《新世纪反腐败新思路:民主与改革》,中国法制出版社2001年版。

72.邵道生:《国患——当代中国腐败现象反思录》,华龄出版社2000年版。

73.梁琴、钟德涛:《中外政党制度比较》,商务印书馆2000年版。

74.杜力夫:《权力制约与监督研究》,吉林人民出版社2004年版。

75.湛中乐:《权利保障与权力制约》,法律出版社2003年版。

76.张志新、甄小英:《面向二十一世纪的党性修养》,中共中央党校出版社2001年版。

77.全德珍:《新时期民主集中制及其监督的理论与实践》,中国方正出版社1999年版。

78.吴丕:《中国反腐败——现状与理论研究》,黑龙江人民出版社2003年版。

79.杨继亮:《腐败论》,中国社会科学出版社1997年版。

80.孙逸民等:《社会主义监督学概论》,中共中央党校出版社1990年版。

81.姜明安:《行政法与行政诉讼法》(第二版),高等教育出版社2005年版。

82.王梅芳:《舆论监督与社会正义》,武汉大学出版社2005年版。

83.周甲禄:《舆论监督权论》,山东人民出版社2006年版。

84.王明高:《中国新世纪惩治腐败对策研究》,湖南人民出版社2002年版。

85.田大宪:《新闻舆论监督研究》,中国社会科学出版社2002年版。

86.陈东生:《中国政治的民主选择——党内民主与政治文明》,江西高校出版社2004年版。

87.王诚安:《中国政党监督理论和实践研究》,陕西人民出版社2003年版。

88.黄苇町:《苏共亡党十年祭》,江西高校出版社 2004 年版。

89.蔡定剑:《国家监督制度》,中国法制出版社 1991 年版。

90.王长江:《现代政党执政规律研究》,上海人民出版社 2002 年版。

91.王长江:《现代政党执政方式比较研究》,上海人民出版社 2002 年版。

92.陈国权:《政治监督论》,学林出版社 2000 年版。

93.俞可平:《增量民主与善治》,社会科学文献出版社 2005 年版。

94.莫吉武:《当代中国政治监督体制研究》,中国社会科学出版社 2002 年版。

95.孟祥馨、楚建义、孟庆云:《权力授予与权力制约》,中央文献出版社 2004 年版。

96.林尚立:《党内民主——党的理论与实践》,上海社会科学院出版社 2002 年版。

97.中共中央组织部党建研究所课题组:《新时期党建工作热点难点问题调查报告——关于党内民主问题的研究》,中央编译出版社 2004 年版。

98.韩强:《程序民主论》,群众出版社 2002 年版。

99.刘恒等:《政府信息公开制度》,中国社会科学出版社 2004 年版。

100.杨爱珍:《当代中国政党制度研究》,学林出版社 2004 年版。

101.梅丽红:《当代中国民主政治建设》,上海交通大学出版社 2003 年版。

102.[新西兰]杰瑞米·波普等:《制约腐败——建构国家廉政体系》,清华大学公共管理学院廉政研究室译,中国方正出版社 2003 年版。

103.秦前红:《地方人大监督权》,法律出版社 2013 年版。

104.秦前红:《国家监察制度改革研究》,法律出版社 2018 年版。

105.梅丽红:《建国以来中共纪检领导体制的变革和发展》,《岭南学刊》2004 年第 4 期。

106.黄胜林:《中国共产党党内监督制度的政治生态分析》,《汉江论坛》2004 年第 5 期。

107.张建、李宗楼:《完善党内选举制度与加强党内监督》,《毛泽东思想研究》2004 年第 3 期。

108.陶方杰、汪健:《党内监督体制存在的主要问题与完善举措》,《安庆师范学院学报(社会科学版)》2004 年第 5 期。

109.杨沫:《"一把手"腐败现象与制度性缺陷》,《国家行政学院学报》2005 年第 1 期。

110.李雪慧:《怎样监督"一把手"专题讨论之 3——"一把手"独断专行必须治理》,《党建》2004 年第 1 期。